Friedrich Johann Buck

Lebens-Beschreibungen derer verstorbenen preußischen Mathematiker

überhaupt und des vor mehr denn hundert Jahren verstorbenen großen Preußischen Mathematikers P. Christian Otters insbesondere

Friedrich Johann Buck

Lebens-Beschreibungen derer verstorbenen preußischen Mathematiker
überhaupt und des vor mehr denn hundert Jahren verstorbenen großen Preußischen Mathematikers P. Christian Otters insbesondere

ISBN/EAN: 9783743471221

Hergestellt in Europa, USA, Kanada, Australien, Japan

Cover: Foto ©ninafisch / pixelio.de

Weitere Bücher finden Sie auf **www.hansebooks.com**

Lebens-Beschreibungen

derer
verstorbenen Preußischen
Mathematiker
überhaupt

und des vor mehr denn hundert Jahren
verstorbenen großen Preußischen
Mathematikers
P. Christian Otters
insbesondere

in zwey Abtheilungen glaubwürdig
zum Druck befördert
von
D. Friedrich Johann Buck.

Königsberg und Leipzig
verlegts seel. Joh. Heinr. Hartungs Erben
und J. D. Zeise. 1764.

Dem
Hochwohlgebohrnen Herrn
Herrn
Johann Friedrich
Domhardt
Sr. Königl. Majestät in Preußen
zu Dero beyden Preußischen Krieges-
und Domainen-Cammern,
wie auch
Admiralitäts- und Commercien-Collegio
hochverordneten Präsidenten
Erb-Herrn
derer Hochadelichen Güter Vorienen und der
Wischwille ꝛc. ꝛc.

Meinem gnädigen Herren.

Hoch=Wohlgebohrner
# Herr Präsident,
Hoher Gönner!

Ew. Hoch=Wohlgebohrnen verzeihen mir gnädigst, daß ich die unerwartete Freyheit gebrauche, Dero verehrungswürdigen Persohn gegenwärtige Geschichte derer Preußischen

Mathe=

Mathematiker in tiefer Ergebenheit zu überrüllen. Keine ihrein, keine tadelhafte Absicht verleitet mich zu dieser schüchternen Kühnheit. Die schuldigste Dankbarkeit vor alle Gnadenbezeugungen, welche Ew. Hochwohlgeb. sowol vielen hiesigen Studierenden angedeyen laßen, als auch mir insbesondere in denjenigen Jahren zugewandt, da ich das vorzügliche Glück genoßen, Dero beyde ältesten Herren Söhne zum Dienste des weisesten Königes, in den schönen Wissenschaften zu bilden, ist vielmehr die einzige Triebfeder, welche mich vorjetzo reitzet, gegenwärtige geringe Schrifft

Dero

Dero theuren Händen zu überliefern, und vor dieselbe von Dero patriotischen Herzen eine obwohl unverdiente, doch gnädige Aufnahme in aller Ergebenheit zu erbitten.

Der allerhöchste Gott, der Ew. Hochwohlgebohrnen bis hieher gesund erhalten, lege Dero muntern Alter unzählbare Lebensjahre zu, und stärke mit seinem mächtigen Einfluß Dero seltenen Seelenkräffte so dauerhafft, daß Ew. Hochwohlgebohrnen unter der Last derjenigen Arbeiten, welche Dieselben zur Ehre des größten

Monar=

Monarchen, und zur Wohlfarth meines Vaterlandes täglich anzuwenden geruhen, Dero nothwendiges Leben ungedrückt und vergnügungsvoll bis in die späteste Zeiten fortzusetzen vermögen. Dieses sind die treuen Wünsche desjenigen, welcher sich zu Dero Gnaden bestens empfehlet, und jederzeit zur Schuldigkeit halten wird, Mit der vollkommensten Ehrfurcht und Hochachtung sich zu nennen will

Ew. Hochwohlgeb.

Königsberg
den 12. April 1764.

unterthänigster Diener
Fr. Jo. Buck.

Vorrede.

Ich überliefre dir hiemit, geneigter Leser, das Leben derer Preußischer Mathematiker überhaupt, und des Preußischen Mathematici, Christian Otters, insbesondere. Es ist mir zwar bekannt, daß jenes der geschickte Herr Professor Marquardt, (†) heraus zu geben versprochen, und dieses der berühmte Herr Professor Bayer (††) wirklich zu Stande

Stande gebracht; allein, ich weiß auch, daß ersterer verschiedene Verhinderungen gehabt, seinem Versprechen nachzukommen, und letzterer sein Werk ziemlich unvollständig auszuarbeiten, und der Welt zu übergeben, genöthiget gewesen. Meine Bemühungen in gegenwärtigen Blättern, sind dahin gegangen, um jenes zu entwerfen, und dieses ausführlicher auszubilden. Ich habe nemlich zuerst die vornehmsten Lebens-Umstände derer zum Königreich Preußen gehörigen Mathematiker, in so weit ich dieselbe zusammenzubringen, geschickt gewesen, in der ersten Abtheilung dieser Abhandlung glaubwürdig angeführet. Ich habe hierauf die merkwürdigen Geschichte des vor mehr denn hundert Jahren in Nimwegen verstorbenen Preußischen Mathematikers, Professors Christian Otters, welche ich aus seinen, auf der hiesigen Stadt-Bibliothek befindlichen Sachen, nur irgend auszuwickeln, vermögend gewesen, in der zweyten Abtheilung dieser Abhandlung zusammen-genommen, vorstellig gemachet,

gemachet, und mit glaubwürdigen Documenten bekräftiget. Und endlich habe ich zu dieser Historie eine kurze Anleitung zur Fortification, welche Otter eigenhändig geschrieben, und gleichfalls unter seinen gedachten Sachen auf der angeführten ansehnlichen Büchersammlung dieser Stadt vorräthig ist, hinzugethan, und dieselbe hiemit beschloßen. Daß mir bey Ausarbeitung dieses ganzen Werkes verschiedene nöthige Nachrichten hin und wieder gefehlet haben, und ich also manche Stellen in diesen Lebensbeschreibungen nicht vollkommen genug auszufüllen, vermögend gewesen, muß ich zwar mit Wahrheit bekennen. Allein, ich schmeichle mir hiegegen mit der Hoffnung, daß der geneigte Leser diesen nothwendigen Fehler mir gütigst verzeihen, und zu diesen Nachrichten einige Ergänzungen, wo noch einige mit der Zeit sich auffinden sollten, mir geneigt ertheilen wird, damit ich diese Historie derer Preußischen Mathematiker in Zukunft

zu

zu reiferen Vollständigkeit zu bringen, mich in dem Stande sehe. Lebe wohl, geneigter Leser, und halte denjenigen im stetem Andenken, der bey der Ausgabe dieser geringen Blätter, keine andere Absicht gehabt, als über die bemooßten Gräber einer verdienten Art von Vorfahren, frische Lorbeeren der dankvollen Erinnerung und Verehrung heilig zu streuen. Geschrieben zu Königsberg im Jahr 1763. den 2. November.

(†) Siehe das dreyzehende Stück des hiesigen Intelligenz-Werkes vom Jahr 1737. den 30. Martii.

(††) Siehe continuirtes gelehrtes Preußen, Quartal III. Seite 27=63.

Frieder. Joh. Buck.

Sum=

Summarischer Inhalt der ganzen Abhandlung.

Erste Abtheilung

darinnen das Leben derer verstorbenen Preußischen Mathematiker überhaupt beschrieben wird.

§. 1. Jedermann ist verbunden, die Verdienste verstorbener Gelehrten im beständigen Andenken zu erhalten.

§. 2. Das Königreich Preußen hat seit einigen Jahren viele Gelehrte in sich enthalten, und die jetztlebende Bewohner desselben, sind verpflichtet, ihr Andenken unvergeßlich zu erhalten.

§. 3. In gegenwärtiger ersten Abtheilung dieses Werkes, soll nicht von allen Preußischen Gelehrten gehandelt, sondern nur das Leben derer Mathematiker, welche im Königreich Preußen gelebet haben, kürzlich beschrieben, und hiedurch das Andenken derselben erneuret werden.

§. 4.

§ 4. Zu den Zeiten des deutschen Ordens, sind keine wahre Mathematiker in Preußen gewesen, von deren Lebens-Umständen eine Beschreibung gegeben werden kann.

§ 5. Nach der Zeit der Reformation Lutheri, und der Stiftung der Königsbergischen Universität, haben sich die ersten Mathematiker in Preußen eingestellet, auf welche hernach in einer ohnunterbrochenen Reihe viele andere zahlreich sich gefolget haben, deren Geschichte insgesamt verdienen beschrieben zu werden.

§ 6. Anzeige und Lebensbeschreibungen derer verstorbenen Preußischen Mathematiker des sechszehenden Jahrhunderts.

§ 7. Anzeige und Lebensbeschreibungen derer verstorbenen Preußischen Mathematiker aus dem siebenzehenden Jahrhundert.

§ 8. Anzeige und Lebensbeschreibungen derer verstorbenen Preußischen Mathematiker des achtzehenden Jahrhunderts.

§ 9. Beschluß der ersten Abtheilung dieses Werkes.

Zweyte Abtheilung

darinnen das Leben des, vor mehr denn hundert Jahren, verstorbenen großen Preußischen Mathematikers

P. Christian Otters

insbesondere beschrieben wird.

§. 1. Otters Geburth, Herkunft, Auferziehung, und Art des Studierens.

§. 2. Otters Reise nach Holland, und erste Zurückkunft nach Preußen.

§. 3. Otters Aufenthalt und Verrichtungen in Preußen.

§. 4. Otters Abreise aus Preußen nach Pohlen, und zweyte Zurückkunft nach Preußen.

§. 5. Otters abermalige Reise aus Preußen, nach Holland.

§. 6. Otters Abreise aus Holland nach Frankreich, Engelland, Deutschland, Italien, Frankreich, Holland, und dritte Zurückkunft nach Preußen.

§. 7.

§. 7. Otters Abreise aus Preußen, und abermalige Hinreise nach Holland, Deutschland, Dänemark, und wieder nach Holland, nebst seiner vierten Zurückkunft nach Preußen.

§. 8. Otters zehenjähriger Aufenthalt und Verrichtung zu Königsberg.

§. 9. Otters letzte Abreise aus Preußen, Ankunft, und kurze Verrichtung zu Nimwegen in Holland, und bald darauf erfolgter Todt.

§. 10. Kurze Anzeigung derer seltenen Verdienste des Otters, und wahrscheinliche Beantwortung der Frage: ob Otter der Erfinder derjenigen Holländischen Art, zu fortificiren sey, welche sonsten gemeinhin dem Adam Freytag zugeschrieben wird?

§. 11. Beschluß der zweyten Abhandlung dieses Werkes.

Erste

Erste Abtheilung
darinnen
das Leben derer verstorbenen Preußischen Mathematiker überhaupt beschrieben wird.

§. 1.
Jedermann ist verbunden, die Verdienste verstorbener Gelehrten im beständigen Andenken zu erhalten.

Ein jeder ist verpflichtet die Verdienste verstorbener Gelehrten in einem immerwährenden Andenken zu erhalten. Nicht allein diejenige, welche einen mündlichen Unterricht von dergleichen Männern genossen, sondern auch die, so ihre hinterlassene unvergleichliche Schriften gelesen, sind verpflichtet, auch lange nach dem Tode ihre Verdienste zu verehren und ihren Geist
mit

mit dankbahren Empfindungen zu bewundern. Denn da große Männer alle ihre Wissenschaft mit vieler Mühe und Arbeit erlernet, und wiederum dieselbe mit einer noch weit größeren Anstrengung der Seelen, und Leibes-Kräfte andern beygebracht, folglich sich nicht selbsten gelebet, sondern ihr ganzes Leben der Welt zu ihren Nutzen, und Besten aufgeopfert haben; so ist die Verehrung ihrer Namen und eine heilige Erinnerung ihrer Verdienste das geringste Denkmahl, was die Dankbarkeit diesen großen Gelehrten nach ihrem Ableben über ihre Asche aufzurichten vermögend und berechtiget ist.

§. 2.

Das Königreich Preußen hat seit einigen Jahren viele Gelehrte in sich enthalten, und die jetztlebenden Einwohner desselben sind verpflichtet, ihr Andenken unvergeßlich zu verehren.

Preußen (das Brandenburgische Preußen) gehöret mit Recht zu denenjenigen Ländern, welche seit einigen Jahrhunderten mit solchen gelehrten Männern erfüllet gewesen, deren Nahmen und Thaten rechtmäßig verdienen von den jetztlebenden Einwohnern desselben beständig verehret zu werden. Wer nur ein wenig in der Preußischen Geschichte sich umgesehen, wird es demselben nicht bekannt seyn, daß in denen im Königreich Preussen gelegenen Provinzen seit einigen Zeiten so viele erleuchtete Gottesgelehrte, kluge Rechtsverständige, erfahrne Aerzte, geschickte Weltweise, Meßkünstler, ker, Redner und Dichter, kurz so viele und so große Männer gelebt haben, welche theils der Kirche Christi, theils dem gemeinen Wesen durch ihre nutzbahre Lehren und Schriften ersprießliche Dienste zu leisten beflissen gewesen? Wer dahero bey Wahrnehmung derer von Gelehrten schweren angewandten Bemühungen sonsten nicht ganz unempfindlich zu bleiben sich angewöhnet hat, wird derselbige es nicht für eine angenehme Schuldigkeit halten, diese preußische Gelehrte und derselben ansehnliche Verdienste mit einem unvergeßlichen Andenken zu verehren?

§. 3.

In gegenwärtiger ersten Abtheilung dieses Werkes soll nicht von allen preußischen Gelehrten gehandelt, sondern nur das Leben derer Mathematiker, welche im Königreich Preußen gelebet haben kürzlich beschrieben, und hiedurch das Andenken derselben erneuret werden.

Mein gegenwärtiger Vorsatz erfordert nicht, das Leben aller im Königreich Preußen gewesenen, oder verstorbenen Gelehrten in diesen Blättern zu beschreiben. Wer hievon eine weitläuftige und vollkommene Nachricht zu haben verlangt, wird dieselbe aus denen bekannten Schriften des unsterblichen Herrn Professor Lilienthals, des ruhmwürdigen jetztlebenden Herrn Consistorial-Rath und Hof-Predigers D. Arnolds und anderer berühmten Geschichtschreiber sich leichtlich erwerben können. Ich habe vielmehr den Entschluß gefaßt in dieser Ausarbeitung nur allein auf die Mathematiker mein Augenmerk zu richten, und in dieser ersten Abtheilung kürzlich doch glaubwürdig zu zeigen, daß seit einigen Jahrhunderten gleichfalls in Preußen an solchen Männern kein Mangel gewesen, welche die Mathematik, diese feine und schwere Wissenschaft gründlich zu erlernen, oder wiederum andern mit Nutzen zu lehren sich bestrebet haben.

§. 4.
Zu den Zeiten des teutschen Ordens sind keine wahre Mathematiker in Preußen gewesen, von deren Lebensumständen eine Beschreibung gegeben werden kann.

Wenn ich aber diejenige Mathematiker anführen soll an welche Preußen einen wahren Antheil hat, so kann ich dieselbe nicht in denenjenigen Zeiten aufzusuchen anfangen, in denen dieses Land von dem deutschen Ritterorden beherrschet worden. Denn da unter dieser Regierung Preußen in Ansehung der Wissenschaften überhaupt eben so finster aussahe als vor der Reformation Lutheri das ganze Deutschland; so ist vollkommen anzunehmen, daß damahls entweder niemand die Mathematik gekannt, oder wo einige dieselbe zu kennen vorgegeben, doch nicht die wahre Mathematik, sondern eine Art von Geomantie, Astrologie, Chiromantie oder andere dergleichen Wissenschaften, die vor Zeiten unbilliger Weise zu den Theilen derselben gerechnet worden, verstanden haben. Und, ziehet man in eine etwas genauere Betrachtung theils die Art der Regierung der Creutzherren, theils

theils die Beschaffenheit der angeführten Wissenschaften selbsten, wie leicht sind alsdenn nicht auch die Ursachen von dem großen Mangel der Mathematiker zu den alten Zeiten in Preußen anzugeben? Einmal ist bekannt, daß der Orden mit den benachbahrten Polen und Litthauern ja mit den hartnäckigten Preußen selbsten in unruhigen Kriegen verwickelt waren, und dahero keine Zeit und Ruhe übrig hatten, an die Einführung oder Erweiterung einer so stillen Wissenschaft, wie die Mathematik ist, zu gedenken. Ferner hielte der Orden die Mathematiker gemeiniglich für Zaubermeister, und vertrieb dieselben oftermahls aus den Grenzen des Vaterlandes; dahero verschiedene, um nicht ein gleiches Schicksaal zu erfahren, ein Bedenken trugen, die Mathematik zu erlernen, und die Anzahl der preußischen Mathematiker in Zukunft zu vermehren. Hiezu kam, daß da der Verstand durch keinen vorhergegangenen Unterricht in Schulen, die damahls fehlten, auf keine Weise zu der Erlernung der Mathematik vorbereitet wurde, denen alten rohen Preußen diese feine Wissenschaft zu schwer und zu unbegreiflich vorkam, folglich, wenn sie auch dieselbe von einigen damahls in Arabien sich aufhaltenden Mathematicis hätten erlernen können, aus einem Vorurtheil der gar zu weiten Entfernung dieses Landes und eines gar zu unüberwindlichen Schwerseyns besagter Lehre diese schöne Wissenschaft verabscheuten und keine Mathematiker inskünftige vorstellen wollte. Daß viele von den alten Preußen rechnen gekonnt, beweiset nicht,

daß

daß Mathematiker unter demselben sich befunden. Denn einmal machet die Rechenkunst nicht die ganze Mathematik aus; und können zu unsern jetzigen Zeiten nicht viele praktisch rechnen, welche die wissenschaftliche Rechenkunst keinesweges verstehen, und dahero von niemanden vor Mathematiker gehalten werden? Daß viele alte Preußen und besonders die Priester derselben die Feste in jedem Jahr fest zu setzen, und dem Volke anzusagen gewust, zeiget gleichfalls nicht überführend, daß dieselben die Chronologie inne gehabt, und preußische Mathematiker gewesen. Denn einmal ist es unausgemacht, ob die alte preußische Priester ihre Festtage ordentlich berechnet, oder ob sie nicht dieselbe in den folgenden Jahren so wie in den vorhergehenden jederzeit angenommen haben? Und gesetzt sie haben auch jenes gethan, muß man deswegen behaupten, daß sie zu dieser Festrechnung eine besondre Einsicht in die sphärische oder theorische Astronomie, dergleichen zu jetzigen Zeiten erfordert wird, gebraucht haben, oder läst sich nicht vielmehr mit der größten Wahrscheinlichkeit annehmen, daß diese Priester ohne eine Kenntniß von der Astronomie und Chronologie besessen zu haben, ihre Feste durch eine gemeine Rechenkunst herauszubringen geübt gewesen? Daß ferner die alten Preußen große Mauren und Gebäude aufzuführen gewust, bestätiget gleichfalls nicht unwidersprechlich, daß unter denselben Mathematiker sich aufgehalten. Denn einmal beweisen die noch vorhandne alte Häuser und Schlößer, daß dieselbe ohne

alle

alle Regeln der Bequemlichkeit und Symmetrie nach einer wilden gothischen Art aufgeführet worden, folglich daß die alte Preußen die wahre Baukunst gar nicht wissenschaftlich verstanden haben. Und pflegen wir wohl zu jetzigen Zeiten unsre Maurer, Zimmerleute und Baumeistere, die doch jene in ihrer Kunst weit übertreffen, zu den jetztlebenden preußischen Mathematiker zu rechnen? Daß weiter die alte Preußen ansehnliche Plätze auf eine dauerhafte und furchtbahre Art zu befestigen verstanden, bezeuget gleichfalls nicht unwiedersprechlich, daß unter denselben Leute gewesen, welche eine Wissenschaft von der Mathematik überhaupt und von der Fortification insbesondere besessen. Denn da man im Anfange ohne alle Regeln der Kriegskunst hohe und dicke Mauren, breite und tiefe Graben um erhebliche Plätze gezogen, ja hernach auch die Wälle und Graben bloß nach der Figur der Oerter, keinesweges aber nach sinnreich erdachten Maximen einer vortheilhaften Kriegesbaukunst herumgeführet; so ist kein Wunder, daß aus dieser unordentlichen und unüberlegten Befestigung das Dagewesenseyn guter praktischer Mathematiker zu den alten Zeiten unter den Preußen auf keine Weise dargethan werden kann. Die Musik, welche die alte Preußen vorzüglich geübt haben sollen, will ich vor diesesmahl nicht brauchen um erweislich zu machen, daß die Mathematik unter denselben im Schwange gegangen, immassen aus der preußischen Geschichte mehr als zu gewiß bekannt ist, daß diejenige, welche die besagte

Kunst getrieben, keine ſyſtematiſche Wiſſenſchaft von den Tönen und derſelben Verhältniſſen, Proportionen und Harmonien, ich meine, keine mathematiſche Muſik verſtanden, ſondern nur bloß eine Fertigkeit im Abſingen derer in ihren Tempeln beym Götzendienſt geordneten Lieder beſeſſen haben.

Und alſo wenn wir alles das, was wir bisher von dem Zuſtande der Mathematik in Preußen zu den Zeiten des Ordens kürzlich angeführet haben, zuſammen nehmen, ſo können wir ſolchergeſtalt mit Recht daraus abnehmen, und unwiederſprechlich den Schluß machen, daß damahls entweder gar keine Preußiſche Mathematiker oder ſolche geweſen, welche mit dieſem erhabenen Namen beehret zu werden, keinesweges verdienen a).

§. 5.

a) Der in der Hiſtorie des Vaterlandes erfahrne Herr Magiſter Piſsanski beſchreibt den Zuſtand der Mathematik zu alten Zeiten in Preußen in ſeiner hiſtoria literaria Pruſſiæ primis lineis adumbrata T. I. §. 12. auf folgende mit uns übereinſtimmende Weiſe: Pauci admodum ſi Arabes excipimus, his temporibus erant, quibus ſcientiæ Mathematicæ arriſiſſent; plurimos vel difficultas eas addiſcendi, vel metus deterrebat, ne, ſi in eas incumberent, magicarum artium incurrerent ſuſpicionem: id quod Alberto Magno & Rogerio Baconi accidiſſe, notum eſt. Non abhorrebimus igitur a veritate, ſi adfirmemus, Pruſſos præter Arithmeticæ vulgaris qualemcunque cognitionem, vix aliquam mergitem e fertiliſſimo Matheſeos campo in ſuos convertiſſe uſus. Erat quidem
Clerico-

§. 5.

Nach der Zeit der Reformation Lutheri und der Stiftung der Königsbergischen Universität haben sich die ersten Mathematiker in Preussen eingestellet, auf welche hernach in einer ohnunterbrochenen Reihe viele andere zahlreich sich gefolget haben, deren Geschichte insgesamt verdienen beschrieben zu werden.

So unsichtbar die Mathematiker unter dem Orden in Preussen waren, so sichtbar wurden sie hernach zur Zeit Clericorum, stata dierum festorum tempora ad calculos exigere, quod computum ecclesiasticum nominabant: at poterat hoc sine accurata Chronologiæ scientia, secundum fixas epocharum tabulas, peragi. Artes etiam mechanicæ non nisi per vulgares operas manuarias se exserebant; nec Architectonicarum felicius fuit fatum. Docet adhuc vetustiorum templorum, arcium ædiumque aliarum structura Gothica, quam ignotæ fuerint Architectis eurhythmiæ & symmetriæ regulæ. Nimis etiam in postulando essemus rigidi, si artem castella muniendi tam rite præceptis mathematicis conformatam requireremus, ac nostra ætas illam excoluit: cùm istorum temporum belligerandi ratio toto cælo a nostro distet. Musicæ aliqua peritia licet nonnullos tinctos fuisse iam supra commemoraverimus; non tamen est, quod illam ad mathematica principia fuisse directam putemus: cum solo constaret canendi usu. Idem de cæteris genuinæ Matheseos partibus ferendum est judicium. At si spurias illas artes, quæ nobilissimæ scientiæ tunc mentiebantur nomen, Geomantiam puta, Astrologiam, Chiromantiam cæterasque hujus furfuris respiciamus; nimiam illis favisse Prussiam, nobis fatendum est. . . .

Zeit der geseegneten Reformation Lutheri, und der bald darauf im Jahr 1544 erfolgten Stiftung der Königsbergischen Universität in diesem Lande. Denn da mit dieser Reformation alle Wissenschaften in Preussen empor kamen, so konnte auch die Mathematik damahlen in der Dunkelheit nicht bleiben, sondern fieng allmählig an, ihren Glanz innerhalb den Preußischen Gränzen unvermerkt zu verbreiten. Und da der gottseelige Marggraf Albrecht nicht allein vor sich der Mathematick besonders ergeben war ab), sondern auch bey der Einrichtung der Königsbergschen Universität, welche er in gedachtem Jahr gestiftet, geordnet hatte, daß besagte Wissenschaft in den Preußischen Landen

ab) Dieses haben verschiedene auswärtige Gelehrte, welche von dem Marggraf zur Verbesserung der Gelehrsamkeit durch reiche Belohnungen des Fleißes aufgemuntert worden, und besonders der damahlige große Wittenbergsche Mathematicus, Erasmus Reinhold zureichend erfahren, als welcher von demselben alle diejenige Unkosten reichlich ersetzet bekommen, die er innerhalb sieben Jahren zur Verfertigung dererjenigen astronomischen Tafeln nöthig gehabt, welche er aus des unsterblichen Nicolai Copernici sex libris revolutionum cœlestium gefolget, und daher zum Andenken dieser fürstlichen Freygebigkeit Tabulas Prutenicas, so wie ehedem der Rabbi Isaac Hazan seine astronomische Tafeln Alphonso dem Eilften, Könige in Castilien, zu Ehren, Tabulas Alphonsinas genannt hat. Siehe die Zuschrift dieses Werks an den Marggraf.

Landen getrieben werden sollte b), so geschah es, daß von der Mitte des sechszehnten Jahrhunderts zwar etwas sparsam, allein von dem Anfange des siebenzehnten Jahrhunderts bis auf die folgenden Zeiten haufenweise sich verschiedene Männer fanden, welche auf dieser neuen Universität die Mathematick öffentlich lehreten und solchergestalt den Wachsthum dieser Wissenschaft in Preußen beförderten bc).

§. 6.

b) Dieses erhellet offenbahr aus denen Worten des Marggraf Albrechts, welche in dem Diplomate, so die Fundation der Königsbergschen Universität betrift, stehen, und also lauten: Itaque propter publicam & Prussiæ & vicinarum gentium utilitatem accersivimus, in Academiam Regiomontanam viros doctos & insignes, quorum alii tradant juventuti gramaticam latinam, & ad puram ac nativam Latini sermonis formam in scribendo, quantum fieri potest, eam assuefaciant; alii græcæ & hebraicæ linguæ authores proponent, quod hæ linguæ fontes doctrinæ ecclesiasticæ contineant; alii Philosophiæ & *Mathematum initia* tradant.

bc) Hiemit stimmt dasjenige überein, was der große Mathematicus, George Joachim Rheticus, der von Wittenberg nach Preußen um diese Zeit hergekommen war, von der Neigung der Preußen zu der Mathematick in seinem Encomio Prussiæ schreibet. Cum Pruteni, sagt er, sint hospitalissimi, haud adhuc contigit mihi ullius his in partibus magni viri adire ædes, quin aut statim in ipso limine geometricas figuras, cernerem, aut illorum animis Geometriam insidentem deprehenderem. Siehe Act. Bor. B. II. S. 409.

§. 6.
Anzeige und Lebensbeschreibung derer verstorbenen Preußischen Mathematicker des sechszehenden Jahrhunderts.

Wir rechnen dahero billig zu den ersten Mathematickern, welche im sechszehnten Jahrhundert in Preußen ans Licht getreten, vornehmlich c) Bartholomäum Wagner, d) Johannem Sciurum, e) Bonaventura vom Stein. ef) Johann Junck. f) Martin Chemnitius. ff) Matthiam Lauterwald. g) Balthasar Sartorium. h) Michael Stieffel. i) Nicolaum Jagenteuffel. ik) Caspar Langerfeld. k) Nicolaum Neodomus. l) Matthäum Stojum. m) Laurentium Pantänum und n) Matthiam Menium. Ich will nicht von allen diesen Männern behaupten, daß sie alle eine gleich tiefe Einsicht in die Mathematick besäßen und so viel zu der Ausbreitung dieser Wissenschaft in Preußen beygetragen, allein da sie insgesamt bemühet gewesen, die Lehren des Euclides der studirenden Jugend beyzubringen und viele Schriften zur Erläuterung der mathematischen Werke dieses allgemeinen Stammvaters der Mathematicker herauszugeben; so verdienen diese angeführte Männer, nicht allein denen preußischen Mathematicker beygezehlet, sondern vielmehr den nachfolgenden auf eine gerechte Weise vorgesetzet zu werden.

c) Bartholomäus Wagner aus Königsberg gebürtig, war der erste, welcher bald nach
Stif-

Stiftung der Königsbergischen Universität, etwa im Jahr 1545 oder 1546. die Mathematick als Lehrer derselben öffentlich laß. Er behielte dieses Amt nicht lange, und setzte seine mathematische Vorlesungen auch nicht bis ans Ende fort. Denn da im Jahr 1546. die mathematische Profeßion einem andern angetragen, und er überdem in die damalige Oſiandriſtiſche Unruhen eingemiſchet wurde, so bekam er im Monath September des Jahres 1553. seine Dimißion, nachdem er vorher im Jahr 1551. den Sommer hindurch Rector Magnificus allhier geweſen war. Er gieng zuletzt nach Danzig und ſtarb daſelbſten als Doctor Medicinä.

d) **Johannes Sciurus** (ſonſt *Eichhorn* genannt) war zu Nürnberg gebohren. Er kam im Jahr 1546. als Magiſter nach Königsberg, und lehrete zum Anfang die Mathematick als Profeſſor derſelben eine Zeitlang auf dieſer Univerſität. Es wurde ihm aber im Jahr 1550. die griechiſche und ethiſche Profeßion aufgetragen, welche er bis 1554. verſah, da er dieſelbe mit der hebräiſchen Profeßion zur beſagten Zeit verwechſelte. Er wurde hierauf im Jahr 1559. (oder eher) fürſtlicher Hofprediger, und ſowohl im Sommerhalbenjahr 1554. als auch im Winterhalbenjahr von 1557 bis 1558. Rector Magnificus der hieſigen Univerſität. Er laß auch von 1554 bis 1558. wöchentlich zwey Stunden ben über das alte Testament als Profeßor Theologiä. Endlich starb er allhier an der Pest im Jahr 1564. den 3. November.

e) **Bonaventura vom Stein**, (sonst Petrejus genannt) war aus Königsberg gebürtig, und hatte Johannem vom Stein, einen aus Franken nach Preussen gekommenen alten Edelmann, zum Vater. Er wurde anfänglich Magister, im Jahr 1548. Archipädagogus und zur besagten Zeit Profeßor der Mathematick auf der Königsbergischen Universität. Nachdem er eine kurze Zeit die mathematische Wissenschaften gelesen, so wurde er im Jahr 1548. (oder eher) Hofprediger des Marggraf Albrechts, und hernach im Jahr 1550. Pfarrer zu Rastenburg, allwo er diesem Amte aber nicht lange vorstund, sondern im Jahr 1552. zu Königsberg in der Cur der Aerzte starb.

f) **Johann Funck**, war zu Werden bey Nürnberg im Jahr 1518. den 7. Februarii gebohren. Er stand anfänglich allda dem Predigtamt vor, und gab im Jahr 1545. den ersten Theil seiner gelehrten Chronologie mit einer Dedication an den Rath zu Regensburg unter dem Titul: *Chronologia, hoc est, omnium temporum & annorum ab initio mundi usque ad resurrectionem Domini nostri Jesu Christi computatio. In qua methodice enummerantur omnium populorum, regnorumque memorabilium origines ac succes-*

successiones, item omnes eorum reges, quando quisque cœperit, quam diu regnarit, quid memoria dignum gesserit. Quique eodem tempore simul diversis locis imperarint. Quis status populi Dei fuerit. Ac quemadmodum summum imperium ab uno populo ad alterum sit translatum, donec tandem omnia Romanorum potentiæ sunt subjecta. Et si qui viri illustres, quæ facinora egregia, ac si quid amplius memoratu dignum exstitit, ea omnia breviter suis locis referuntur. Suntque in hac computatione omnia tempora, tum ex Sacris Bibliis, cum ex optimis quibuscunque autoribus historicis, & Astronomorum observationibus summa fide ac diligentia conciliata. - - - Autore *Joanne Funccio* Noribergensi. Noribergæ M.D.XL.V; imgleichen einen darüber verfertigten Commentarium unter dem Titul: Commentariorum in præcedentem Chronologiam Liber unus. In quo cum ordinis in eodem opere observati, suis locis ratio argumentis probabilibus redditur: tum difficilia quædam Sacrosanctæ Scripturæ loca, utpote quæ remota diligenti temporum computatione, satis digne numquam enarrari possunt, commode explicantur. Adjunctis obiter iis historiis, quæ in ipso χρονολογιασ opere adscribi nequirerunt, veruntamen ad declarationem istiusmodi locorum summe videbantur necessariæ. Autore *Johanne Functio*.

ctio. M. D. XL. V. heraus. Als er hierauf des Interims wegen seines Predigtamtes entsetzet wurde, und durch die angeführte chronologische Werke dem gottseeligen Marggraf Albrecht bekannt geworden war, so erhielte er von ihm im Jahr 1548. einen gnädigen Ruf nach Preußen. Er gehorsamete auch diesen Befehl, und traf hieselbsten im Jahr 1548. den 28. October desto williger ein, da er bereits zu Werden gegen 20 Wochen ohne Amt und Einkünften als ein Privatus zugebracht hatte. Gleich nach seiner Ankunft zu Königsberg, bekam er die Stelle eines Pfarrers bey der Altenstadt, im folgenden Jahr 1549. das Amt eines Hofpredigers und Beichtvaters bey dem Marggrafen, und im Jahr 1553. wiederum die vorhin gehabte und durch den Todt seines Schwiegervaters des in der Kirchenhistorie bekannten Andreas Osianders ledig gewordene Altenstädtische Pfarrstelle, wohnte auch im Jahr 1555. dem ersten General-Synodo der Evangelischen in Pohlen als Abgesandter des Marggrafen Albrechts bey. Als er auf diese Weise in Preußen seine Versorgung und Ruhestätte antraf, so brachte er allhie die im gedachten Jahr 1545. angefangene Chronologie vollkommen zu Stande, und gab dieselbe nicht im Jahr 1554, wie Bayle im zweyt. Band des Hist. Critisch. Wörterb. nach der Ausgabe des Herrn Prof. Gottscheden auf der Seite

Seite 558. A. meynet, sondern im Jahr 1552. wie Voßius in libr. de univers. Math. nat. & const. pag. 231. berichtet, mit einer lesenswürdigen Dedication an den Marggraf Albrecht unter folgendem Titul: *Chronologia*, hoc est, omnium temporum & annorum ab initio mundo, usque ad hunc præsentem a nato Christo annum M. D. LII. computatio. In qua methodice enumerantur omnium populorum, regnorumque memorabilium origines ac successiones. Item omnes eorum Reges, quando quisque cœperit, quam diu regnarit, quid dignum memoria gesserit. Quis status populi Dei fuerit. Ac quemadmodum translata sint Imperia a Populo in Populum &c. Et si qui viri illustres, quæ facinora egregia, ac si quid amplius memoratu dignum extitit, ea omnia breviter suis locis referuntur. Suntque in hac computatione omnia tempora, tum ex Sacris Bibliis, cum ex optimis quibuscunque autoribus, Historicis, & Astronomorum observationibus summa fide ac diligentia conciliata. - - Autore *Johanne Funccio*. Regiomonte Prussiæ in Officina Lufftiniana excusum. Anno salutis M. D. L. II. mense Octobri; wozu er noch einen weitläuftigen Commentarium unter dem Titul: Commentariorum in præcedentem Chronologiam libri decem. In quibus cum ordinis in eodem opere observati, suis locis ratio argumentis

mentis probabilibus redditur: tum difficilia quædam Sacrosanctæ Scripturæ loca, utpote, quæ remota diligenti temporum computatione, satis digne nunquam enarrari possunt, commode explicantur. Adjunctis obiter iis Historiis, quæ in ipso χρονολογιασ opere adscribi nequiverunt, verumtamen ad declarationem istiusmodi locorum, & ad Ecclesiæ Dei, Rerumque Publicarum conditionem singulorum temporum cognoscendam, summe videbantur necessariæ. Autore *Johanne Funccio*. - - Regiomonte Prussiæ. Anno salutis M. D. LII. Mense Octobri, gesetzet hatte, im Druck heraus. Dieses ansehnliche chronologische Werk wurde bald nach seiner Ausgebung sowohl von denen Preußischen, als auch denen übrigen auswärtigen Gelehrten wohl aufgenommen, dergestalt, daß der berühmte Wittenbergische Theologe, Doctor Qvenstät in libr. de patr. ill. vir. pag. 178. kein Bedenken trägt, Funcium Chronographorum sua tempestate Principem, und seine gedachte Chronologie, laudatissimum opus, quod tanquam exactissima ratione putatum ab eruditis maxime probatur, zu nennen. Siehe die Berlin. Biblioth. Seite 223. Bey allen diesen äußeren Glücksumständen, welche er solchergestalt in Preußen erhielte, und bey allem diesem Ansehen, welches er sich theils durch diese Chronologie, theils durch andere gelehrte Schriften erwarb, so

nahm

nahm er dennoch mit der Zeit ein Ende mit Schrecken. Denn da er ein Geistlicher, und nicht (wie Adami und Jöcher meinen) ein weltlicher Rath war, dem ohngeachtet je länger je mehr in Regierungssachen sich einmischete, und hierinnen dem Marggrafen manche Rathschläge an die Hand gab, welche in den meisten Fällen den Schaden des ganzen Landes zum Grunde hatten, so wurde er nach einer langen peinlichen Untersuchung des Todes verurtheilet, und im Jahr 1566. den 28. October am Tage Simonis und Judä, das ist, an demselben Tage, an welchem er vor 18 Jahren allhier angekommen, un 49. Jahr seines Alters öffentlich auf dem Kneiphöfischen Markt enthauptet, auch hernach auf dem Haberberg mit seinen beyden ein gleiches verdientes Schicksal erlittenen Freunden, Matthias Horst und Johann Schnell in ein Grab zusammengesenket; wie jenes der von D. Schlüsselburg de Osiandristis pag. 245. angemerkte Vers; sIMonIs IIVDæ sneL, fVnck, horst InterIere und dieses das von Hartknoch in seiner Preußisch. Kirchenhistor. Seit. 416. angezeigete, nunmehro aber nicht mehr auf dem Haberberg vorhandene Epitaphium:

Christlicher Leser, wer du bist,
Merk auf, wer hie begraben ist,
 Es war'n drey Männer wohlgelehrt
 Die g'richtet warden mit dem Schwerdt.

Der erste Jann Funk, Magister,
Ein Prädicant und ein Priester;
Der andre Matthis Horst genennt,
Ein beredter und frischer Held.
Der dritte hieß Johannes Schnell,
Im Rechten ein erfahrner G'sell.
Waren Fürstlich Räth alle drey,
Den'n Gott der Herr barmherzig sey.
Woll ihnen und uns allen geben
Nach dieser Zeit das ewige Leben.

bestätiget. Man sehe den Theil III. derer Aritor. Boruß. Seite 217. 218. ꝛc. nach, woselbsten ein hinlänglicher Auszug aus den sämtlichen Arbeiten vorkommt. Man vergleiche auch hiemit theils Hartknochs Kirchenhistorie, und Colbens Presbyterologie, theils den Th. I. derer Preuß. Zehend. und die Unschuld. Nachricht vom Jahr 1711. allwo eine glaubwürdige Nachricht von seinen Unruhen, und wahrem Antheil an die Osiandristischen Streitigkeiten ertheilet wird. Durch alles dieses zusammen genommen wird unläugbar dasjenige bekräftiget, was der oben gedachte Voßius loc. cit. pag. 231. hievon schreibet: Johannes Funccius, natus Werdæ prope Noribergam anno 1518. Vitam suam magnam ipse partam enarrat epistola ad Albertum Marchionem Brandenburgicum; quam Chronologiæ suæ præmisit. Tristem vero exitum vita habuit. Nam a Proceribus Borussiæ accusatus, quod novis

rebus

rebus ſtuduiſſet, cum duobus Conſiliariis Illuſtriſſimi Ducis Alberti Brandeburgici, Horſtio ac Schnellio, capite truncatus eſt Regiomonte, annos natus 49. Paullo ante obitum diſtichon hoc pronunciaſſe dicitur:

Diſce meo exemplo mandato munere fungi,
Et fuge, ceu peſtem, την πολυπραγμοσυνην.

f) Martin Chemnitius (oder Kemnitz) war zu Treuenbritzen im Jahr 1522. den 9. November gebohren. Sein Vater, Paul Kemnitz, welcher allda den Handel und das Tuchmacherhandwerk trieb, und seine Mutter, Euphemia gebohrne Koldebornin, übergaben ihn zwar anfänglich einem daſigen geſchickten Schullehrer, Laurentius Barthold, der ihn bis ins vierzehende Jahr in den nöthigen Grundwiſſenschaften unterrichtete, allein da ſeine Mutter mit den zunehmenden Jahren einen guten natürlichen Witz, und eine vortheilhafte Anlage zum Studieren bey ihm wahrnahm, wurde er im Jahr 1536. von ihr nach Wittenberg in die Schule geſchicket, und der ferneren Unterweiſung der damahligen Lehrer anvertrauet. Kaum hatte er hieſelbſten ein halbes Jahr ſich aufgehalten, ſo erfuhr ſeine Mutter, daß er einen ſonderlichen Fortgang in den Studien zu machen, allda die Gelegenheit nicht hatte; daher ſie ihn wieder nach Treuenbritzen zurücknahm, und im Jahr 1538. ernſtlich beſchloß, ihm das Tuchmacherhandwerk lehren zu laſſen.

Da er aber hiezu keinen natürlichen Antrieb bezeugete, und folglich den mütterlichen Wünschen kein Genüge leisten konnte, so behielte ihn die Mutter wieder zu Hause, und erlaubete ihm, ohne weiter die Schule zu besuchen, in der lateinischen Sprache eigenmächtig sich zu üben. Bey dieser Verfassung blieb er in seiner Vaterstadt so lange, bis im Jahr 1539. zwey weitläuftige Verwandte, Peter Niemann, Secretarius des Raths zu Magdeburg, und Benedickt Köppen, Schöppenschreiber der besagten Stadt, Geschäfte halber dahin kamen, denen er ein selbst verfertigtes lateinisches Sendschreiben überreichte, und hiedurch sich bey ihnen in solche Gunst setzte, daß er von ihnen nach Magdeburg mitgenommen, in die dasige Schule gegen das Ende des Jahres 1539. hineingegeben, und durch ihre Vorsorge mit freyen Tischen und anderen Nothwendigkeiten unterhalten wurde. Da er in diesen Anstalten fast drey Jahre verblieben war, erwarb er sich nicht allein in der lateinischen Sprachkunst, Dichtkunst, Dialectick und Rhetorick die nöthige Geschicklichkeit, sondern legte auch hieselbsten den ersten Grund zur Mathematik. Hierauf wollte er die Schule verlassen, und auf Academien gehen. Allein da sein Vater verstorben, und die Mutter die hiezu erforderliche Unkosten nicht reichen konnte, überdem auch der Rector der Magdeburgischen Schule,

Schule, M. Wolterstorp, an dem aus der Stadt Calbe an der Saale geschrieben war, zwey geschickte Leute als Collaboratores bey der dasigen Schule zu übersenden, ihn zu dieser Bedienung vorgeschlagen hatte, so gieng er auf dieses Mannes Recommendation alsbald von Magdeburg weg, und kam nebst einem anderen in academischen Wissenschaften wohl erfahrnen Studioso, Phrysius bey der Schule in der besagten Stadt Calbe um Johann im Jahr 1542. als Baccalaureus derselben an. Als er in diesen Anstalten der Jugend einen Unterricht vornehmlich in der lateinischen und griechischen Sprache gegeben, und diese Arbeit einige wenige Monathe mit Fleiß fortgesetzet hatte, so fielen ihm seine vorige Gedanken ein, auf Academien ziehen, und daselbsten die höhere Wissenschaften zu treiben. Er brachte auch dieselbe bald zur Erfüllung, indem er im Jahr 1543. um Ostern von Calbe weggieng, und sich nach Frankfurth an der Oder, allwo sein Verwandter, der Doctor George Sabinus, damahlen ein ansehnlicher Profeßor war, hinbegab. Allein auch auf dieser Universität verweilete er sich nicht eine lange Zeit; nachdem er nehmlich daselbsten nur ein Jahr mit Nutzen zurückgeleget, und vom Seinigen weiter zu leben nichts hatte, so nahm er im Jahr 1544. nahe bey Frankfurth in einem Städtchen Writzen wiederum eine dasige Schulstelle

stelle an. Da er bey diesem Amte nach einiger Zeit sich etwas eingesammlet, und kaum ein halbes Jahr wieder glücklich ausgehalten hatte, so gab er mit einmahl dem Schulwesen den Abschied, und brachte seinen schon vielmahls gefaßten Entschluß vollkommen zu Stande. Er reisete nehmlich von Writzen weg und zog im Jahr 1545. nach Wittenberg zu dem bekannten großen Melanchton, an den sein vorhin angeführter Anverwandter, der D. Sabin, welches sein Schwiegersohn war, ihn recommandiret hatte. Auf dieser Academie trieb er unter der Anführung des gedachten Gelehrten nicht allein weiter die griechische Sprache, sondern er übte sich auch auf sein Zureden in der Mathematic und besonders in der Astrologie, dergestalt, daß er nach einigen verflossenen Monathen auf Verlangen des angeführten Melanchtons auf der dasigen Academie magistriren, und hernach bey dem Fürst George von Anhalt eine Informatorstelle bekleiden solte. Allein da bald darauf ein jämmerlicher Krieg zwischen dem Kayser und die Churfürsten entstand, und hieben die Wittenbergische Universität in Verwirrung gerieth, so erfüllete er nicht allein nicht das gedachte Verlangen, sondern er verließ ganz die Universität, und zog nach Preußen auf die Königsbergische Academie, welche damahls neu angeleget war, und seinen Verwandten, den oben angeführten

ten Sabin zum bestimmten beständigen Rectore Magnfico hatte. Als er solchergestalt zu Königsberg im Jahr 1547. den 18. May angekommen war, erhielte er sogleich einige Polnische Herren vom Adel, welche ihm Sabin zugewiesen hatte, in allerley Wissenschaften zu unterrichten. Er wartete diese Arbeit nicht allein mit vieler Betriebsamkeit eine Zeitlang ab, sondern da er sich hiedurch etwas erworben, ließ er sich noch dazu äusserst angelegen seyn, seine übrige Stunden in Ruhe zur weiteren Cultur der Mathematick, und Astrologie anzuwenden. Da er nun hiedurch bey vielen in einen ansehnlichen Ruf kahm, so wurde er bald darauf im Jahr 1548. den 31. May, bey der hiesigen Domschule als Rektor, und in demselben Jahr den 27. September bey der hiesigen neuen Academie auf Kosten des Fürsten nebst zwey andern als der erste Magister Philosophiä öffentlich promoviret. Um nun diesen beyden Aemtern ein Genüge zu leisten, bearbeitete er hierauf sich sowohl bey der Schule als auch auf der Academie dergestalt zu führen, daß er von jedermann einen ungemeinen Ruhm erhielte; welcher auch hernach noch mehr vergrößert wurde, da er auf allerhöchstes Begehren des Fürsten vor die Jahre 1549 und 1550. einen teutschen Almanach oder Calender mit vielen merkwürdigen astrologischen Vorhersagungen öffentlich

heraus-

herausgab. Als bald hernach Sabin nach Wittenberg reisete, um seine hinterlassene Kinder von da abzuhohlen, und nach Preussen zu bringen, so machete er ihm hierinnen Gesellschaft, und kam im Jahr 1549. wieder zu Wittenberg an. Allein nachdem er mit Melanchton wegen der weiteren vortheilhaft einzurichtenden Art seiner Studien verschiedene mahl sich besprochen hatte, kehrete er mit Sabin bald wieder nach Preußen zurück, und, weil damahls in diesem Lande die Pest sehr wüthete, begab er sich mit demselben nach Saalfeld, von da er am 28. Junii des gedachten Jahres den Rectordienst bey der Kneiphöfischen Schule absprach, und wieder nicht eher nach Königsberg zurückkehrete, als bis die Pest nach erhaltenen Nachrichten ein völliges Ende genommen hatte. Wie er nun im Jahr 1550. hieselbst gesund angekommen war, wollte er zwar wiederum aus Königsberg abreisen, und ganz Preußen verlassen; allein der gnädige Marggraf Albrecht, welcher ihn wegen seines Calenderschreibens, und der darinnen bekannt gemacheten Vorhersagungen verschiedener künftiger politischen Begebenheiten sehr hoch hielte, schlug ihm nicht allein seinen gesuchten Abschied ab, sondern übergab ihm noch dazu im Jahr 1550. den 5. April die Aufsicht über die Fürstliche Schloßbibliothek, wobey er den völligen Gebrauch aller darinnen befindlichen

lichen raren Bücher, und zugleich bey ihm
freyen Tisch, Holz, Licht, Kleider und das
übrige Nothwendige mitbekam. In dieser
Verfassung brachte er drey völlige Jahre zu,
welche, wie er selbsten gestehet, die glückseeligsten und nützlichsten in seinem ganzen Leben waren. Er hatte nehmlich nicht allein
vor seinen Unterhalt keine Sorge zu tragen,
als den er theils vom Fürsten, theils von anderen vornehmen Gönnern empfing, sondern
er war auch mit einer nützlichen Büchersammlung versehen, die er sonsten niemahlen
um sich gehabt, und bey dieser Gelegenheit
als Oberaufseher desto bequemer gebrauchen
konnte, um sich in dem Studio Theologico,
welches er bey M. Friederich Stophylo,
und anderen Gottesgelehrten hörete, vollkommen festzusetzen; wie er sich denn auch
äusserst angelegen seyn ließ, die auf der besagten Bibliotheck befindlichen biblischen Commentatores und Exegeten zu diesem Ende mit
allem Fleiß zu nutzen. Bey diesen glücklichen Umständen hatte er zwar fast beschlossen,
in Preussen beständig zu bleiben; allein da
der Lerm mit dem bekannten Osiander das
Preußische Kirchwesen in Unordnung brachte,
und eine öffentlich gegen denselben mit Gründlichkeit gehaltene Opposition ihn einigermassen aus der Gnade des Fürsten gesetzet hatte;
(welche er aber darnach durch seine Astrologie sich wieder erwarb) so änderte er bald
darauf

darauf seine alte Gesinnungen. Er suchte nämlich im Jahr 1552. seinen Abschied, und da er denselben, obgleich mit einigem Wiederwillen, erhielte, so zog er im Jahr 1553. den 3. April vollkommen aus Preußen. Nachdem er unterwegens dem Marggraf Hans aufgewartet, und von ihm vor einige Astrologische Vorhersagungen ein ansehnliches Geschenk bekommen hatte, so traf er im Jahr 1553. den 29. April zu Wittenberg wieder ein. Hier wandte er sich sogleich zu dem großen Melanchton, und unterließ keine Mühe, unter seiner Anführung die theologische Wissenschaften zu hören und völlig zu absolviren. Da er solchergestalt in kurzer Zeit einen vorzüglichen Zuwachs zu seiner Gelehrsamkeit sich verschaffet hatte, so machte dieses, daß er daselbsten im Jahr 1554. den 15 Januarii in die Philosophen-Facultät als Magister aufgenommen wurde, und den 9. Junii mit dem größten Beyfall einige theologische Vorlesungen öffentlich zu halten anfieng. Kaum hatte er dieselbe 2 Monathe feyerlich fortgesetzet, so that er auf Bitten und Anrathen des D. Mörlin, der ihn in Preußen kennen gelernet, eine Spazierreise nach Braunschweig. Als er daselbsten im besagten Jahr 1554. den 6. August sich eingestellet, und den 12ten desselben Monaths eine öffentliche Predigt abgeleget hatte, so ergieng an ihm eine Vocation zu dem seit einiger

ger Zeit ledig gewesenen Amte eines Coadjutoris. Ob nun gleich nach seiner Zurückkunft in Wittenberg verschiedene dasige Professores, ja gar Melanchton selbsten ihn von Annehmung dieser Stelle abriethen, so überwand dennoch seine Neigung, welche er hiezu empfand, alles Wiedersprechen guter Freunde, und er nahm im besagtem Jahr den 28sten September den an ihm ergangenen Ruf zum gedachten Officio Coadjutoris nach Braunschweig schriftlich und willig an. Um diese Absicht zu erfüllen, schloß er also zu Wittenberg den 20. October seine theologische Collegia, ließ sich allda den 25. November ohne einem vorhergegangenen Examine vom Doctor Pomerano ordiniren, und nahm von da mit vielen rühmlichen Zeugnissen versehen, den 30. November seinen Abzug. Als er hierauf den 4. December zu Braunschweig glücklich angekommen war, trat er sein Amt, welches er den 15. December von denen dasigen sämtlichen Raths und Kasten-Herren feyerlich empfangen hatte, den 16. December in der Kirche zu St. Aegidien an. Er führete auch dasselbe viele Jahre hindurch mit einer ungemeinen Treue und Geschicklichkeit, und unterließ hiebey niemahls auch die übrige Stunden, die seine Amtsgeschäfte ihm verstatteten, theils zum Lehren theils zum Schreiben anzuwenden. Er blieb auch in dieser Stadt bis an sein Lebensende, obgleich
er

er eine Vocation nach Lüneburg und Brandenburg im Jahr 1560. ferner nach Dännemark im Jahr 1564, weiter nach Göttingen im Jahr 1566, und auch wieder nach Königsberg an die Thumkirche durch ansehnliche Deputirte nach Braunschweig im Jahr 1567. erhalten hatte. Endlich nachdem er zu Rostock im Jahr 1568. Doctor Theologiä, und nach des Doctor Mörlin Tode zu Braunschweig erster ordentlicher Prediger und Superintendent geworden, überdem viele vortrefliche historische und theologische Schriften die noch mit immerwährenden Beyfall gelesen werden, herausgegeben, so starb er zu Braunschweig im Jahr 1586. den 8. April, und wurde im Chor der dasigen Martinskirche begraben. Sein Gemählde hänget in diesem Chor über der Sacristey, mit folgender Ueberschrift bezeichnet:

 Quod vixi in carne, in fide vixi Filii Dei, qui dilexit me, & tradidit semet ipsum pro me. Gal. 2.

MARTINUS CHEMNITIUS S. THEOL. D. ET. ECCLESIAE HUJUS SUPERATTENDENS. Nascitur in Marchiæ oppido Briza A. C. M. D. XXII. die Nov. IX. hor. XII. minuto XLVII. post meridiem. Moritur Brunsvigæ A. C. M. D. LXXXVI. VIII. April. hor XII. noctis.

Von der Sacristey weiter in dem Chor lieget sein Leichenstein, auf welchem sein Wapen aus

Meßing

Meßing eingegoſſen, und unter demſelben auf eine meßingene Tafel folgende Worte eingehauen zu ſehen ſind:

D. O. M. S.
MARTINO CHEMNITIO, THEOLOGO DIVINARUM LITERARUM PERITISSIMO VERITATIS ACERRIMO VINDICE OB SINGULAREM ANIMI MODERATIONEM ET CONSTANTIAM TOTI SAXONIAE CARISSIMO QUI POSTQUAM HANC ECCLESIAM ITA REXISSET UT AMARINT VIVUM LUGEANT MORTUUM OMNES BONI AD COELESTIA MIGRANS HOC IN LOCO MORTALITATIS EXUVIAS DEPOSUIT UXOR ET LIBERI LUCTU DESIDERIORUM PLENI MARITO ET PARENTI DULCISSIMO cum LACR. H. M. P. C.

VIXIT A. LXIV. M. IV. D. XXIX. OBIIT A. M. D. XXCVI. VI. ID. APR.

In eben dieſem Chor auf der Seite am Schüler-Chor ſtehen auch noch folgende Worte:

M. D. XLVII.
DOCTOR MARTINUS CHEMNITIUS ACCESSIT DOCTORI MORLINO ADJUTOR ANNIS XIII. POSTEA EIDEM SUCCESSIT SUPERINTENDENS ANNIS XIX. VIR INCOMPARABILIS ET VEL ADVERSARIORUM TESTIMONIO
MAXI-

MAXIMUS ET TEMPESTATE ELECTORIS BRANDENBURGICI ET PRINCIPUM BRUNSVICENSIUM ET LUNAEBURGENSIUM JULII ET WILHELMI CONSILIARIUS ECCLESIASTICUS PLACIDE OBIIT ANNO M. D. LXXXVI.

Auſſer dem obigen Gemählde iſt auch ſein Bildniß in Kupfer geſtochen, welches folgende Ueberſchrift hat:

Effigies
Pl. Reverendi. Ampliſſimi atque Excellentiſſimi viri Dom. Martini Chemnitii S. S. Theol. Doctoris Celeberrimi, nec non Ecclesiæ Brunsvicenſis Superintendentis Vigilantiſſimi.

und zugleich mit folgender doppelten Unterſchrift verſehen iſt:

Nati Anno Chriſti 1522. Die Nov. 9. Denat. Ann. Chr. 1586. April 8. hor. 12. Noct. illut. factum eſt in Marchiæ oppido Priza: hæc Brunsvigæ.	Hæc eſt *Chemnitii* facies, revere tabellam Magni quippe vides hic ſimulacra viri, Pauca dabo: Invicto ſtat gloria prima *Luthero* Chemnitium ſed enim palma ſecunda manet.

Von ſeinen übrigen Lebensumſtänden, und Verdienſten, welche er ſich um die Preußiſche Kirche insbeſondere erworben, können ſeine eigenhändige Lebensbeſchreibungen, welche theils zu Königsberg im Jahr 1719. unter dem

dem Titul: Martin Chemnitii eigenhändige-Lebensbeschreibung nebst denen ihm zu Braunschweig gesetzten Epitaphiis, von dem damahligen Diacono der Tragheimischen Kirche, Herrn Liebmann Philipp Zeisold, (herausgegeben, theils in dem Erläutert. Preuß B. III. S. 321. ꝛc. nachgedrucket zu finden, imgleichen Rethmeiers Braunschweigische Kirchenhistorie Th. III. S. 277. Hartknochs Kirchen-Historie S. 423. ꝛc. und Act. Boruß. Th. I. S. 491. ꝛc. nachgelesen werden.

ff) Matthias Lauterwal war von Geburt ein Elbinger. Der Marggraf Albrecht ließ ihn zu Wittenberg auf seine Kosten studieren, und berief ihn nachdem er Magister geworden als Professor der Mathematik auf die Königsbergsche Universität. Er folgete auch diesem Befehl und kam zu diesem Ende in der Mitte des Jahres 1549. allhier an. Als er sich aber in die Osiandrische Streitigkeiten einließ, ehe er noch die mathematische Profession angetreten hatte, so bekam er gleich im Jahr 1550. den 15. Julii seinen Abschied, und verlohr also hiedurch die Gelegenheit mit seinen mathematischen Wissenschaften Nutzen zu schaffen. Er gieng hierauf nach Wittenberg zurück, und setzte auf Kosten des belobten Marggrafen seine Studien weiter fort. Indessen hielte er sich hier nicht lange auf,

C sondern

sondern er wurde im Jahr 1551. Pfarrer zur Schulpforte in Thüringen und darnach Prediger zu Eperies in Ungarn, allwo er auch vermuthlich verstorben. Siehe *Seyleri* Elbinga Litterata. S. 11. 108.

g) Balthasar Sartorius kam von Wittenberg als Magister zu Anfange des Jahres 1551. nach Königsberg und trat allhier auf der Universität zur besagten Zeit die mathematische Profeßion an; ging aber zu Ende desselben Jahres von Königsberg wieder nach Wittenberg zurück, allwo er vermuthlich verstorben seyn mag.

h) Michael Stiefel zu Eßlingen etwan im Jahr 1496. gebohren, war hieselbst anfänglich ein Augustinermönch, und nachher im Jahr 1525. ein Lehrer des Evangelii. Als er von da verjaget wurde, verwaltete er in Oesterreich bey einer Standesperson das Lehramt, bis er daselbst im Jahr 1527. seinen Abschied bekam. In diesen Jahren hielte er mit Luthero Freundschaft, und genoß das vorzügliche Glück, von diesem theuren Mann Gottes verschiedene Briefe zu empfangen, welche alle im zweyten Theil der Sammlung der Briefe Lutheri, welche Aurifaber herausgegeben, zu finden sind. Nachdem er die Oesterreichischen Lande verließ, so wandte er sich nach Wittenberg, und wurde zu Holzendorf einem nahe dabey gelegenen Orte,

Orte, Prediger. In diesem Amte übete er sonderbahre Sachen aus und besonders prophezeyte er, daß im Jahr 1533. am Tage Lucä der jüngste Tag kommen würde. Da aber diese Wahrsagung nicht eintraf und die versammleten Bauren, welche in dem Glauben nichts weiter nöthig zu haben, alle Arbeit verlassen und alles ihr Vermögen durchgebracht hatten, hierüber in Zorn geriethen, so wurde er von ihnen gebunden und nach Wittenberg geschleppet, um ihn des Betruges anzuklagen und um einige Schadloßhaltung anzuflehen. Allein alles dieses wurde für nichtig erkläret und er selbsten durch Lutheri Vorsprach wieder in sein Amt eingesetzet; wie dieses mit mehrerem theils aus dem Briefe Petri Wellers an den D. Johann Brißmann, welcher in dem Act. Boruss. II. B. S. 688. zu finden, theils aus der Lebensbeschreibung des Stiefels, welche Peter Bayle in dem vierten Band des hist. critischen Wörterbuchs S. 288-291. (nach des berühmten Herrn Professor Gottscheds Ausgabe) ertheilet hat, ersehen werden kann. Da Stiefel durch diese gemachte Unruhe sich wenig Ruhe in seinem Amte verschaffet hatte, so stand er demselben nicht lange mehr vor, sondern verließ diese Stelle zu Holzendorf und gieng auf die damahls neu angelegte Hohe Schule in Jena. Ob er nun gleich als Professor der Arithmetik auf derselben

ben alsbald ankahm (wie Beyer in Syllab. Rect. & Prof. Jen. pag. 517. berichtet) so behielt er dieses Amt dennoch nicht bis an sein Ende, sondern, da er sich vermuthlich auf Zureden Lutheri nach Preussen wandte, wurde er zu Haberstrohm, einem ohnweit von Königsberg gelegenen Dorfe, Prediger, und bey denen um diese Zeit sich anhebenden Osiandristischen Streitigkeiten einer derjenigen welche sich dem Osiander am eifrigsten wiedersetzten. Nachdem er einige Zeit lang unter solchen Unruhen seinem Amte vorgestanden, und an der Verbesserung der Mathematik in Preussen nicht eben sowohl durch Lesen, als vielmehr Schreiben gearbeitet hatte, so gab er diesem Lande Abschied, und wurde Pfarrer zu Prück, wohnete auch in dieser Art im Jahr 1557. dem Convent zu Coßwick bey. Endlich begab er sich im Jahr 1559. wieder nach Jena und starb daselbst im Jahr 1567. den 17. April im achzigsten Jahr seines Alters als Diaconus. Ausser seiner Wortrechnung und Erklärung einiger Zahlen Danielis und der Offenbahrung, welche er im Jahr 1553. drucken lassen, hat er heraus gegeben 1) Arithmeticam integram. Authore Michael Stifelio. Cum præfatione Philippi Melanchtonis. Norimbergæ. A. C. 1544. 2) Eine deutsche Rechenkunst im Jahr 1545. zu Nürnberg. 3) Ein Rechen-Buch von der

Welschen

Welschen und deutschen Practik im Jahr 7546. zu Nürnberg und 4) die Algebram, unter dem Titel: Die Coß Christoph Rudolphs mit schönen Exempeln der Coß durch Michael Stiefel gebessert und sehr vermehret im Jahr 1553. zu Königsberg. Vossius schreibt hievon in lib. de universs. Math. nat. & const. pag. 317. §. 11. also: Anno 1544. Michael Stifelius natione germanus urbe Eslingensis edidit arithmeticen perfectam. Etiam Italicam praxin litteris tradidit. Germanice quoque publicavit Algebram & computum ecclesiasticum; ferner loc. cit. Arithmeticen Stiefelii, quæ Norimbergæ cum præfatione Phil. Melanchtonis prodiit, a præstantibus viris probati, refert Possevinus, selectæ biblioth. libr. XV. cap. III. etiam Jos. Blancani in mathematicorum chronologia iudicium est, optima cum methodo algebram totamque arithmeticen tradidisse. Hic postquam variis in Saxoniæ ac Borussiæ locis docuisset Jenæ in Thuringa obiit &c. Der Herr von Wolf bestätiget dasselbe in seinen elem. math. universs. Tom. V. pag. 29. §. 7. folgendermassen: Michael Stiefelius pastor ecclesiæ Holsdorfianæ anno 1544. in 4 edidit arithmeticam integram (1 Alph. 13 plag.) in qua multa tradit, de numerorum cum rationalium tum irrationalium imo etiam cossicorum praxi quæ alibi frustra quæsiveris, sed sine demonstrationistrationibus; imgleichen pag. 52. §. 3. nec longius progressi sunt Christophorus Rudolphus Jaroviensis Silesius, qui primus de Algebra seu Cossa prout tunc dicebatur in lingua germanica scripsit, & cujus librum additis regularum demonstrationibus & exemplis pluribus recudi fecit Michael Stiefelius Regiom. anno 1553. in 4. (Alphab. 5 plag. 11.) Ferner pag. 75. §. 14. fundamentum logarithmorum breviter quidem, attamen perspicue exposuit Stiefelius in arithmetica integra lib. III. fol. 249. & seqq. monens posse hic fere novum librum integrum scribi de mirabilibus numerorum sed oportere ut se hic subducat & clausis oculis abeat. Herr Heilbronner bekräftiget in seiner hist. math. univers. S. 786 und 787. eben dasselbe und setzet noch S. 544. hinzu, daß von Stiefeln in der Vaticanischen Bibliothek ein Mspt. unter dem Titel: Michael Stiefelii summa elementorum Euclidis befindlich seyn soll.

i) Nicolaus Jagenteuffel ein Königsberger, war von 1550 bis 1552. Archipädagogus, nachdem er im Jahr 1550. XIII. Calend. Septembr. als Magister in die hiesige philosophische Facultät recipiret worden. Im Jahr 1552. wurde er allhier Professor der Dialectik und bald darauf im Jahr 1553. den 11. October erhielte er zugleich mit die mathematische Profession, welcher er bis 1560. vorstand.

vorstand. Im Jahr 1555. wurde er zum zum erstenmal, 1561. zum zweytenmal, und 1567. zum dritten und letztenmal Rector Magnificus der Königsbergischen Universität. Im Jahr 1560. bekam er das Pfarramt im Löbnicht und bald darnach einen Sitz im hiesigen Consistorio. Im Jahr 1567. ging er von hier nach Wittenberg und wurde darauf Ephorus der Annabergschen Inspection in Meissen. Im Jahr 1553. den 23. Junii kam er von Annaberg allhier wieder her, um einige Geschäfte zu verrichten, und hauptsächlich gegen die Schmähungen des M. Felix Cäsars und anderer seiner Feinde sich zu verantworten. S. Greger Möllers Annal. vom Jahr 1573. Er blieb aber allhier nur bis zum 27. August, da er wieder nach Hause zog und die Inspection über seine 36 Kirchen weiter fortsetzte. Hierauf wurde er in Meissen im Jahr 1575. Superintendent. Im Jahr 1579. den 25. Junius kam er wieder von Meissen her, um sein mütterliches Antheil abzuhohlen, er zog aber den 10. Julius wieder nach Hause, und wurde bald darauf Generalsuperintendent und Hofprediger in Weymar. Endlich starb er in diesem Ansehen allda im Jahr 1583.

ik) Caspar Langerfeld war zu Königsberg gebohren. Er studierte anfänglich auf dieser Universität, gieng aber darauf nach Frankfurt an der Oder, woselbst er auch den

Gra-

Gradum eines Magistri Philosophiä annahm. Hierauf kehrete er nach Königsberg zurück, und da er allhier im Jahr 1557. den 14ten Januarii den Tode seines Vaters, Petri Langerfeld, der ein Rathsverwandter war, erlitten hatte, so ließ er auf diesen betrübten Vorfall im folgenden Jahr 1558. eine lateinische Elegie drucken, wodurch er dergestalt bekannt wurde, daß er bald darauf einen Ruf zum Conrectorat auf dem Elbingschen Gymnasio erhielte; welchen er auch völlig annahm, und deswegen im Jahr 1559 oder 1560. zu Elbing sich einstellete. Als er auf diesem Gymnasio zum Collega und Conrectore desselben angenommen und eingeführet war, so bemühete er sich nicht allein der damahligen studierenden Jugend durch gründliche Vorlesungen nützlich zu seyn, sondern durch Herausgebung verschiedener mathematischen Schriften dem gemeinen Wesen vortheilhafte Dienste zu leisten. Also edirete er 1) Allmanach oder Calender aufs Jahr 1563. 2) Kurze Erklärung der Sonnenfinsterniß, die geschehen wird 1567. 3) *Prognosticon Astronomicum* Königsberg 1568. 4) Prognosticon auf die Revolution des Jahres 1568. dem Rath in Thorn zu Gefallen gestellet. Dantzig. 1568. 5) Prognosticon aufs Jahr 1569. durch M. C. Langerfeld, *Scholæ Elb. Callegam.* Königsb. Nachdem er solchergestalt einige

Jahre

Jahre in Elbing treufleißig zugebracht, und durch seine gute Wissenschaften sich mehr und mehr im Vaterland bekannt gemacht hatte, so bekam er im Jahr 1569. einen Ruf zum Professorat der Königsbergischen Universität, welchem er auch bald darauf folgete, indem er im Jahr 1570. den 29. May von dem damahligen Decano, M. Andreas Irisisch in die hiesige Philosophische Facultät einrecipiren ließ, und diese Stelle im Jahr 1570. auf die gewöhnliche Art antrat. Indessen blieb er nicht lange bey diesem Amt, sondern er starb unvermuthet im folgenden Jahr 1571. den 14. Julius, nachdem er einige Wochen vorher ein schönes und weitläuftiges lateinisches Gedicht herausgegeben hatte, was den Titel führete: *Parentalia* anniversaria illustrissimis Principibus Alberto Seniori, Marchione Brandenburgensi I. Duci Prussiæ &c. & Annæ Mariæ ex illustri Ducum Brunsvicensium familia natæ &c. ipsius conjugi. Habita in Academia Regii montis, d. 20. Martii a M. Caspare Langerfeldio Regiomontano. Regiomont. Boruss. Anno 1571. Siehe Tolckemitt. Elbing. Lehr-Gedicht. S. 303.

k) Nicolaus Neodomus, war zu Erfurth im Jahr 1535. gebohren. Er ließ sich daselbst in der Mathematick von Valentin Engelhart unterrichten, und verfertigte bereits in seiner Jugend verschiedene Calenders. Als er im Jahr 1560. fünf und zwanzig Jahr alt war, wurde er nach Preußen gerufen und ihm die mathematische Profeßion auf der Königsbergischen Univerſität anvertrauet, welche er auch, nachdem er im Jahr 1561. XVII. Cal. Sextil. von dem damahligen Decano M. Petrus Sickius in die Philoſophen-Facultät recipiret war, willig annahm, und bis an ſein Ende treu verwaltete. Auſſer den gewöhnlichen Calenders ſchrieb er eine Diſputation: de ecclipſibus, und da er einen andern Tractat: de cometa anno 1577. viſo herauszugeben im Begrif ſtand, ſo ſtarb er hieſelbſt an der Waſſerſucht im Jahr 1578. den 28. Auguſt, nachdem er das Rectorat auf der hieſigen Akademie zweymahl nemlich in den Jahren 1573 und 1577. verwaltet hatte.

1) Matthias Stojus, war im Jahr 1526. den 26. April zu Königsberg gebohren. In ſeiner Jugend nemlich 1529 verlohr er ſeinen Vater, der auch Matthias Stojus hieß, (wie ſein Epitaphium, welches der Herr Profeſſor Lilienthal in der Beſchreibung des Kneiphöfiſchen Thums S. 69. 70. anführet, bezeuget.) Nachdem er magiſtrirt hatte, ſo hielte er ſich im Jahr 1547. allhier als Magiſter auf, und verſahe nebſt dem D. Placotomus die Aufſicht über die Alumnos. Hierauf wurde er Doctor, im Jahr 1560. Profeſſor Secundus Ordinarius Medicinä

dicinâ und bald darauf an die Stelle des verstorbenen Andr. Aurifaber, fürstlicher Leibmedicus. Nachher zog er im May (oder Junius) des Jahres 1575. von hier weg, kam aber im folgenden Jahr im October als Profeſſor Medicinâ primarius wieder zurück. In dieſer Verfaſſung lehrete er nicht allein die Medicin, ſondern auch im Jahr 1579. auſſerordentlich die Mathematik, und insbeſondre die Geometrie. Endlich, nachdem er das Rectorat auf der hieſigen Univerſität fünfmal, nemlich von 1562 · 1563, 1566 · 1567, 1570 · 1571, 1574 · 1575, 1578 · 1579. geführet hatte und zuletzt von dem Kayſer Carl den Fünften in den Adelſtand erhoben war, ſo ſtarb er hieſelbſt im Jahr 1583. den 15. Januarii, und wurde in der Kneiphöfiſchen Kirche begraben. Sein Epitaphium, welches an der nordlichen Mauer der Kneiphöfſchen Kirche befindlich iſt, hat folgende Inſchrift:

At satis hostium.
Dum mihi vita fuit rerum natura decusque
 Mirantem studuis, traxit adastra suis.
Flores decerpsi tantum sapientiæ inanes,
 Et mihi res plene cognita nulla fuit.
Nunc coram mundi mysteria cerno, Deique;
 Idque mihi partum est, sanguine Christe tuo.

Matthiæ Stoio Boraſſo, philosopho, poetæ Mathematico & Medico, Doctori celeberrimo, mo, nato anno Christi 1526. d. 26. April. & pie anno 1583. mortuo, illustrissimorum Principum Borussiæ Archiatro, & Professori Academiæ Regiomontanæ præcipuo, Catharina soror, uxor domini Balthasaris Hartmanni ponuit.

Siehe Lilienthals Beschreibung des Kneiphöfischen Thums S. 70. 71. Sein Bildniß hat Sabinus, der oben gedachte erste Rector Magnificus auf der Königsbergischen Universität mit folgenden in seinem poem. pag. 284. befindlichen lateinischen Versen ausgezieret:

Stojus Aonidum cultor, quo clarus Alumno
Factus honoratum Bregela nomen habet,
Sic oculos, sic ipse genas, sic ora ferebat,
Quando Borussiavi pars Heliconis erat.
In quo plectra morens Amphionis æmula vatis
Traxit Apollinea saxa feras chely.

m) **Laurentius Pantänus**, war aus Rügenwalde in Pommern gebürtig. Er wurde allhier im Jahr 1569. den 22. September Baccalaureus, 1572. den 27. März Magister, den 4. October in die hiesige philosophische Facultät recipiret, in demselben Jahr Subinspector Alumnorum, 1578. Archipädagogus, 1579. Professor der griechischen Sprache und 1581. Professor der Dialectik und Ober-Inspector über die Fürstlichen Alumnos. In den Jahren 1578 und 1579. las er ausserordentlich die Mathematik, und vornehmnehmlich die Arithmetik. Er starb endlich im Jahr 1589. den 5. März.

n) **Matthias Menius,** (oder wie er in Curicke Chron. Dant. Seite 342. Matthias Mävius und in Hartknochs Alt. u. Neuen Preußen S. 541. und 542. Matthias Maine auch in der neuesten Ausgabe des Gelehrten Lexici III. Theil S. 377. Matthias Meinius genennet wird) war im Jahr 1544. zu Danzig gebohren. Anfänglich studierte er zu Wittenberg und hörete die Vorlesungen des Melanchtons. Hernach zog er im Jahr 1571. nach Görlitz und verheyrathete sich mit des dasigen Burgermeisters Tochter Clara Weidneria. Noch in demselben Jahr gieng er nach Danzig zurück, und wurde Rector der dasigen Johanniter-Schule, und im folgenden Jahr 1572. bey dem Gymnasio Professor Astronomiä. Als er dieses Amt würdig erhalten hatte, so that er sich hieselbsten nicht allein durch seine gelehrte mathematische Vorlesungen hervor, sondern er beschrieb auch seine Observationes von dem neuen Stern, welcher im Jahr 1572. in der Caßiopäa erschien, und dem bekannten Tycho de Brahe zu Ausfertigung seiner progymnasmat. Astronom. instauratæ Gelegenheit gab; imgleichen entwarf er auch im Jahr 1576. ein Werk de ortu & occasu lunæ supputando, welches aber niemahlen im Druck herausgekommen ist. Einige Jahre
drauf

drauf bekam er einen Ruf nach Königsberg, und wurde 1579. ordentlicher Professor der Mathematik und zuletzt 1585. fürstlicher Bibliothecarius; wie dieses dasjenige Stammbuch bezeiget, worinnen er sich also im Jahr 1596. den 7. September eigenhändig eingeschrieben: M. Matthias Menius, Dantiscanus, Academiæ Borussorum Mathematum Professor Publicus & Illustriss. Ducum Prussiæ Bibliothecarius, Geodetarumque Præceptor & Inspector. Siehe *Prætorii* Athen. Gedan. Seit. 37. 38; auch selbiges die *Acta Fac. Phil. Regiomontanii* häufig bestätigen. Ausser seinen mathematischen Vorlesungen, welche er auf der hiesigen Universität treufleißig gehalten, gab er 1) im Jahr 1584. den 22. Februarii pro loco eine Disputation de circulis. 2) ferner im Jahr 1591. den 1. May eine Disputation de rotunditate terræ & aquæ heraus, imgleichen schrieb er 3) verschiedene Astrologische Prognostica auf viele Jahre und edirete alle 4) Calender von 1586 bis 1602, welche insgesamt auf der Königsbergischen academischen Bibliotheck vorhanden sind, Endlich da er am zweyten Osterheiligentage des Jahres 1601. vom Schloß nach Hause kam so rührete ihn der Schlag, und er starb am 3. Junii desselben Jahres, nachdem er das academische Rectorat dreymal nemlich in den Jahren 1587. 1593 und 1599. verwaltet hatte. Sein in Kupfer

Kupfer gestochenes Bildniß welches selten angetroffen wird, hat folgende Umschrift: M. Matthias Meine, Dantiscanus, Mathematum Professor Regiomont. Anno Dei, 1588. ætatis 44.

§. 7.

Anzeige und Lebensbeschreibung derer verstorbenen Preußischen Mathematicker aus dem siebenzehenden Jahrhundert.

In dem siebzehnten Jahrhunderte war die Anzahl und Beschaffenheit derer Preußischen Mathematiker schon beträchtlicher. Denn da nicht allein die vorigen Männer zu der Aufnahme der Mathematik in Preussen die Bahn gebrochen, sondern sowohl in Deutschland als auch in dem angränzenden polnischen Preussen besonders Copernicus, Hevelius und andere mehr das Ansehen und die Nutzbarkeit der besagten Wissenschaft durch ihre Lehren und Schriften erhoben hatten, ja in Preussen alle andere Wissenschaften überhaupt heller und angenehmer als in dem vorigen Jahrhunderte sich aufzuklären anfiengen, so konnte es nicht anders geschehen, als daß verschiedene sich angelegen seyn liessen, denen gezeichneten Bahnen ihrer Vorfahren nachzugehen, denen ruhmwürdigen Beyspielen ihrer Nachbahren zu folgen, und mit vielen Fleiß, die besagte schwere mathematische Wissenschaften nicht schlechtweg ihren Lands-Leuten vorzulesen, sondern sie durch mancherley neue Erfindungen zum Besten der gelehrten Welt überhaupt, und

und des Vaterlandes insbesondere zu erweitern. Es thaten sich demnach von den Preussen in der Mathematik im siebzehnten Jahrhunderte hervor: Joachim Radenicius o). Sigismund Weier p) Peter Crüger q). Johann Strauß r). Huldreich Schönberger s). Christian Otter t). Albrecht Linemann u). Albrecht Kieper v). Daniel Lagus w). Johannes Masins x). Albrecht Jonas xy). Friedrich Bückhner y). Andreas Concius z). Andreas Marquard aa). Jacob Beilfuß bb). Jacob Börger bbc). Bartholomäus Goldbach cc). George Wogesin dd). George Thegen dde). Daniel Erasmi Baron von Huldeberg ee). Johann Urinus ff). David Bläsing gg). Christoph Colb hh). Michael Heynovius ii). Christian Langhansen kk). George Funck ll). Christian Sahme mm). Johann Gottsched nn) und Johann Theuerlein oo).

o) *Joachim Radenicus*, war zu Rostock im Jahr 1575 gebohren. Er wurde anfänglich von seinem Vater *Martin Radenich*, welcher daselbst ein Bürger war, in die dasige Stadt-Schule und hernach nach Stargard geschickt. Er kam aber wieder nach Rostock zurück und studierete eine Zeitlang auf der dasigen Akademie. Hierauf gieng er nach Helmstädt, und besuchte die mathematischen Collegia des berühmten Medici und Mathematici, *Luddelii Duncari*, wurde auch

auch unter seinem Decanat Magister Philosophiä. Nach Erhaltung dieser Würde that er eine Reise auf die Insel Hväna, und besprach sich mit dem großen Astronomo Tycho de Brahe. Von dannen zog er wieder nach Rostock, und docirte allda privatim die mathematische Wissenschaften. Hierauf ging er nach Preussen, und lehrte auf der Königsbergschen Universität, nachdem er als Magister im Jahr 1602. den 30. October von dem damahligen Decano M. Caspar Clee in die philosophische Facultät recipiret war, die Doctrinam sphæricam, laß überdem ausserordentlich de erigendis thematibus cœli, und gab auch einige Calender heraus. Endlich erhielte er im Jahr 1603. den 1. October die durch das Absterben des vorhin erwehnten Menii ledig gewordene mathematische Profeßion, welcher er aber nicht lange vorzustehen im Stande war. Denn da er in dem besagten Jahr den 4. November pro loco seine Disputation de cœlo & sphæris cœlestibus gehalten hatte, und eben im Begrif war nach Michael seine academische Vorlesungen anzufangen, so starb er hieselbsten den 11ten December an der Schwindsucht.

p) **Sigismund Weier**, war zu Schmoditten einem in dem Hauptamt Brandenburg gelegenen Kirchdorf im Jahr 1579. den 28. Februarii gebohren. Sein Vater gleiches Nahmens war daselbst, und darnach in der

D   Stadt

Stadt Schippenbeil von 1582 bis 1585. Pfarrer, und seine Mutter hieß Elisabeth Fehrmannin. Sein Großvater Magister Benedict Weier, welcher im Jahr 1482. zu Danzig von römischen Eltern gebohren war, stand anfänglich zu Rom ein Jahrlang bey der päbstlichen Capelle als Schreiber, verließ aber hernach diese Stelle, und trat, als er sich in Deutschland befand, zur Lutherischen Religion über, dahero er nach seiner Zurückkunft dem Könige von Pohlen Sigismundo I. in Danzig übergeben wurde und auch unfehlbar seinen Kopf hätte verliehren müssen, wenn er nicht auf Intercession des George Freyherrn von Heydeck wäre extradirt und von dem Fürsten Alberto I. in Schutz genommen worden, der ihn zu den ersten evangelischen Prediger in Schippenbeil bestellte, welchem Amte er auf 27 Jahr nacheinander bis an seinen Todt, nehmlich bis das Jahr 1550. vorgestanden. Als unser Weier der von solchen Voreltern entsprossen war, kaum das sechste Jahr seines Alters erreichet hatte, verlohr er im Jahr 1585. den 3ten März durch den Tod seinen Vater und wurde hierauf zu Bartenstein in das Haus seines Großvaters mütterlicher Seite Francisci Fehrmann, der daselbst Rathsverwandter war, aufgenommen. Dieser schickte ihn nicht allein in die Bartensteinsche Schule, sondern hielte ihn überhaupt an, daß

er

er unter der Anführung des damahligen Rectoris Magister Wilhelm Beckschlagers den ersten Grund seiner Studien legte. Nachdem er sich hieselbst viele Jahre aufgehalten und die nöthigen Schulwissenschaften absolviret hatte, zog er im Jahr 1596. nach Lübeck aufs Gymnasium. Hier suchte er sich weiter in denen Wissenschaften festzusetzen, und hörete dahero mit einer besondern Aufmerksamkeit die Vorlesungen des damahls berühmten Otto Gvalterii an. Nach 3 Jahren, die er in Lübeck zugebracht hatte, besuchte er die Academie zu Frankfurt an der Oder, und erhielte hieselbst die vortheilhafte Gelegenheit des Adam von Schlieben, Compthurs zu Litzen beyde Söhne Friederich und Octavian (welche beyde hernach Ritter geworden, und jener zu Alcair, und dieser zu Frankfurt an der Oder gestorben) zu führen. Da er mit ihnen unterschiedene Academien in Deutschland besehen hatte, so gieng er nach Wittenberg, und hörete daselbsten die Collegia David Rungii, Leonhard Hutteri, Wolfgang Francii und anderer berühmten Männer. Nach diesen glücklich absolvirten Collegien wurde er hierauf zu Wittenberg im Jahr 1602. Magister Philosophiä. In diesem Character hielte er sich hieselbst nicht allein eine Zeitlang auf, sondern er durchreisete noch den übrigen Theil von Deutschland, den er auf seiner ersten Reise zu besehen nicht Gelegenheit

legenheit gehabt. Nachdem er nun in der Fremde genug bekannt geworden war, so reisete er nach seinem Vaterlande und kam zu Königsberg im Jahr 1605. gesund an, allwo er auch nicht lange auf sein verdientes Glück warten durfte. Er wurde nemlich in dem Monath October des gedachten Jahres nicht allein ordentlicher Professor der Mathematik auf der hiesigen Universität, sondern auch hernach im Jahr 1612. Churfürstlicher Bibliothecarius. Die besagte Profeßion trat er im Jahr 1606. mit einer Disputation de rotunditate terræ an, und stand derselben mit allem Fleiß treulich vor, legte auch dieselbe nicht eher als nach Verfliessung 9 Jahre nieder, da er sie nemlich im Jahr 1621. mit der historischen Profeßion verwechselte, welche er auch bis an sein Ende rühmlichst verwaltet. Das gemeldete Bibliothecariat führete er gleichfalls mit aller Unverdrossenheit und entzog sich demselben nicht eher als bis er ein hohes Alter erreichet hatte, Emeritus geworden und Magister Jacob Tydäus im Jahr 1658. ihm adjungiret war, der ihm auch nach seinem Tode sowohl hierinnen, als auch in der Profeßion der Geschichte würklich succedirte. Das Rectorat der Königsbergischen Akademie hat er fünfmahl, nemlich in den Jahren 1621, 1622, 1628, 1636, 1644, und 1654·1655. verwaltet, unter denen das vierte vor allen übrigen besonders

merkwür-

merkwürdig gewesen. Denn es fiel nicht allein in demselben das erste Jubiläum der hiesigen vor hundert Jahren errichteten Akademie ein, sondern es wiederfuhr ihm auch der gefährliche Zufall, daß, da er von der Churfürstlichen Bibliothek nach Hause gieng, ein großer Theil des an das Ende der Schmiede-Brück anstossenden Bollwerks mit ihm in den Pregel einsunck, und er mit genauer Noth aus diesem Wasser gerettet wurde; wie dieses deutlich aus dem lateinischen Epigrammate zu ersehen, welches der bekannte Dichter, Simon Dach den folgenden Tag darauf ex tempore also lautend verfertiget hat:

Cura Borussiacæ Weierus Bibliothecæ
Et fide Antistes nobilis historiæ
Pregelidos Patrum Senior, tum forte Juventæ
Aoniæ Rector, Magnificumque caput;
Principis inspectis descendit ab arce libellis,
Adque suos iterum nititur ire lares.
Jamque suum fessus superarat Pregela pontem
Cui mos a fabris, nomen habere dedit:
Strata videbatur pede jam tetigisse viarum
Cænosus sed adhuc Pregela subtus erat,
Dum terit incedens gressa sola dura senili,
Ecce locus pedibus pondere pressus hiat;
Cedentem sequitur, lapidosaque illa ruina
Decidit & putidas fert lutulentus aquas.
Hactenus est fortuna nocens, sed substitit ægre

Invicta superum vixque repressa manu.
Lethiferis nec enim misere est absorptus ab
    undis
Et sanctum lapides non tetigere caput.
Quis non miretur servatum ubi Pregela torvus
Præsentis titulum mortis habere negat?
Brutaque vel medio strupuerunt pendula lapsu
Saxa & Canitiem sunt venerata Senis.

S. D.

Er starb endlich am Schlag im Jahr 1661. den 24. März, und wurde in dem Professor-Gewölbe den 30. Martii feyerlich beerdiget, nachdem er über 30 Jahr Senior der ganzen Königsbergischen Akademie gewesen. Ausser der obigen Disputation 1) de rotunditate terræ hat er im Jahr 1608. den 7. May 2) de hypothesi prima astrali Astronomiæ, seu partibus cœli, ferner im Jahr 1614. den 22. August 3) de figura, situ & motu cœli, item de figura & situ terræ und auch im Jahr 1618. den 18. May, 4) von einer andern Materie aus der Astronomie disputiret, imgleichen verschiedene bemerkenswürdige Calender vor viele Jahre nacheinander herausgegeben.

9) **Petrus Crüger**, war zu Königsberg im Jahr 1580. den 20. October gebohren. Er studierte anfänglich auf der hiesigen Universität, gieng aber hernach in die Fremde und legte sich besonders auf die mathematische Wissenschaften. Nachdem er diese Studia absolviret,

absolviret, im Jahr 1606. zu Wittenberg magistriret, und im folgenden Jahr 1607. zu Leipzig de tetragonismo circuli per lineas disputiret hatte, wurde er in demselben Jahr 1607. auf dem Gymnasio zu Danzig öffentlicher Professor der Mathematik und Poesie. Auſſer denen Vorlesungen, welche er allda über die Mathematik, Logik und andre schöne Wissenschaften mit vielem Beyfall hielte, gab er verschiedene Disputen und mathematische Tractate heraus: als 1) Vertheidigung seines aufs 1609. Jahr publicirten Calenders wieder M. Michael Hermetem Danzig, 1610. 2) *Trigonometriam*, im Jahr 1612. 3) *Disputationem de hypothetica systemate cœli* im Jahr 1615. 4) *Disputationem de motu magnetis* im Jahr 1615. 5) *Disputationem de quotidiana telluris in orbem revolutione, vulgo de primo mobili* im Jahr 1616. 6) *Logisticam sexagenariam methodice confirmatam cum canone sexagenario omnibus numeris emendatissimo. Dantisci 1616.* 7) *Hemerologium perpetuum*, oder immerwährender Calender samt seiner Erklärung, Danzig 1617. 8) *Recompens* des Frühstücks, so ihm D. David Herlicius angefertiget. Danzig 1617. 9) Kurzer Bericht von dem großen noch zur Zeit scheinenden Cometen. Concipiret den 18. December 1618. Danzig 1618. 10) *Uranodromum Cometicum* vom Jahr 1619. 11) Ei-

11) Einen Send-Brief an den achtbahren und wohlgelahrten Herren M. Paul Nagelium weitberühmten Theologastronomum Cabalapocalypticum in Meissen. Danzig 1621. 12) Rescription auf M. Petri Nagels Buch, dessen Titul: *Astronomia Nageliana*. Danzig 1622. 13) *Diatriben paschelen*, von rechter Feyerzeit des jüdischen und Christlichen Osterfestes, einen gründlichen ausführlichen Bericht, aus H. Schrift, astronomischer Rechnung, alten Patribus und Concilien, vornehmen der römischen Kirche zugethanen Theologen, bewährten Computisten und andern klaren Documenten zusammen getragen, nebst Entdeckung etlicher unverantwortlicher Fehler des hochberühmten Mathematici, Christophori Clavii, die er in seinem großen Werk und Auslegung des neuen Calenders an der Sonnen und des Mondes Rechnung begangen; item einen Anhang von dem Concilio zu Constanz und Johann Hussens Geleit. Danzig 1620. (welches nach seinem Tode unter dem Titul: M. Petri Crügeri Königl. Stadt Danzig Mathematici ausführlicher und gründlicher Bericht von rechter Feyerzeit des jüdischen und christlichen Oster-Festes 2c. daselbsten im Jahr 1663. wieder aufgeleget ist.) 14) Ein neues Rechenbüchlein

büchlein auf der Feder in ordentliche Capitel und gewiſſe Regel verfaßt, auch mit genugſamen dieſer Lande bräuchlichen Exempeln erklärt und an den Tag gegeben. Danzig 1630. 15) Die andere Edition dieſes Rechen-Büchleins vom Autore ſelbſt revidirt und colligirt. Danzig 1634. imgleichen die dritte Edition nach ſeinem Tode, 1642. 16) Beſchreibung der vermeynten Cometen, ſo zu Danzig Anno 1633. geſehen worden. Danzig 1633. 17) *Praxin trigonometriæ Logorithmicæ cum logorithmorum tabulis ad triangulatam plana quam ſphærica ſufficientibus, ad commodiorem uſum præceptis brevibus & perſpicuis hoc manuali comprehenſam. Dantiſci* 1634. (welches Buch nach ſeinem Tode im Jahr 1648. zu Danzig und im Jahr 1654. zu Amſterdam wieder aufgeleget worden.) 18) *Doctrinam aſtronomiæ ſphæricam præceptis methodicis & perſpicuis per globum, tabulas, trigonometriam tam veterem quam logorithmicam explicatam ac demonſtratam cum tabulis ad eam pertinentibus. Dantiſci.* 1635. Er ſchrieb noch überdem verſchiedene Jahre nach einander, nemlich von 1608 bis 1639. die 19) Danziger-Calender, welche zu Breslau ein daſiger Buchhändler Baumann in einem nicht angezeigten Jahre unter folgendem Titul zuſammen drucken ließ: *Cupediæ Aſtroſophicæ Crügerianæ*, das iſt, Frag und Antwort,

Antwort, darinnen die allerkunstreichsten und tieffsten Geheimnisse der Astronomie, des Calender-Schreibens, der Astrologie und der Geographie dermaßen deutlich und verständlich ausgeführet sind, daß dieselben beydes von Gelehrten und auch Ungelehrten gar leicht können gefasset und begriffen werden, aus den jährlichen Schreib-Calendern des Tit. Herren M. Petri Crügeri, dem Kunstliebenden Leser zum Besten ordentlich zusammengetragen. Er starb endlich zu Danzig im Jahr 1639. den 6. Junii als ein um die Mathematik sich vorzüglich verdient gemachter Gelehrter, und wurde zu samt seiner Tochter den 8. Junii in der Kirche zur Heil. Dreyfaltigkeit begraben.

r) Johann Strauß, war zu Königsberg im Jahr 1590. den 2. Junii gebohren. Sein Vater war Johann Strauß, Bürger und Kaufmann im Kneiphof, und seine Mutter hieß Elisabeth Vogtin. Er gieng anfänglich in die Kneiphöfische Schule, zog aber darauf nach absolvirten Schul-Jahren, auf die Königsbergische Universität. Und da ihm die Natur eine angenehme Stimme zum Singen gegeben hatte, so erlernte er unter der Anführung des damahls berühmten Johann Eckardts die Vocalmusik und trieb dieselbe in der Churfürstlichen Capelle 4 Jahr lang nacheinander. Hierauf gieng er im Jahr

Jahr 1612. nanzig und hörte bey dem vorhin belobten Peter Crüger ein ganzes Jahr lang die Mathematik mit der größten Application. In dieser Wissenschaft zureichend unterrichtet, reisete er hernach im Jahr 1613. nach Wittenberg. Als er von da weiter nach Aredata (wie es in der Intimatione funebri heißet) sich begeben hatte, hielte er sich daselbst einige Jahre auf, docirte diese Zeit hindurch in der dasigen adelichen Schule als Praeceptor der vierten Classe und schrieb auch zu Linz, (vielleicht mag dieses das obige Aredata seyn) im Jahr 1616. einen astronomischen Tractat unter dem Titul: *Logistica astronomica. Auctore Johanne Straus Regiomont. Boruss. Illustris Austriacæ supra Anisum Provincialis Scholæ, quæ est Linzii, Præceptore publico. Linzii 1616.* Von da zog er im besagten Jahr 1616. mit einem rühmlichen Zeugniß nach Tübingen, und wurde daselbsten in demselben Jahr von dem Professor der Logik und Ethik und damahligen Decano der philosophischen Facultät, M. Vito Müller nebst 12 andern Candidaten in Magistrum Philosophiä promoviret. Bald darnach gieng er von Tübingen weg und bekam die Stelle als Hofmeister bey denen Hof-Pagen derer Herzoge von Sachsen, Johann Wilhelm und Friedrich Wilhelm. Nachdem er dieser Bedienung eine kurze Zeit vorgestanden, veränderte er seinen ganzen Stand, und

nahm

nahm im Jahr 1619. bey dem Herzog von Würtenberg, Johann Friederich, Krieges-Dienste an. Doch da er auch hieben keine lange Zufriedenheit empfand, so nahm er bald seinen Abschied, gieng wieder nach Tübingen, und kehrte zuletzt mit einem rühmlichen Zeugniß von dieser Akademie versehen, nach seinem Vaterlande. Kaum war er zu Anfange des Jahres 1621. in Königsberg angekommen, und in der Mitte desselben von dem ordentlichen Professore der Dichtkunst, und damahligen Decano M. Christoph Eilard in die hiesige philosophische Facultät recipiret, so erhielt er in demselben Jahr die ordentliche mathematische Profeßion auf der Universität und bald darauf die Ober-Inspection über die Landmesser in Preussen. Im besagten Jahr 1621. den 17. September disputirte er allhier 1) de refractionibus astronomicis, 1623. den 3. Februarii, 2) de ecclipsibus solaribus und 1624. den 29. Nov. 3) de philosophia astrali Tychonica in qua ex observationibus nobilissimis Tychonis Brahe certissimis de natura stellarum novarum disseritur. Im Jahr 1627. gab er auch allhier 4) einen Tractat unter dem Titel: *Introductio ad architectonicam utramque continens principia tam arithmetica quam geometrica quibus instructus sit necesse est, studiosus, cui ad studia præsertim architectonica accedere animus est*, mit folgender Dedication: *Generosissimorum ac nobilissimo-*

bilissimorum virorum Ducatus Borussiæ supremorum Consiliariorum Martini a Wallenrodt, Canzellarii & Andreæ a Creuzen supremi Marischali filiis dilectis, Johanni Ernesto a Wallenrod & Johanni a Creuzen, discipulis suis carissimis hocce tirocinium mathematicum obsert M. Joh. Strauss, suis mathematicus heraus. Nachdem er endlich ein Jahr das Project zu dem Königsbergischen Stadtwall gegeben (welches auch angenommen und unter der Direction des Herren Abraham von Dohna, im Jahr 1626. am Tage Bartholomäi, würklich auszuführen angefangen wurde) so starb er da er eben Decanus der philosophischen Facultät war im Jahr 1630. den 9ten September an der Pest und wurde in dem Professor Gewölbe den 11. September standesmäßig begraben.

s) Huldreich Schönberger, war im Jahr 1601. den 1. December zu Weyda in der Ober-Pfalz gebohren. Sein Vater war Johann Schönberger, ein dasiger Bürger und Schneider, und seine Mutter hieß Catharina Grodendorferin. Als er kaum drittehalb Jahr alt war, verlohr er durch die Pocken den völligen Gebrauch des Gesichts, dergestalt, daß er von seinem Vater bis ins eilfte Jahr zu Hause gehalten, und darnach im Jahr 1612. in die dasige Schule geschickt wurde, nicht etwas sonderliches darinnen zu lernen, sondern mit den übrigen Kindern

Kindern nur auf eine gewisse Art die Zeit zu verbringen. Da er wenige Jahre diese Schule besuchet hatte, zeigete sich offenbahr, daß Gott den Abgang seiner Augen mit vortreflichen Geistes-Fähigkeiten in seiner Seele ersetzet hatte, und er durch derselben Hülfe in der Erlernung der nöthigen Schul-Wissenschaften leichter und geschwinder als andre mit ofnen Augen fortzukommen vermögend war. Nachdem er solchergestalt in der Schule einen guten Grund zu den Studien geleget hatte, so wurde er im Jahr 1619. von seinem Vater nach Sulzbach aufs Gymnasium geschickt, und der Aufsicht des dasigen Conrectors M. Kuffner anvertrauet. In diesen Anstalten und unter dieser Führung war er besonders fleißig, ja nahm auch in denen höheren Wissenschaften, welche allda gelehret wurden, dergestalt zu, daß er nach zwey Jahren das Gymnasium verlassen, und mit Ruhm auf Akademien sich begeben konnte. Er gieng also im Jahr 1621. von Sulzbach weg, und zog zuerst auf die Universität zu Altdorf. Als er hieselbsten unter dem Rectorat des D. Christian Matthia in die akademische Matrickel eingeschrieben war, setzte er besonders auf Anrathen des bekannten Professor M. Daniel Schwenters seine angefangene Collegien weiter fort, predigte einmahl auf Bitten des Pastoris M. Johann Sauberti, und blieb in dieser Bemühung fast 2 Jahre.

Von

Von Altorf zog er hierauf im Junio des Jahres 1623. nach Leipzig auf die dasige Universität. Als er hieselbsten unter dem Rectore Magnificentißimo und Durchlauchtesten Herzog von Curland, Jacobo, und unter dem damahligen Pro-Rectore und Professor der Matheseos Möller inscribiret war, beschäftigte er sich gleichfalls mit einigem Collegienhören, machte aber auch nach einigen wenigen Monathen durch seine Geschicklichkeit sich so verdient, daß er im Jahr 1624. Dominica Reminiscere primam Philosophiä Lauream und im Jahr 1625. den 27. Junii den Gradum Magisterii mit einem großen Lob erhielte. Nachdem er öffentlich zu Leipzig als Magister disputiret, und darauf einige Jahre nacheinander philosophische Collegia gelesen, und überhaupt allda gegen 6 Jahre sich aufgehalten; wandte er sich, um weiter seinen Trieben nachzugehen, nach der Akademie zu Copenhagen. Da aber die dasige Gelehrten diesen blinden Mann nicht für einen Magister erkennen wollten, und seinen akademischen mit Ehren erlangten Gradum in Zweifel zogen, so verblieb er hieselbst nicht lange, sondern nachdem er sein Magisterium, durch ein rühmliches Zeugniß, welches die philosophische Facultät zu Leipzig ihm ertheilet, bewiesen hatte, gieng er ins Holsteinsche, und unterrichtete in diesem Lande einige junge Leute, theils adelichen theils bürgerlichen

Standes

Standes in den nöthigen Wissenschaften 9 Jahre nacheinander. Nach dieser verflossenen Zeit verließ er bey einigen sich einstellenden Krieges-Adspecten das besagte Holstein, und begab sich von dannen nach Hamburg. Allhier hielte er sich 5 Jahre auf, welche er gleichfalls mit Unterrichtung der dasigen studierenden Jugend treulich vollbrachte. Im Jahr 1645. traf er hierauf mit seinem Gefährten Jacob Bruno, zu Königsberg ein, allwo er sich sogleich von dem Professore und damahligen Decano, M. Sigismund Pichler, den 2. Junii in die hiesige philosophische Facultät recipiren ließ, und keine Gelegenheit verabsäumete, theils durch Disputiren theils durch Dociren seine Geschicklichkeit bekannt zu machen. Ausser denen Disputen *de coloribus, de meteoris aqueis, de elementis in genere* und andern Speciminibus, die er allhie öffentlich ablegte, lehrte er mit einer besondern und bewundernswürdigen Gründlichkeit nicht allein 7 fremde Sprachen, nehmlich die lateinische, französische, griechische, ebräische, chaldäische, syrische und arabische, sondern hielte auch verschiedene Vorlesungen über verschiedene Theile der Philosophie. Nechst diesen Wissenschaften docirte er vorzüglich die Mathematik, wobey er die bemerkenswürdige Lehrart hatte, in der Arithmetik die schwereste Aufgaben mit einigen wenigen Kerbstöcklein aufzulösen, und in der

Mechanik,

Mechanik, Artillerie und Musik die dahin gehörige Maschinen, welche er selbsten verfertiget, vorzuzeigen und den Gebrauch derselben eigenhändig anzuweisen. Endlich, nachdem er auf die besagte Weise, der auf der Universität studirenden Jugend einige Jahre lang gedienet und hiedurch verschiedene nach und nach zunehmende Krankheiten seinem Cörper zugezogen hatte, so starb er hieselbsten im Jahr 1640. den 1. May entkräftet, und wurde den 5. May in der hiesigen Thumkirche begraben, allwo annoch sein Bildniß und Epitaphium mit folgender Inscription unter der Orgel befindlich ist:

Hac terra requiescit VLDARICUS
SCOENBERGERUS & artium magister
Et cunctæ sophies; perennis olli
Dulces nox oculos trienni ademit,
At natura faventior, Deusque
Millenis animo faces, diemque
Cœlo sideribusque puriorum,
Succendit. Triplices theatra mundi
Rerum ortus, obitusque & involucra
Caussarum, abdita quælibet sagaci,
Perlustravit acumine & serena
Mentis luce oculisque certus hausit,
Pandens cuncta fideliter iuvente,
Quid linguas Orientis hic renarrem?
Quid grajam, latiamque, quid cicutas
Chordasque artificem bonum decenti

E Junctum

Junctura potuisse comparare?
Hoc rapto nece focidem universam
Se centone ferunt Apollinemque
Invosuisse, diesque lacrumarum
Noctesque officio dedisse totas.
Impendes quoque lacrumas, viator,
Miratus potuisse tantum obire.

Natus est Weidæ Palatinorum MDCI.
Denatus Reg. Boruss. MDCXLIX.

Siehe Hartknochs Kirchenhistorie S. 639. 640. und A. u. N. Preuss. S. 491. 495. woselbsten sein Bildniß mit folgenden Versen stehet:

Schœnbergerus hic est qui lumine captus
ut eoque
Argos philosophus pectore mille tulit.

t) Da Christian Otter derjenige Mathematicker ist, dessen merkwürdigem Leben die ganze zweyte Abhandlung dieses Werks gewidmet werden soll, so wollen wir anjetzo dasselbe mit Stillschweigen übergehen, und einen geneigten Leser an die letzten Blätter dieses Tractates weisen.

u) Albrecht Linemann war im Jahr 1603. den 11. März zu Fischhausen gebohren. Sein Vater, welcher ein Schuster und Kirchen-Vorsteher daselbsten war, wollte ihn anfänglich zu einem ehrlichen Handwerk anhalten, da er ihn hiezu auf keine Weise bewegen

gen konnte, und einen gar zu großen Trieb
zum Studieren bey ihm bemerkte, so erlaubte
er ihm nach Königsberg zu gehen, um allda
den Grund zu den Studien zu legen. Als er
nach Königsberg gekommen war, verfiel er auf
die hiesige Thum-Schule, und, um Gelegenheit
zu haben, in derselben angenommen zu werden, begab er sich bey einigen Herren in
Diensten. So viele Zeit er bey diesem Fa-
muliren entübrigen konnte, so viele Mühe
wandte er an, die nöthigen Schul-Wissenschaften und besonders die Sprachen zu erlernen, darinnen er auch nach einer kurzen
Zeit durch seinen besonderen Fleiß eine solche
Stärke sich erwarb, daß er vollkommen den
Ciceronem, Senecam, Livium und andere lateinische Autores, imgleichen den Lu-
cianum, Hesiodum, Isocratem, Ho-
merum, Pindarum und andere griechische
Schriftsteller, überdem auch einige Hebräische und Arabische Scribenten zu verstehen
geschickt war. Durch diese seltene Geschicklichkeit, nahm er den damahligen Rectorem
der Cathedral-Schule Licent. Joh. Raick
dergestalt ein, daß er ihn nach absolvirten
Schuljahren mit einem rühmlichen und seinen
Umständen vortheilhaften Zeugniß auf die
Akademie schickte. Als er diese höhere Schule
bestiegen hatte, hörete er die Theologie, und
erwarb sich darinnen in kurzer Zeit eine solche
Geschicklichkeit, daß er im Jahr 1629. den

30ten

30ten Martii unter dem Vorsitz des Profesſoris M. Levin Pouchenius eine theologiſche Diſputation de prophetica myſterii incarnationis Filii Dei promiſſione facta Achazo Eſa. VII. 14. als Reſpondens ablegte. Hienebſt applicirete er ſich beſonders auf die Mathematik, und beſuchte deswegen die Vorleſungen des vorhin belobten Profeßoris Strauß mit einer vorzüglichen Beſtändigkeit. Durch dieſe angehörte Stunden, und noch mehr durch die bey der häuslichen Wiederhohlung angeſtellte Meditationen bekam er in wenigen Jahren in der Mathematik eine ſolche Stärke, daß er im Jahr 1630. an die Stelle ſeines verſtorbenen Lehrers zum ordentlichen Profeſſor der Mathematik beruffen wurde. Ehe er aber dieſes Amt antrat, that er auf hohe Erlaubniß eine Reiſe nach Holland; nach dieſem Lande, welches damahls vor die blühende Schule der Mathematiker gehalten wurde. Er beſahe hieſelbſten nicht allein die vornehmſte Städte und Feſtungen, und zeichnete ſich davon die richtigſte Riße ab, ſondern auſſerdem gab er des Tages jungen Leuten in der Fortification einen Unterricht, und des Nachts ſuchte er ſich ſelbſten durch fleißiges Nachdenken noch weiter in den Mathematiſchen Wiſſenſchaften feſtzuſetzen. Durch dieſe nutzbare Bemühungen und vornehmlich durch die gelehrte Diſputation: de ſcintillatione ſtellarum, welche er

damahls

damahls in Holland öffentlich hielte, wurde er daselbsten dergestalt bekannt, daß er nicht allein von Burgersditio, Golio, Hartensio und andern holländischen Gelehrten hochgehalten, sondern auch von diesen in ihren Vorlesungen auf der öffentlichen Catheder gelobet wurde. Nachdem er fast über 3 Jahre in Holland auf die besagte Weise zu profitiren sich Mühe gegeben hatte, und in der Weile zu Königsberg im Jahr 1634. den 20. April von dem damahligen Decano und Professore der hebräischen Sprache M. Levin Pouchenio in absentia zum Magister Philosophiæ promoviret war; so kehrte er bald darauf nach seinem Vaterlande zurück, trat nach erhaltener Reception in die hiesige philosophische Facultät, die ihm bestimmte mathematische Profession an, und gab deswegen pro loco eine Disputationem inauguralem mathematicam: de refractionibus uranicis in demselben Jahr 1634. den 8. Sept. heraus. Nach dieser Disputation edirete er 1) Disputationem mathematicam theorematicam adstruentem, motum diurnum telluri vindicandum esse im Jahr 1635. den 5ten May. 2) Disputationem ordinariam continentem controversias physico-mathematicas im Jahr 1636. den 26sten September. 3) Disputationem primam de natura cometarum æthereorum im Jahr 1636. den 5. October. 4) secundam den 11ten October.

E 3   5) Dis-

5) Disputationem de mundo im Jahr 1637. den 17. Julii. 6) Disputationem theorematicam inquirentem in iridis seu arcus coelestis naturam 1637. den 19ten September. 7) Disputationem de rerum naturalium primordiis 1638. den 20. December. 8) Disputationem de meteoris ignitis 1640. den 31. Martii. 9) Disputationem de visionis natura 1642. den 20. September. 10) Disputationem psychologicam, juxta sententiam methodumque Aristotelis χαθολȣ sive universaliter de omni parte animæ disquirentem, 1642. den 27. November. 11) Disputationem de mathematicarum disciplinarum natura 1642. den 12. December. 12) Positionis opticas 1643. den 5. Junii. 13) Disputationem physico-astronomicam de sole, 1645. den 7. Julii. 14) Disputationem de veritate fati astrologici 1647. den 12. Julii. 15) Exercitationem physico-opticam de iride 1649. den 22. Januarii. 16) Disputationem optico-physicam, de visionis modo 1649. im Junio. 17) Mathematicarum assertionum pentadem priorem 1649. den 18. September. 18) Mathematicarum assertionum pentadem posteriorem 1650. den 2. April. 19) Disputationem physico-astronomicam de luna 1650. im September und 20) Disputationem physicam de igne elementari 1651. den 25. Aug. imgleichen 21) einen Tractat unter dem Titul:

tul: Manuductio ad fortificationem belgicam. Auſſer denen mathematiſchen Vorleſungen, welche er vor die ſtudierende Jugend hielte, lehrete er auch auf Churfürſtlichen Befehl in deutſcher Sprache (wie ſeine desfalls gedruckte deutſche Einladungs-Schrift vom 13ten October des Jahres 1641. ausweiſet) das Feldmeſſen ſowohl als die niederländiſche Fortification zum Beſten der Ungelehrten, wovon ein geſchriebenes Collegium unter dem Titul: Tractat vom Feldmeſſen, auf der hieſigen Stadt Bibliothek befindlich iſt, und ſchrieb überdem von 1634 bis 1654. die jährlichen Calender mit vielen beygefügten nützlichen Anmerkungen. Endlich nachdem er das academiſche Rectorat dreymahl, nemlich in den Jahren 1642, 1650 und 1651. verwaltet hatte, ſtarb er entkräftet im Jahr 1653. den 8. December. Seinem Tode folgete, ſo wie er es vorhergeſaget hatte, ſein einziges Töchterlein in wenigen Monathen. Noch in demſelben Jahr, da beydes geſchah, ließ die hinterbliebene Wittwe Anna Linemannin die ſeinen jährlichen Calendern beygeſetzte angenehme Anmerkungen zuſammentragen, und ſie unter dem Titul: *Deliciæ Calendario-graphicæ*, das iſt die ſinnreichſten und allerkünſtlichſten Fragen und Antworten, darinnen die edelſte Geheimniſſe der Phyſic, Aſtronomie, Aſtrologie, Geographie, ꝛc. beſtermaſſen Gelehrten und Ungelehrten zum Besten anmuthig und verständlich ausgeführet und verabschiedet werden; aus den jährlichen Calender-Arbeiten des weiland hochgelahrten und weitberühmten Hn. M. Alb. Linemanni Fischhusino Borussi mathematum professoris publici bey der löblichen Königsbergischen Akademie dem Kunstliebenden Leser zum ergözlichen Nuzen zusammen getragen. Königsberg 1657. mit einer Dedication an den großen Astronomum und Rathsverwandten der Stadt Danzig, Johann Hevelium, zum Druck befördern. Und das Jahr darauf hielte an seinem Sterbenstage der damahlige Professor der Beredsamkeit und Geschichte, Valentin Thilo, welcher in Holland auf einer Stube mit ihm zusammen logiret, und beständig eine wahre Freundschaft gepflogen hatte, auf ihm im großen Hörsal eine lateinische Lobrede, welche auch hernach allhier unter dem Titul: Laudatie funebris amplissimi excellentissimi clarissimi viri Dom. M. Alberti Linemanni, mathematum professoris publici ordinarii, mathematicorum nostro tempore principis acerbissima morte anno MDCLIII. viii. Dec. suis, academiæ bonisque omnibus subtracti, anniversario mortis die MDCLIV. proposita a Valent. Thilone. Orat. P. P. S. R. facultatis philosophicæ nunc Decano durch den Druck bekannt gemacht worden. v) Al-

v) **Albrecht Rieper** war zu Königsberg gebohren. Er studierte anfänglich auf der hiesigen Academie, und legte sich besonders auf die Mathematick, Philosophie, und Medicin, vertrat auch im Jahr 1633. den 3. December unter M. **Christian Kuhno** bey einer philosophischen Disputation, de terminorum explicatione; ferner, im Jahr 1634. den 17. Jun. unter D. **Daniel Beckher** bey einer philosophischen Disputation, de igne elementari; ferner, unter dem vorhin erwehnten Prof. Linemann im Jahr 1634. den 8ten Sept. bey der oben angeführten Disputation, de refractionibus uranicis, unter desselben Präsidio im Jahr 1636. den 26. Sept. bey die gleichfals oben angemerkte Disputationem ordinariam continentem controversiis physico-mathematicas; ferner, unter desselben Vorsitz im Jahr 1636. den 5. und 11. Octobr. bey denen beyden oben ebenfals angezeigten Disputen, de Cometis, die Stelle eines Respondenten. Im Jahr 1636. den 2. Octobr. wurde er im Decanat des damaligen Professors der Poesie, M. **Christoph Eilard**, Magister Philosophiæ, und hielte währender Zeit, da er auf der hiesigen Akademie docirte: 1) Disputationem de normali Philosophiæ principio, im Jahr 1636. den 29. Octobr. 2) Disputationem philosophicam de fulmine, quod an. 1636. inter horam 2. & 3. nocturnam inter 14. & 15. Julii, S. N.

turrim

turrim nitrariam aulicam Regiomonti percuſſit, im Jahr 1637. den 24. Januar. 3) Diſputationem de contradicendi modo, in demſelben Jahr 1637. den 14. Martii. 4) Diſputationem primam corollariorum duorum priorum diſputationi de fulmine quod Regiomonti turrim nitrariam percuſſit ſuffixorum uberiorem declarationem & probationem continentem, im Jahr 1637. den 16. May. 5) Diſputationem ſecundam corollariorum duorum &c. im Jahr 1637. den 20. May; und 6) eine Diſputation de principiis phyſicis, im Jahr 1637. den 14. Aug. Nachdem er einige Jahre der Akademie durch Leſen und Schreiben nutzbar geweſen, verließ er ſein Vaterland, gieng nach Holland, hielte ſich eine Weile zu Franecker als Magiſter auf, und wurde endlich Profeſſor Medicinæ Ord. zu Leyden, woſelbſten er auch vermuthlich verſtorben. Seine übrige philoſophiſche und mediciniſche Schrifften haben von der Linden, de ſcriptis medicis, lit. A. und Mercklin in Lindenio renovato beſchrieben: und bey ſeinem in Kupfer geſtochenen Bildniß, welches dann und wann geſehen wird, ſtehen dieſe Worte herum: Albertus Kyperus, Phil. & Medic. Doctor, ac in Academia Leid. Med. Profeſſ. Ordinarius; nebſt folgender Unterſchrifft:

ΚΗΠΩΡΟΣ Medicus Sophiæ ſi ſedulus hortos,
    Quisquam perluſtrat, tute *Kipere* facis.

w) Da-

w) Daniel Lagus war etwa im Jahr 1618. zu Schönberg in Mähren gebohren. Er hatte zum Vater, Gregorium Lagum, einen Cösliner, der anfänglich zu Schönberg, hernach zu Neu-Stettin, und zuletzt in Colberg Prediger war. (Dahero er von diesem Ort, seiner Auferziehung in einer unten angeführten Schrifft, sich Colbergensem selbsten nennet. Nachdem er anfänglich zu Wittenberg studieret, im siebenzehenden Jahr seines Alters allda magistriret, und in demselbigen Jahr 1635. den 7. Novemb. unter dem Vorsitz des öffentlichen Professoris der Mathematick, M. Christoph Nottnagel, als Magister, de hypothesibus astronomicis in genere disputiret hatte; so kam er einige Zeit hernach als Magister nach Königsberg, ließ sich vom damaligen Decano, P. Albrecht Linemann, im Jahr 1637. den 1. August in die hiesige philosophische Facultät recipiren, las allhier von 1638. bis 1640. verschiedene Collegia, und disputirte auch als Præses in dem Jahr 1638. den 5. Junii de politica, den 26. Junii, de nonnullis quæsitis passionem Christi concernentibus, den 17ten Julii de nonnullis placitis philosophicis, den 26ten Julii de visu, den 27. August de pnevmatica, und in den Jahren von 1638. bis 1640. theoremata oranographica per aliquot pentadecades. Von Königsberg gieng er hierauf im gedachten Jahr 1640. nach Danzig, und

und wurde auf dem dasigen Gymnasio Bibliothecarius, Matheseos, Physices und græcæ linguæ, hierauf Philosophiæ und Poëseos Professor, und zuletzt, (wie er in einigen öffentlichen gedruckten Schrifften genennet wird) Philosophiæ apud Gedanenses Professor Primarius & publice in Atheneo Gedanensi docentium Senior. Nachdem er allda verschiedene nützliche Wissenschaften vorgelesen, und manche gelehrte Schrifften, besonders 1) Collegium Logicum per disputationes in dem Jahre 1641. 2) Disput. Physico-mathematicam de Cometis 1641. 3) Trigam theorematum astronomicorum 1641. 4. 5) Disput. duas de Ecclipsi 1642. 6. 7) Disputat. phys. ordinarias 1642. und 1643. 8) Exercit. Ethic. de virtute heroica 1643. 9) Exercit. Phys. Extraord. de metallis in genere 1644. 10) Exercit. Phys. de magnete 1644. 11) Disput. de mundo 1647. 12) de climactericis vitæ humanæ annis 1647. 13) Collegium psychologicum per Disput. 1648. 14) Theoriam astrosophicam mathematico-physicam e prælectionibus publicis dodecade disputationum repetitam 1650. 15) Theoriam meteorologicam 1650. und 16) Στοχειολογίαν 1653. heraus gegeben hatte; so zog er im Jahr 1654. nach Greifswalde, und wurde daselbst Doct. Theologiæ, wie auch dieser Wissenschaft und der Logic und Metaphysik, ordentlicher Professor. Endlich,

lich, da er auf der dasigen Akademie verschiedene Jahre sich verweilet, während dieser Zeit manche nützliche Vorlesungen gehalten, und viele theologische Schrifften durch den Druck bekannt gemacht hatte, welche insgesamt in *Prætorii* Athen. Gedanens. Seite 88. angeführet werden; so legte er seine Bedienung nieder, kehrte nach Danzig zurück, lebte daselbst einige Zeiten als Privatus, und starb zuletzt auf einem im Danziger Werder gelegenen Dorf Ohr im Jahr 1678. den 30ten May, und wurde daselbst den 5ten Junii begraben.

x) **Johann Masius** war zu Bilenburg in Holstein, im Jahr 1613. den 14. Novembr. gebohren. Sein Vater hieß Joh. Masius, und seine Mutter, Anna Müllen. Er erlernete anfänglich die Schulstudien zu Hause, und hernach zu Stade und Hamburg. Hernach, als er auf die Akademie dimittiret war, reisete er nach Holland, und besonders nach Franecker, Gröningen und Leiden, und studierete daselbst, ausser der Medicin, hauptsächlich die Mathematick, darinnen er auch den berühmten **Christian Otter** zum Lehrer hatte. Von Holland begab er sich im Jahr 1636. nach Preußen, defendirte hieselbsten, unter dem Vorsitz des D. Tinctorius in demselben Jahr den 12. Decembr. eine medicinische Dispute de febribus, und magistrirte hierauf im Jahr 1638. den 8. April, disputirte

tirte auch, nachdem er in demselben Jahr den
1. May in die hiesige philosophische Facultät
incipiret war, und im Jahr 1640. den 14ten
März als Medicinæ Doct. promoviret hatte,
aus der Astronomie de cœlo communi astrorum receptaculo, im selbigen Jahr 1640 den
27. October. Hernach wurde er im Jahr
1641. Adjunctus Facult. Medicæ, und, nachdem er verschiedene medicinische Schrifften,
welche in des Hrn. D. Arnolds Histor. der
Königsb. Univ. II. Theil, p. 324. angeführet
werden, heraus gegeben, so starb er hieselbsten
im Jahr 1642. den 14. Junii, und wurde
den 17. desselben Monaths standesmäßig begraben. Sein Epitaphium, welches an der
Wand des Professor-Gewölbes befindlich, ist
folgendes:

Johannem Masium Holsatum, Phil. &
Med. Doct. rarum eruditionis & modestiæ
exemplum, maritum chariss. dum in Frisia
Belgioque auctas ingenii dotes huic rei litterariæ docendo impendit, qua pollebat ju-
cundioris dexteritate XXVIII. annos natum,
MDCXLII. VII. Cal. Jun. denatum, cum Johanne Georgio, filio unico, bienni fatum pa-
tris mox secuto MDCXLIII. III. non. Jun.
heic reconditum hoc summo desiderii monumento ab oblivione vindicandum statuit
Catharina Lothia, æt. XXI. secundum vidua.

xy) **Albrecht Jonas**, war zu Königsberg im
 Jahr 1610. den 2. September gebohren.
Sein

Sein Vater Albrecht Jonas, war Vice-Bürgermeister, und seine Mutter hieß Catharina Schwedlerin. Nach einem schweren Fall, und einer deswegen drey Jahre lang ausgestandenen hartnäckigen Krankheit, gieng er in die Altenstädtische Schule, und profitirete darinnen die nöthige Sprachen und Wissenschaften, bis er im Jahr 1632. auf die hiesige Universität dimittiret wurde. Nachdem er auf derselben fast einzig und allein die Mathematik drey Jahre lang erlernet, und einen besonders ansehnlichen Grund darinnen geleget hatte, so reisete er von Königsberg weg, und begab sich im Jahr 1635. nach Wittenberg. Hieselbsten trieb er ausser der Rechtsgelehrsamkeit, wiederum hauptsächlich die Mathematick, und erhielte in der Fortification vornehmlich eine solche Stärke, daß er sowohl auf der angeführten Universität, als auch auf den umliegenden Plätzen in einen ansehnlichen Ruf kam, und dahero von der Römisch-Kayserlichen Armee, welche damalen in Meissen eingedrungen war, durch ein zugeschicktes Schreiben feyerlich ersuchet wurde, vor die Befestigung des Kayserlichen Lagers die nöthige Sorgfalt zu tragen. Ob er nun gleich anfänglich willens war, diese Vocation anzunehmen, so wurde er doch von seinen Eltern, denen er diesen Antrag berichtet hatte, auf andere Gedanken gebracht, und kindlich genöthiget, nicht allein denselben abzuschrei-

zuschreiben, sondern auch bald hernach im Jahr 1637. nach Leipzig zu reisen. Nachdem er hieselbsten sich hinbegeben, und eine kurze Zeit aufgehalten hatte, so kehrete er nach seinem Vaterlande zurück, und traf zu Königsberg im Monath November desselben Jahres glücklich ein. Als er hieselbsten mit den Seinigen sich besprochen hatte, verließ er wieder dieselben, und gieng im Anfange des Jahres 1638. zu Schiffe nach Lübeck, und darauf nach Dännemark. Sowohl in Coppenhagen als auch in Sora besahe er alles Merkenswürdige; und da er auf diese Weise verschiedene Monathe an den gedachten Oertern zugebracht hatte, so zog er wieder nach Hause, und traf in seine Vaterstadt gegen den Winter des besagten Jahres 1638. glücklich ein. Von dieser Zeit an gab er sich Mühe, der studierenden Jugend durch Privat-Information, welche die hiesige philosophische Facultät ihm bewilliget hatte, nützlich zu werden. Er las nicht allein die Mathematick überhaupt, sondern besonders die Geometrie und Fortification mit einem angesehenen Beyfall und verschiedene Jahre nacheinander. Er erzog in dieser Zeit viele geschickte Männer und verursachte hiedurch, daß ob er gleich Studiosus war, dennoch die Mathematick in Königsberg sich ansehnlich verbreitete. Endlich starb er am Blutfluß im Jahr 1650. den 14. Martii, und wurde
den

den 18ten deſſelben Monaths feyerlich begraben.

y) Friedrich Büttner, war zu Frankenſtein in Schleſien im Jahr 1622. den 11. Julii gebohren. Er hatte zum Vater M. Adam Büttner, der gleichfalls von da gebürtig, und zuletzt Prediger in der Weichſelmünde war. Er ſtudierte anfänglich die mathematiſche und theologiſche Wiſſenſchaften zu Breslau, Thorn, Danzig, und von 1641. bis 1647. allhier zu Königsberg, gieng aber darauf in dieſem Jahr 1647. nach Wittenberg, und erhielte allda im Jahr 1648. den Gradum eines Magiſtri Philoſophiä. Von Wittenberg reiſete er hierauf über Frankfurt, Roſtock und andere Plätze nach Holland, und kehrete hierauf im Jahr 1651. nach Danzig, und im folgenden Jahr 1652. nach Königsberg zurück. Hieſelbſten hielte er ſich als Magiſter in den Jahren 1652 und 1653. auf, ließ ſich im Jahr 1652. den 29. Junii unter dem Decanat des Prof. Sigismund Pichler in die hieſige Philoſophen-Facultät recipiren, und diſputirte als Präſes theſes XX. Geographiam concernentes, im Jahr 1652. den 14. September ab. Von Königsberg oder vielmehr von Fiſchhauſen, wohin er ſich wegen der damahls herrſchenden Peſt begeben hatte, wurde er hierauf nach Danzig gerufen, woſelbſten er anfänglich im Jahr 1653. das Rectorat bey der Johannis-Schule,

Schule, und hernach im Jahr 1663. die Profeßionem Matheseos bey dem dasigen Gymnasio erhielte. Endlich nachdem er daselbsten verschiedene nützliche Collegia gelesen und manche betrachtungswürdige Schriften, als 1) Disputen de distantia solis & lunæ, de motu spirali, de refractionibus siderum zu Wittenberg. 2) Sciagraphiam Arithmeticæ logisticæ. *Gedani.* 3) Trigonometriam propitiam per tabulas sinuum vulg. & Logarithm. *Gedani.* 4) Algebram propitiam. *Gedani.* 5) Logisticam sexagenariam. *Gedani.* 6) Tabulas Mnemonicæ geometriæ. *Gedani.* 7) Admirandi & rari congressus ecliptici Marti-Solaris in signo Martio Scorpii, quem elapsis totis 205. annis currens hic sol in eundem diem & locum seculo huic Martio sive spectandum sive speculandum iterum reducet, brevem astronomicam & astrologicam contemplationem. *Gedani* 1659. 8) Disquisitionem optico-Astronomicam de visione ejusque fallaciis, & in specie ea, quæ circa terræ motus diurnum contingit. *Gedani* 1664. d. 20. May. 9) Astronomische und astrologische Beschreibung des Cometen von Anno 1651. Danzig. 10) Natürliche und mathematische Betrachtung des Feuerzeichens in der Luft von Anno 1660. den 23ten Januarii. Danzig. 11) Anmerkungen und natürliche Gedanken, nebst Astrologischen

logischen Muthmassungen von Natur der Cometen. Königsberg 1661. 12) Natürliche und astrologische Muthmassungen über den Cometen, so mit dem zu Ende laufenden Jahr Christi 1644. im December allhier am Himmel gesehen worden; nebst beygefügter rechten Abbildung, wie, wo er eigentlich gestanden im Jahr 1644. 13) Natürliche und astrologische Muthmassungen von Cometen, so Anno 1665. den 5. April St. N. des Morgens erschienen, und folgende Tage nacheinander vor der Sonnen Aufgang gesehen worden; nebst beygefügter rechter Abbildung, wie und wo er eigentlich gestanden. 14) Fernere Continuation des Cometen, darinnen sein Lauf, Aenderung, Wechsel, Schwanzstreckung und andere Zufälle aus natürlichen und optischen Gründen dargethan und erwiesen worden; nebst beygefügten Historien, was ehemahlen auf dergleichen großen Cometen gefolget ist im Jahr 1665. 15) Natürliche und astrologische Betrachtung des Cometen, welcher zu Ende des Novembers und Anfange des Decembers jetztlaufenden Jahres; folgends auch des Lichtsterns oder Kugel, welche den 17. Decemb. Abends zwischen halb und ganz 6 Uhr allhier gesehen worden, im Jahr 1680.

1680. 16) Astronomische und astrologische Betrachtung seltsamer Begebenheiten des Cometen und oben und unten gespitzten Monden, des Strahls, so sich über unserer lieben Frauen-Kirche des von der Seiten der Sonnen abgewandten Regenbogens, mit umgekehrten und gegen den Himmel ausgestreckten Hörnern auch derer Neben-Sonnen, welche zu Ende des Decembers verlauffenen und angehenden Januarii des neuangetretenen 1681sten Jahres am Himmel und in der Luft sich präsentiret, nebst deren Muthmassung und Bedeutung. 17) Die mit vielen nutzbaren prognosticis astrologicis angefüllte Danziger Calender von 1655 bis 1702. und andere mehrere dergleichen (welche insgesamt in Prætorii athen. gedan. S. 102-122. angeführet werden) herausgegeben; so starb er zu Danzig im Jahr 1701. den 13. Februarii als Senior Collegii Professoris, und wurde daselbst den 25. desselben Monaths begraben. Sein zu Warschau in Kupfer gestochenes, und sehr wohl gerathenes Bildniß, um welches die Worte stehen: M. Fridericus Buthnerus Profess. ordin. Mathem. in Gymn. Calendariogr. & Rector S. Johann. Ged. Natus Anno 1622. Denatus die 3. Febr. 1701. hat folgende ruhmwürdige Unterschrift: *Büthnerii* faciem tabula spectamus in ista

Aethera

Aethera mens, ipsam nulli tabula, capit: Astrorum proceres *Gedanum* quo jactat Alumnos ad latus invitant, associantque sibi.

Rex probat. *Hevelia* est Hipparchum reddere cura: Eudoxum *Gedano Bjithueriana* dedit.

p.

Christoph Behr.

z) **Andreas Concius** (oder **Cuncius**) war im Jahr 1628. den 25. November zu Soldau gebohren. Sein Vater Jacob Cuncius, der zu Narzim (nicht Zerzem, wie es in der Intim. Funebr. heist) einem ohnweit von dieser Stadt gelegenen Kirchdorf Prediger war, oder vielmehr seine Mutter Elisabeth, eines Bürgers und Hospital-Vorstehers aus Soldau, Kirstan, Tochter, schickten ihn anfänglich in die Soldauische Stadt-Schule. Von da kam er im Jahr 1641. nach Königsberg, allwo er von dem gelehrten Prorector der altstädtschen Schule Johann Baptista Faber in sein Haus als Famulus und darnach in das altstädtsche Pauper-Haus als Alumnus aufgenommen wurde. Als er aus der besagten Schule auf die Akademie dimittiret war, zog er auf das Albertinum, erhielte im Jahr 1647. das Alumnat auf demselben, und hörete mit einer großen Application die mathematische Wissenschaften bey dem vorhin angeführten M. Schönberger, und P. Linemann. Nachdem er bey diesem letztern

letztern den cursum mathematicum mit Nutzen geendiget, und unter seinem Vorsitz die vorhin angezeigte optische Disputation de iride im Jahr 1649. den 22. Jan. als Respondens abgeleget hatte, so gieng er in demselben Jahr den 1. May von hier weg, und begab sich nach Wittenberg. Als er hieselbsten einige Zeit sich aufgehalten hatte, nahm er im Jahr 1650. den 17. April unter dem Decanat des damahligen Professoris der griechischen Sprache M. Johann Ericus Ostermann, den Gradum eines Magistri Philosophiä an, und las, um sich auf der Akademie zu unterhalten, unterschiedene philosophische und mathematische Collegia. Von Wittenberg gieng er hierauf weiter nach Teutschland, und besahe allda die berühmteste Städte und Akademien. Besonders blieb er in Helmstädt vom Jahr 1650 bis 1652, las allda als Magister verschiedene Collegia, und hielte auch als Präses im Jahr 1652. eine Disputation de principiis matheseos. Da er auf dieser und denen folgenden Reisen, die er noch bis 1654. fortsetzte, genung Städte, Akademien und Festungen in Deutschland und hernach in Holland besehen und mit denen sich daselbst aufhaltenden Gelehrten in Bekanntschaft zu kommen, überflüßige Gelegenheit gehabt, entschloß er sich in sein Vaterland zurück zu kehren. Allein da er seinen Weg nach Berlin nahm; wurde

er

er genöthiget, daselbst eine Zeitlang zu verbleiben, indem der Churfürst Friedrich Wilhelm der Große aus Achtung gegen seine Geschicklichkeit ihm am Hofe behielte, und die junge Churfürstliche Herrschaft seiner Information anvertrauete; kaum hatte er sich aber eine kurze Zeit dieser Bemühung unterzogen, so wiederfuhr ihm das baldige Glück, auf der hiesigen Akademie versorget zu werden. Er zog nemlich gegen das Ende des Jahres 1652. nach Königsberg, wurde in diesem Jahre den 19. October von dem damahligen Decano P. Stephano Gorlovio in die hiesige philosophische Facultät recipiret, und erhielte im Jahr 1654. die Profeßionem Matheseos ordinariam, im Jahr 1658. die Ober-Inspection über das Collegium und Commune Convictorium, und im Jahr 1661. die Aufsicht über die churfürstliche Bibliotheck. Bey allen diesen weitläuftigen Bedienungen stand er der studierenden Jugend mit seinen Vorlesungen treufleißig vor, und gab besonders vielen adelichen sogar fürstlichen Personen einen gründlichen Unterricht in denen mathematischen Wissenschaften. Auffer diesen Vorlesungen, (wovon ein geschriebenes Exemplar unter dem Titul: M. Concii Introductio ad Mathemata universa & quidem 1. Arithmetria. 2. Geometria, 3. Musica, 4. Optica, 5. Astronomia, 6. Geographia, 7. Chronologia, 8. Statica

und

und 9. Fortificatoria auf der hiesigen Stadtbibliotheck befindlich ist) edirete er: 1) seine Inaugural-Dissertation: de modo demonstrandi ac docendi conclusiones astronomicas, deque nonnullis hujus doctrinæ primordiis im Jahr 1654. den 24. Octob. 2) theses quinquaginta res mathematicas concernentes 1656. den 15. März. 3) Exercitationem physicam de succino im Jahr 1666. den 3. Julii. 4) Disputationem de finibus Palæstinæ im Jahr 1662. den 23. Martii. 5) Disputationem selenographicam, quantum fieri potuit ad mentem Kepleri Galicæi & Hevelii mathematicorum nostro tempore celeberrimorum exercitii gratia contextum, 1662. den 18. August. 6) Theses CXX. inter philosophos controversis 1662. den 13. September. Ferner andere Disputen de ventorum natura, vanitate ex astris de rebus arbitrariis & fortuitis divinandi, auch einige philosophische und historische Disputationen, wie auch alle preußische Calender von 1656. bis 1683. Imgleichen gab er im Jahr 1685. einen chronologischen Tractat unter dem Titul: Quatuor circumstantiarum circa passionem Domini occurrentiam scil. 1. de annis inter Baptismum & passionem interceptis, 2. de pontifice anni illius, 3. de die mactati & manducati agni, 4. de hora crucifixionis ex historicis, chronologicis & philologicis Novis conatibus M. Andr. Concii, oii, Math. P. P. explicatur; weiter eine andere chronologische Abhandlung unter dem Titul: Wohlerwogener Ausschlag über den Unterscheid des alten und neuen Calenders wie auch über den Vorzug derselben; ferner im Jahr 1656. einen weitläuftigen geographischen Tractat unter dem Titul: mathematico-historica geographia seu totius orbis habitabilis descriptio in usum studiosæ juventutis in prussia litteraturæ operam navantis; imgleichen in demselben Jahr einen physischen Discours vom Stein der Weisen, der sonst lapis philosophicus genannt wird, endlich im Jahr 1661, einen mathematischen Tractat unter dem Titul: Vorbereitung zu der nothwendigen Umstoßung der grundlosen und aller Christenheit sehr schädlichen mit dem gestirnten Himmel beschöneten astrologischen Vorherverkündigungen, heraus. Nachdem er solchergestalt der Akademie 10 Jahre mit Lesen und Schreiben angenehme Dienste geleistet, und im Jahr 1664. zum erstenmal das akademische Rectorat zu verwalten angefangen hatte, so legte er mit einmahl diese Ehrenstelle und alle seine übrige Bedienungen nieder und verwechselte dieselben mit dem Rectorat bey der Altstädtschen Schule, zu welchen er einen Ruf vom Altstädtschen Magistrat den 7. May des besagten Jahres bekommen hatte, und daher den 30. Septemb.

desselben

desselben Jahres vom Inspectore Scholâ M.
Andreas Lölhöffel, altstädtschen Pfarrer
und Beysitzer des samländischen Consistorii
feyerlich introduciret wurde. Endlich nachdem er dieses Schul-Amt mit aller Treue 18
Jahre hindurch geführet, und hiedurch die
gedachte altstädtsche Schule in eine große
Aufnahme gebracht hatte, immaßen unter
seinem Rectorat in derselben beständig gegen
500 Schüler sich befanden, unter denen viele
Edelleute, Freyherren, ja gar Prinzen aus
dem Radzivilischen Hause waren, so starb
er im Jahr 1682. den 16. May an einem
Fieber, welches er durch verschiedene mit einigen unbändigen Schülern gehabte Verdrüßlichkeiten sich zugezogen, und wurde den
22. May in der hiesigen Pfarr-Kirche begraben. Siehe Act. schol. nov. Tom. II. p. 364.
wo sein Leben umständlicher beschrieben, und
Rongehls Cypressen-Hayn S. 96. 97. wo
sein Bildniß mit folgender von seiner Mut-
ter-Schwester-Sohn, Johann Reyer,
churfürstlichen und Königlichen Hoff- und
Legations-Rath verfertigten Unterschrift zu
sehen ist:

Scribere qui docuit, terras & figere leges
   Astris, *Andreas Concius*, hicce fuit.
Grata sui corpus doctoris terra animamque
   Astra tenent, reliquum fama per ora feret.

Man

Man halte auch hiemit zusammen das Leben und Schriften Andreä Concii, eines berühmten Preußischen Mathematici und Schul-Lehrers. Leipzig 1750.

aa) **Andreas Marquard**, war aus Stralsund in Pommern gebürtig. Er disputirte allhier als Magister im Jahre 1662. den 26. August de diametro solis apparente und im folgenden Jahr 1663. den 2. Junii de cometarum sede, galaxiæ materia, æstus marini periodis & causis. Ob er allhier sich lange aufgehalten, was er sonsten für Schicksaale gehabt, und an welchem Ort er gestorben, kann aus Mangel nöthiger Nachrichten weiter nicht ausgeführet werden.

bb) **Jacob Beilfuß** war aus Belgard in Cassuben gebürtig. Er studirte anfänglich auf der hiesigen Universität, und hielte unter dem vorhin angeführten Concio im Jahr 1662. den 13. Sept. die oben angeführte Disputation: Theses CXX. inter Philosophos controversæ. Hierauf magistrirte er allhier in demselben Jahr 1662. den 21sten Sept. unter dem damaligen Decano und Professore der Dichtkunst, M. Joh. Roling, und gab als Magister im folgenden Jahr 1663. den 17. März eine Disputationem geographicam de zona frigida septentrionali, heraus. Was er aber weiter für Schicksale in der Welt gehabt, kann aus Mangel der erforderlichen Nachrichten, nicht angezeiget werden.

bbc)

bbc). Jacob Börger war zu Königsberg, etwa im Jahr 1640. gebohren. Er studierte anfänglich auf der hiesigen Universität, und legte sich, ausser der Theologie, hauptsächlich auf die Philosophie und Mathematick; dahero er geschickt war, unter dem Vorsitz des vorhin angeführten M. Andreas Marquard, im Jahr 1664. Dissert. Astronom. III. de stellis extraordinariis cum erraticis rum fixis & hypothesibus physico-mathematicis, und in demselben Jahr, Dissert. Astron. IV. de principiis mathematicis, de circulis majoribus, æquatore, eccliptica, horizonte, als Respondens, öffentlich zu defendiren. Nach diesen beyden abgelegten Proben, zog er von Königsberg nach Rostock. Auf dieser Universität wandte er alle Mühe an, nicht allein sich, in denen schönen Wissenschaften, sondern vornemlich in der Theologie weiter festzusetzen, und hervorzuthun, wie er denn auch im Jahr 1667. den 20. Novemb. unter dem Präsidio des damals berühmten Doctoris und Professoris Theologiä, Johann Quistorp, bey seinen repetitionibus catheceticis doctrinæ sacramentalis Antibaptisticæ, die Stelle eines Respondenten vertrat. Bald hernach, etwa im Jahr 1667. oder 1668. nahm er auf derselben Rostockischen Universität den Gradum eines Magistri an, und gab auch daselbst im Jahr 1669. einen Tractat, unter dem Titul: Breve s. Inventa-

rium

rium alphabeticum phrasium & terminorum ecclesiasticorum, cujus beneficio facile quisquam ad necessariam historiæ ecclesiasticæ cognitionem adspirabit, adornatum studio & opera M. Jac. Bœrgeri, Reg. Bor. Rost. 1669. heraus. Noch in demselben (oder folgenden) Jahr gieng er hierauf nach seinem Vaterland zurück, ließ sich von dem Professore der griechischen Sprache, und damaligen Decano, M. Martino Babatio, in die hiesige Philosophische Facultät recipiren, disputirte pro receptione in Facult. Philosoph. im Jahr 1670. de veterum Romanorum crucifigendi modo, Christique cruce, eröffnete, und laß verschiedene nützliche Collegia mit Beyfall, und hielte, als Präses, auch allerley gelehrte historische, und philosophische Disputationen, welche insgesamt in Prätorii Athen. Gedanens. S. 234. und Tolckemitt. Elbing. Lehrer-Gedichte, S. 272. 273. weitläuftig angezeiget werden. Als er durch diese treugelehrte Vorlesungen und Schriften im Vaterland ansehnlich bekannt geworden war, erhielte er im Jahr 1675. einen Ruf zum Rectorat des Elbingischen Gymnasii. Er nahm diesen unvermutheten Antrag nicht allein willigst an, sondern, nachdem er als constituirter Elbingischer Rector zu Königsberg, noch zwey Disputationen, nemlich eine, de quæstione: an vindicta per bellum sit juris naturæ gentium, & civilis, im besagten Jahr 1675.

1675. den 23. October; und die andere, de rerum methaphysicarum, catena, s. methodo tam scholastica, quam aristotelica, in demselben Jahr den 25. Octobr. als Præses abgeleget hatte; so begab er sich um diese Zeit von Königsberg nach Elbing, und trat allda sein Amt den 14. Nov. mit einem Inaugural-Programmate an, dessen Titul also lautete: Ad orationem inauguralem, structuram ædificii politici, tribus suis statibus ceu columnis, innixi, a primis suis radicibus & fundamento rite instituendam, adumbrantem, propter conferendum Gymn. Elbing. directorium d. XIV. Nov. in auditorio majori audiendum Dominos Mæcenates invitat M. Jacob Bœrger, Gymn. Elbing. Rector, Elb. 1675. Diesem Amte stund er nun mit aller Sorgfalt und Treue fast dreyzehen Jahre nach einander löblich vor. Nemlich, er unterrichtete nicht allein während dieser Zeit die damals auf dem Elbingischen Gymnasio studirende Jugend in allen nützlichen Wissenschaften, sondern er hielte auch auf demselben verschiedene öffentliche Actus, oder Gelegenheits-Reden, schrieb mancherley gründliche Programmata, und gab besonders zwey mathematische Abhandlungen heraus, davon die eine den Titul: Ausführliche und deutliche Beschreibung des Cometen, Elbingen, 1680. Und die andere den Titul: Ausführliche und deutliche Beschreibung des

des Cometen, wie er zu Elbingen 1680. vom 26. Dec. bis 1681. den 17ten Febr. von Anfang bis zu Ende gesehen worden, nebst einem Kupf. Elb. 1681. führen. Endlich starb er in diesem Ansehen zu Elbingen im Jahr 1688. den 13. April an einem Schlagflusse, und wurde auf dem Kirchhofe zu St. Marien standesmäßig begraben, woselbst man noch nach Tolckemitts Nachricht, L. S. 274. folgende Grabschrift findet:
Joh. XIV, 20.
Vivo ego, & vos vivetis.
Vivit adhuc Deus ille meæ vindexque salutis,
atque Pater Vitæ terris post secla superstes
Ultima. Quem cum absumpta meos cutis exuet artus,
coram irreflexis oculis veloque remoto,
ipse mei compos liquidaque in luce videbo.
Hiob XIX. 25. 26.

Monumentum hoc
in quo IV. corporum exuviæ,
Dispari tempore, pari beatitudine, quater repetito luctu, jam depositæ sunt.
Duæ Neptes, quæ vix apparentes, jam arentes prima pueritiæ rosa spinas doloris Parentibus relinquebant,
Svavissima Conjux ELISABETHA RUMPFIA, nata Stetini MDCXXXV. d. IIX. Jul. denata Elbingæ Ao. MDCLXXXVI. d. XXX. Aug.
Charissimus Gener. Dn. M. JACOBUS BORGER,
Qui

Qui per bina luſtra binosque annos Gymnaſii, hujus Rector, per XLIV. annos terræ incola, A. MDCLXXXVIII. d. XIII. April. mortalem cum immortali Vita mutavit ſibi, ſuisque liberis & hæredibus poſuit,
Jubente Deo in Deo cum Deo placide ſecuturus
CHRISTOPHORUS HENCKE,
Neowarpa, Pom. Rev. Miniſt. Senior, Templ. Mar. Paſtor ad An. XXXVI.

cc) **Bartholomäus Goldbach** war im Jahr 1640. den 3. May zu Neuhauſen in Preußen gebohren. Nachdem er in Leipzig magiſtriret hatte, ward er allhier im Jahr 1668. Sub-Inſpector der Alumnorum, 1671. ordentlicher Profeſſor der Geſchichte und Beredſamkeit, 1672. Diaconus der altſtädtſchen Pfarr-Kirche, und 1688. Pfarrer bey derſelben, wie auch Beyſitzer des Samländiſchen Conſiſtorii. Als er die ordentliche Profeſſion der Geſchichte erhielte, übergab er im Jahr 1672. das Subinſpectorat ſeinem Nachfolger, M. Daniel Rode, und als er das altſtädtſche Pfarramt bekam, legte er im Jahr 1689. die ordentliche Profeßion nieder. Auſſer verſchiedenen philoſophiſchen und hiſtoriſchen Diſputen, als Theſes ex Philoſophia practica atque effectiva, im Jahr 1671. den 27. Junii. Ferner, bald hernach, Ceſpitem philoſophicum eruditis ad amputandum

dum propositum; weiter im Junio deſſelben Jahres, centuriam theſium philoſophicarum; weiter, im September deſſelben Jahres, Decadem zetematum philoſophicorum, hat er 1) im Jahr 1678. den 27. May, disputationem geographicam primam originem Geographiæ ejusque objecti priores affectiones abſolutas globi, ſcilicet terraquei rotunditatem & magnitudinem expendentem. 2) 1680. den 5ten Junii, disputationem ſecundam de terræ motu & ſitu continentem curioſam & illuſtrem controverſiam de paradoxi Copernici hypotheſi & non modo probabiliter, ſed & apodictice quodammodo aſſerentem non ſolum & cœlum ſtellatum, ſed terram moveri, 3) 1682. den 24. Julii, diſſertationem hiſtoricam de celebri controverſia, utrum ante Adamum alii fuerint homines? und 4) 1685. im Sept. diſſertationem geographicam de diſtantiæ locorum computatione, herausgegeben. Er ſtarb endlich im Jahr 1708. den 17. Sept. und wurde in der altſtädtiſchen Kirche den 24. ſelbigen Monaths begraben. Sein in Metall gegoſſenes Epitaphium, welches ihm daſelbſten zu Ehren errichtet, und mit ſeinem ganz klein gemahlten und mit Glas überzogenen Bildniße ausgezieret iſt, hat folgende Innſchrifft:

Viro maxime Rev. M. Bartholomæo Goldbachio, antea per 16. annos Prof. hiſtor. Publ. Ord. Acad. Regiom.

Regiom. simulque Diacono & Archidiac. Ecclef. Paroch. Palacopol. deinde per 20. annos Confift. Samb. Affeff. & denique Confiliario, Eccl. ejusdem poft Scholæque Parochi-Infpectori, Rever. Minift. Tripolit. Directori & Seniori. Nato 3. Maji 1640. Denato 17. Sept. 1708. monumentum hoc filii ex Anna Bartfchia fuperft. Henricus & Chrianus P. P.

Dieses Epitaphium wurde vor einigen Jahren von seinem gelehrten Sohn, Hrn. Christian v. Goldbach, der ehemalen geheimer Justizrath und Professor der Akademie zu Petersburg, vorjetzo aber als geheimer Etats-Rath das Departement der auswärtigen Affairen am Kayserl. Rußischen Hofe versieht, mit ansehnlichen Kosten erneuert. (Dahero noch unter obige Worte des Epitaphii folgende: Renov. An. 1751. sich befinden.)

dd) George Wosegin war zu Königsberg im Jahr 1624. den 9. Nov. gebohren. Sein Vater war Joh. Wosegin, Lobenichtischer Bürger und Maltzenbrauer, wie auch Vorsteher des großen Hospitals, und seine Mutter hieß Catharina, gebohrne Knolochin. Zu Anfange gieng er in die Lobenichtische Schule und erlernete in derselben, unter der Anführung des R. Putz, M. Löselii, und der übrigen Collegen, die nöthigen Schulwissenschaften bis in sein sechszehentes Jahr. Hernach zog er im Jahr 1640. auf die Königsbergsche Universität, logirete bey dem damaligen Professor for der Logic und Metaphysic, Mich. Eifler, und gab sich alle Mühe, bey denselben die Philosophie, bey dem Prof. der Mathematic, Albrecht Linemann, die Mathematic, und bey denen Doctoribus und Professoribus Medicinä, Dan. Beckher, Christian Tinitorius, und Joh. Löselius, die medicinische Wissenschaften mit Nutzen zu absolviren; wie er denn auch unter dem Vorsitz des D. Joh. Michel eine medicinische Disputation, de arthritide, im Jahr 1649. den 19. Febr. ablegete. Als er solchergestalt auf der hiesigen Universität 3. Jahre lang studiret, und durch den Todt seinen Großvater, welcher Löbenichtischer Bürgermeister war, und ihn mehrentheils allein auferzogen, verlohren hatte, so gieng er im Monath Sept. des Jahres 1643. nach Lübeck, und von da nach Rostock. Auf dieser Akademie bemühete er sich, theils in der Mathematick bey dem angesehenen Mathematico, Sculteto, theils in der Historie bey dem bekannten Josua Arnd und Conrad Thomnitio, theils in der Medicin bey den berühmten Medicis, Stockmann und Wirdigio, sich weiter festzusetzen. Im Monath Junii des Jahrs 1646. reisete er nach Holland, und bezog insbesondere die Universität zu Leyden. Hieselbsten ließ er sich von Ledebuhr im Hebräischen, von Neisselio im Rabinischen, vom Golio

G 2   im

im Arabischen, und von demselben, wie auch vom Origano in der Mathematick unterrichten. Ausser dem wohnete er den medicinischen Vorlesungen des Schrevelii, Heurnii, Falcoburgii, Worstii, Waldi, Riperi und Hornii bey, und besuchte fleißig die dasigen Lazarethe, Hospitäler und botanische Gärten. Nachdem er daselbsten seine Studien absolviret hatte, gieng er weiter in die vereinigte Niederlande hinein, und besuchte die Universitäten zu Gröningen, Franecker, Utrecht und Löwen. Von hier wandte er sich nach den Spanischen Niederlanden, und den Niederrhein, und besahe hieselbsten die mehreste merkwürdigen Plätze, und insbesondere Antwerpen. Auf diesen Reisen wurde er mit Puteano, Salmasio, Voßio, Plempio, Heinsio, Borhornio, und besonders mit dem Königl. Spanischen Mathematico, Langreno bekannt. Nach diesen vollendeten Reisen kam er auf Leyden wieder zu, und hielte daselbsten pro Gradu eine Disputation de pleuritide, worauf er auch im Jahr 1651. von seinem Landsmann, dem Doct. und Prof. Rieper, in Gegenwart des Churfürsten von Brandenburg, Friedrich Wilhelm, welcher damals nach dem Haag reisete, in Doctorem Medicinâ öffentlich creiret wurde. Bald darauf nahm er durch Friesland und Westphalen seine Rückreise nach Preußen. Als er nach Königsberg kam, brachte er die aus

Cleve

Cleve datirte Profeßionem Medicinâ ordinariam mit, welche er auch im Jahr 1652. den 6. Junii antrat. Hernach wurde er im Jahr 1663. Adjunctus Facultatis Medicâ, 1670. den 2. October im Decanat des Prof. Steph. Gorlovii, Mag. Philosophiä, 1681. Prof. Medicinâ tertius, 1690. secundus, und 1701. primarius. Im Jahr 1667. da er Prof. Medic. tertius war, bekam er überdem die mathematische Profeßion, welche er fast 24. Jahre mit allem Ruhm bekleidete; zuletzt aber, im Jahr 1690. da er die Profeßionem Medicinâ secundam erhielte, willigst niederlegte. Endlich, nachdem er das akademische Rectorat siebenmal, nemlich, 1672. 1680. 1688. 1691. 1692. 1695. 1696. 1699. 1700. 1703. und 1704. geführet hatte, und in diesem Jahr 1704. den 10. Decemb. durch ein Königlich Rescript pro Emerito erkläret war, so starb er bald darauf im Jahr 1705. den 21. Sept. als er 81. Jahr alt, Senior der ganzen Akademie, Königl. Preuß. Hof-Medicus, und Kneiphofischer Stadt-Physicus war. S. des Hrn. D. Arnoldts Historie der Königsbergischen Universität, II. Theil, Seit. 378. und Actor. Borußicor. B. II. Seit. 304. 307.

dde) George Thegen, war zu Königsberg in Preußen im Jahr 1651. den 8. Januarii geboren. Sein Vater, Johann Thegen, war

war ein Kaufmann, und seine Mutter hieß Dorothea, eine Tochter George Stephani, Secretarii und Pronotarii der drey Städte Königsberg. Nachdem er eine Zeitlang von George Rücker eine Privatinformation in den Schulstudien genossen, auch hernach in der altstädtischen Schule unter der Anführung des Conrectors, Thomas Masecovii und Rectoris M. Andr. Concii verschiedene Jahre die nöthige Grundwissenschaften erlernet hatte, so zog er im Jahr 1668. unter dem Professor der Geschichte und damahligen Rectore Magnifico M. Jacob Tyder, auf die hiesige Universität, und wandte 5 Jahre an, um die Philosophie und mathematische Wissenschaften bey M. Besselio, M. Landenberg, M. Concio, M. Rücker, M. Goldbach, M. Vogt und D. Wosegin, vollkommen zu absolviren. Als er diese Zeit auf der hiesigen Universität nutzbar zurück geleget hatte, gieng er im Jahr 1673. aus dem Vaterland, und begab sich über Danzig und Stettin nach Deutschland, allwo er die theologische Wissenschaften zu Gripswalde bey D. Michaelis, D. Batto, D. Tabberto und Alberto Vogt anfieng und nachmahls zu Rostock bey D. Franc. Wolff, D. Aug. Varenius und D. Heinrich Müller fortsetzte, auch hieselbsten im Jahr 1674. den 12. November in Magistrum Philosophiä promovirte, und hiedurch die

Erlaub-

Erlaubniß bekam, öffentliche Vorlesungen über die Mathematik, Philosophie, Geographie und Historie zu halten. Da er fast 2 Jahr diese academische Bemühungen zu Rostock versuchet hatte, so dachte er an sein Vaterland, und faßte den Endschluß, demselben mit seiner gründlich erworbenen Wissenschaft treufleißig zu dienen. Er gieng daher über verschiedene Hanseestädte, als Wißmar, Lübeck und Hamburg, und Sächsische Akademien, als Jena, Leipzig und Wittenberg nach Preußen und kam in seiner Vaterstadt im Jahr 1676. glücklich an. Kaum hatte er auf der Königsbergschen Universität sich im besagten Jahr den 18. Junii von dem damahligen Decano und Professöre der Logik und Metaphysik M. Andr. Hodio in die hiesige Philosophen-Facultät sich recipiren lassen, hierauf in dieselbe feyerlich sich eindisputiret, und etwa drittehalb Jahr verschiedene Collegia gelesen, so bekam er im Jahr 1679. einen Ruff zum Diaconat bey der altstädtschen Kirche. Allein da er eine größere Neigung zum academischen als geistlichen Leben empfand, und überdem in demselben Jahr den 29. August von Hofe aus die ordinaire Profeßion der practischen Philosophie auf der hiesigen Universität erhielte, so declinirte er das erste Amt, und nahm das letzte desto williger an. Diese Stelle verwaltete er nun mit einem unermüdeten Fleiß und allge-

meinen

meinen Beyfall bis ins 50ste Jahr. Er las nehmlich nicht allein verschiedene zu den schönen Wissenschaften gehörige Collegia, sondern er handelte auch in einigen öffentlich herausgegebenen Disputen verschiedene mehrentheils in die practische Philosophie einschlagende Materien ab, welche sämtlich in des verehrungswürdigen Hrn Doctor Arnoldts Hist. der Königsb. Univ. B. II. S. 391. 392. und in den Act. Boruß. B. I. S. 289 bis 291. angeführet werden. Endlich nachdem er das akademische Rectorat 5 mahl, nämlich in den Jahren 1694, 1702, 1710, 1718 und 1726. verwaltet hatte, Senior der ganzen Akademie geworden, und zuletzt im Jahr 1728. den 6. September pro emerito erkläret war, so starb er bald darnach an Abnahme der Kräfte im Jahr 1729. den 16. Januarii, und wurde in dem hiesigen Professorgewölbe den 22. desselben Monaths begraben. Nach seinem Tode wurde er in Kupfer gestochen, und sein Freund, der damahlige berühmte Profeßor der Beredsamkeit Joh. Sam. Strimesius, setzte unter seinem wohlgerathenen Bildniß, welches die Umschrift hatte: M. Georgius Thegen, Phil. Pract. Prof. Publ. Ord. Senior. Acad. Regiom. folgendes Distichon herunter:

Cana fides staret hic, staret experientia rerum,
Pingi si possent, mens faciesque simul.

Terra

Terra tegit corpus, vultum dat cernere pictor
In cœlis animus, nomen in orbe manet.

Daß er auf die practische Philosophie sich hauptsächlich geleget, und dieselbe am stärksten cultiviret, kann unstreitig aus den Disputationen, welche von ihm häufig im Druck erschienen sind, abgenommen werden. Allein daß er auch in der Mathematik eine Stärke gehabt, und sie besonders in seinen jüngern Jahren der studierenden Jugend vorgelesen, läßt sich unläugbar beweisen, theils durch die vorhin angeführte Dispute: de numero planetarum eorumque satellitibus noviter inventis, welche Daniel Erasmi im Jahr 1677. den 19. Junii unter seinem Vorsitz gehalten, theils durch ein auf der hiesigen Stadtbibliothek in Mspto. vorhandenes Collegium Arithmetico-Geometricum, welches er auf dieser Universität im Jahr 1679. gelesen, theils auch durch die gedruckte Lebensläufe verschiedener Preußischer Gelehrten, welche darinnen bezeuget haben, daß sie in den mathematischen Wissenschaften seine Zuhörer gewesen.

ee) Daniel Erasmi Baron von Huldeberg, war ein Königsberger und der älteste Sohn des Archidiaconi bey der Löbenichtschen Kirche, Daniel Erasmi. Nachdem er auf der hiesigen Universität fleißig studiert, und im Monath December des Jahres 1679. unter dem

Vorſitz des M. George Thegen diſputationem politicam de bonitate naturæ und zu andern Zeiten ſowohl unter dieſen als andern Gelehrten, einige andere Diſputen abgeleget hatte, ſo gieng er auf Reiſen, und brachte es durch ſeine Geſchicklichkeit mit der Zeit ſo weit, daß er am Römiſch-Kayſerlichen Hofe viele Jahre als Churfürſtlich-Braunſchweig-Lüneburgſcher Rath und Reſident, und nachhero als auſſerordentlicher Envoye ſtand, darauf vom Kayſer baroniſiret, und an ſtatt Eraſmi, Baron von Huldeberg genannt wurde. Endlich ſtarb er als Königl. Großbritanniſcher und Churfürſtlich Braunſchweig-Lüneburgiſcher Geheimter- und Legations-Rath. Noch bey ſeinem Leben gab ein Prediger zu Weimar George Wilhelm de Lage ſeine mathematiſche Werke, welche ſchon ehedem zuſammen gedruckt waren, mit einer Zuſchrift an dem Verfaſſer derſelben in Quarto heraus, unter dem Titel: Daniel Erasmi ab Huldeberg Sac. Rom. Imp. equitis opuscula iuventutis mathematica curiosa curante Georgio Guilielmo de Lage ord. eccl. ad D. D. Petr. & Paul. Winariæ, Thuring. cum epistola hujus ad autorem illustrem. Jenæ 1710. Sie beſtehen theils aus einigen in Königsberg unter Goldbachs und Thegens Vorſitz gehaltenen Diſputationen, theils aus einigen beſonderen und unter ſeinen allhier zurück gelaſſenen Handſchriften

auf-

aufgefundenen Abhandlungen; nämlich 1) Opuscul. I. exhibens inventum novum planisphærii, in quo problemata sphærica in primis geographica, quæ alias ope globorum demonstrantur, æque bene ac mechanice resolui possunt atque in globis. 2) Opuscul. II. de rotunditate ac magnitudine terræ disserit. contra falsas hypotheses ac opiniones veterum & recentiorum diducens varias materias huc spectantes, præmissa disquisitione de Geographiæ origine & antiquæ defectibus, horumque caussis. 3) Opuscul. III. de terræ motu & situ diss. continens illustrem controversiam de paradoxa Copernici hypothesi & non modo probabiliter sed & apodictice quodammodo asserens, non solem & cœlum stellatum sed terram moveri, supposito novo invento & experimento Roberti Hoockii Angli. 4) Opuscul. IV. de numero planetarum eorumque satellitibus noviter inventis. 5) Variæ inscriptiones & epistola panegyrica ad Ministerium Cæsareum.

ff) **Johannes Urinus**, (sonst Auerahs genannt.) war im Jahr 1650. bey Saalfeld in Preussen gebohren. Er wurde anfänglich von einem Edelmann, dessen Unterthan sein Vater war, seinem Sohn als Bedienter nach Königsberg mitgegeben; allein von dieser Unterthänigkeit und Aufwartung bald hernach durch die Vorbitte eines Professoris, welcher

eine

eine gute Anlage zu Wissenschaften bey ihm bemerkte, loßgelassen. Hierauf begab er sich ins Pauperhaus, lernete einige Jahre die Schulstudien mit großem Fleiß, und bestieg darauf die hiesige Akademie. Auf derselben studierte er nicht allein eine Zeitlang sehr fleißig, sondern nachdem er zu Jena im Jahr 1684. den 29. Januarii magistriret hatte, las er verschiedene Collegia, hielte auch nach seiner Zurückkunft ins Vaterland auf der hiesigen Universität im Monath April des Jahres 1684. als Präses eine dissertationem academicam, und in demselben Jahr eine andere Disputation: de longitudine loci (welche aber ohne Jahr und Tag gedruckt ist.) Von Königsberg wandte er sich hierauf nach Elbing, und wurde auf dem dasigen Gymnasio im Jahr 1686. Professor, und hierauf 1687. Conrector daselbsten. Diesem Amte stand er 32 Jahr bis an sein Ende treulich vor, und erzog Schüler, welche sowohl der Kirche Christi, als auch dem gemeinen Wesen Nutzen geschaffet haben. Er hatte auch die Ehre, daß der große Rußische Kayser, Peter der Erste, als er im Jahr 1711. zu Elbing war, und vieles von seiner Gelehrsamkeit gehöret hatte, einige mahl in der Begleitung des Generals Bruce, der ein grosser Kenner mathematischer Sachen war, in seinem Hause ihn besuchte, und seine schöne mathematische Instrumente in Augenschein nahm.

nahm. Außer den obigen Disputen gab er noch zu Elbing in Druck heraus: 1) Comes agrimensorius oder unterschiedene höchst nöthige Nebensätze der Wissenschafft von den Feldmaaßen, Verwandelung, genauer Untersuchung derselben, und wie solche ohne mindesten Irrthum zu appliciren seyn 1689. 2) Eucrinophili beyläufige und kurze, doch gründlich verfassete Seculargedanken, daß nehmlich die ganze Zeit von dem vergangenen letzten Tage des 1699sten Jahres bis dieser gegenwärtigen Stunde schon zum 18. Seculo zu rechnen sey. 3) Bescheidentliche Anmerkung über die Verkündigung Tit. Isaac Bickerstaff Ritter, die er auf das halbe Jahr 1708. vom Mart. bis September gerichtet, und in englischer Sprache durch den Druck in London publique gemachet, auf gnädiges Begehren einer hohen Standesperson den 14. April Styl. harmon. selbigen Jahres in Eil entworfen; und 4) Himmelsfeurige Drauruthe oder Feuerlicht, welches 1715. den 17 Mart. auf dem Elbingschen Horizont gesehen worden 1716. Endlich starb er zu Elbing im Jahr 1719. den 14. Januarii, und wurde bald darauf allda standesmäßig beerdiget. Siehe Act. schol. Th. 4. S. 249. und Tolkemits Elbingscher Lehrer Gedächtniß S. 308.

gg) Dagg) David Bläsing, war zu Königsberg im Jahr 1660. den 29. December gebohren. Er wurde anfänglich von seinem Vater, der ein Bürger und Zinngiesser in der Altstadt war, in die altstädtische Schule geschicket, und bey dem Prorector derselben M. Matthias Freund einlogiret, nach einigen fleißig zurück gelegten Jahren aber von dem Rector M. Andreas Concio aus der Schule dimittiret, und im Jahr 1678. den 11ten October von dem damahligen Rectore Magnifico D. Christ. Dreier in die akademische Matrikel eingeschrieben. Als er die Königsbergsche Akademie mit Ehren bestiegen hatte, hörete er in der Philosophie Andr. Hedio und Laur. Weger, in der Mathematik Georg. Wosegin und Barthol. Goldbach, in der Medicin George Rast und zuletzt in der Theologie George Damm, dessen Hausgenoß er auch eine Zeitlang war. Nachdem er im Jahr 1682. den 26. Junii unter dem Vorsitz des vorhin erwehnten M. Laurentius Weger de verbo Dei respondiret hatte, so reisete er bald darauf nach Deutschland, wurde zu Leipzig Baccalaureus und 1683. den 25sten Januarii Magister Philosophiä, disputirte auch daselbsten 1684. den 3ten May de erronea temporis mensuratione in itinere. Noch in demselben Jahr kam er nach Königsberg zurück, und hielte im Monath September

pro

pro receptione in facultatem philosophicam eine Disputationem anti-carthesianam, de mundi extensione. Nach dieser gehaltenen Dispute eröfnete er nicht allein seine Collegia, und wandte darinn alle Mühe an, der studirenden Jugend mit seiner mathematischen und philosophischen Wissenschaft zu dienen, sondern er hielte ausser dem im Monath May des Jahres 1686. eine physische Disputation de nive, und den 18ten Octob. des Jahres 1689. eine mathematische Dissertation de Euclidis Propos. XLVII. Lib. I. Element. Da er durch dieses treufleißige Lesen und Schreiben bey Hofe bekannt wurde, erhielt er von da, im Jahr 1690. den 2. May, die vom D. Wosegin willig niedergelegte Professionem Matheseos Ordinariam, welche er auch in demselben Jahr den 14. Sept. mit einer astronomischen Disputation: de Mercurii per solem transitu die X. Novembr. a. c. observando, antrat. Nachdem er hierauf seine Vorlesungen mit gleichem Eifer und Gründlichkeit verschiedene Jahre nach einander fortgesetzet hatte, so reisete er, auf erhaltene Churfürstliche Erlaubniß, im Sept. des Jahres 1697. zum zweytem mal nach der Fremde, besprach sich in Deutschland, Holland, Engelland und Frankreich mit den dasigen größten Mathematickern, und kam im Jahr 1699. nach sein Vaterland wieder zurück. Da er auf diesen Reisen seine mathematische

matische Einsichten ungemein erweitert hatte, und beständig gewohnt gewesen war, gründlich und fleißig die studirende Jugend zu unterrichten, so schafte er damalen mit seiner jüngst sich hiezu erworbenen Wissenschaft auf der hiesigen Universität einen beträchtlichen Nutzen. Dahero er im Jahr 1701. den 11. Jul. Mitglied der Königlichen Academie der Wissenschaften zu Berlin, und 1703. im Monath Julio, Senator Academiæ, wie auch Inspector primarius Alumnorum regiorum, und communis Convictorii wurde. Bey allen denen, mit diesen Aemtern verknüpften weitläuftigen Bemühungen, setzte er in denen angeführten Jahren nicht allein seine gelehrte Vorlesungen unermüdet fort, sondern er gab die hiesigen mit verschiedenen gelehrten Anmerkungen angefüllte Calender, einige Jahre nach einander heraus, und disputirte noch überdem, 1) im Januar. des Jahres 1703. de lineæ juxta proportionem divinam divisione. 2) Den 8. Decemb. des Jahres 1705. de sphærarum coelestium symphonismo. 3) Zu Anfange des Jahres 1711. de ecclipsi lunari ejusque secundum tabulas Rudolphinas instituendo calculo duobus exemplis, quorum alterum d. 29. Jul. 1711., alterum d. 23. Jan. 1712. apparebit, illustrato. 4) Im Jahr 1716. den 12. Jun. de linea meridiana. 5) 1717. den 13. May, de potioribus Arithmeticæ regulis algebraicæ evolutis, ris., und sonsten von andern zur Preußischen Historie gehörigen Materien, welche allhier weitläuftig anzuführen, meine gegenwärtige Absichten mir verbieten. Endlich, nachdem er das academische Rectorat zweymal, nemlich 1708. und 1714. verwaltet hatte, starb er als Decanus der philosophischen Facultät, im Jahr 1719. den 7. October, verwittwet und ohne Leibes-Erben, und wurde auch den 14. Octob. in dem Professorgewölbe feyerlich begraben. Er hinterließ ein Testament, darinnen er den Studiosis Matheseos 1000 rthl. zu einem Stipendio, (welches jetzt das Bläsingianum genennt wird) der akademischen Bibliotheck 3000. Bücher, verschiedene schöne mathematische Instrumente, einige rare Münzen und allerley kostbare Seltenheiten der Natur und Kunst, zum öffentlichen Gebrauch, und der philosophischen Facultät seinen anmuthigen, auf dem Haberberg gelegenen Garten, nebst allen dazu gehörigen Pertinentien, zu ihrem Vergnügen vermacht hatte. Dahero ihm, nach seinem Tode, zu Ehren, im Monath October des Jahres 1720. ein besonderer Actus im großen akademischen Hörsaal angestellet, und in einer treflichen Lobrede, welche der bekannte Hr. Prof. Johann Samuel Strimesius hielte, wie auch in einer schönen Cantate, welche von dem Hrn. Hofrath Pietsch verfertiget, in der Sammlung seiner gebundenen Schrifften, auf der

H Seite

Seite 242. 243. zu finden ist, seinen unvergeßlichen Gebeinen öffentlich Dank gesaget wurde.

hh) **Christoph Colb** war im Jahr 1657. den 10. Julii zu Königsberg gebohren. Sein Vater, **Christoph Colb**, war ein Bürger und Malzenbrauer in der Altenstadt, und seine Mutter hieß Barbara, eine gebohrne Remiken. Zu Anfange gieng er in die Altstädtsche Schule, und erlernete die ersten Grundstudien unter der Anführung des damaligen Rectoris, M. Concii, verschiedene Jahre hindurch. Da er diese glücklich zurück geleget hatte, zog er hierauf im Jahr 1676. auf die hiesige Universität, und legte sich unter der Handleitung des angeführten M. Concii, M. Hartknoch, D. Jeschke, P. Thegen, und D. Hartmann, besonders auf die Mathematick und Philosophie, hielte auch im Julio des Jahres 1682. unter D. Phil. Jacob Hartmann eine Disputation, de sanguine, alimento ultimo. Hernach reisete er in die Fremde, und kam über Stettin und Berlin, (allwo er sich ein Jahr lang aufhielte, und von dem großen Sternkundigen, Gottfried Kirch in dem Calculo Astronomico unterrichten ließ) zu Leipzig an, woselbsten er im Jahr 1684. den 28. Januarii magistrirte, und in demselben Jahr den 25. Octob. de paraselenis, coronis, cruce in luna aliisque arcubus die 24. Januar. hujus anni Lipsiæ visis

dispu-

disputirte. Von Leipzig zog er nach Jena, und machte Bekanntschafft mit dem P. Weigel, M. Sand, D. Sagittarius und D. Olearius, las auch in dem Hause des M. Posner verschiedene nützliche Collegia. Von Jena begab er sich hierauf weiter in die Fremde, und durchreisete Thüringen, Hessen, Frankfurth am Mayn, Maynz, Trier, Pfalz, Cleve, Jülich, Gröningen, Friesland, Oldenburg, und verschiedene andere Provinzen in Holland, allwo er sich mit D. Spener, Ludolff und anderen großen Männern bekannt machete. Als er hierauf von den Seinigen nach Hause gerufen wurde, folgete er diesem Befehl, und kehrete über Hamburg, (wo er sich auch noch eine zeitlang verweilete, und bey dem berühmten Licentiat. Theol. Eshardo etwas in den orientalischen Sprachen profitirte) nach seinem Vaterlande zurück. Kaum hatte er in seiner Vaterstadt sich etwas umgesehen, und im Jahr 1685. den 9. Octobr. von dem damaligen Decano, P. George Thetzen in die hiesige philosophische Facultät recipiren lassen, ja in besagtem Jahr den 12. Dec. pro Receptione eine astronomische Disputation: de ecclipsi lunæ præcipue instanti d. 10. Dec. s. n. hujus anni mit einer Zuschrifft an den großen Hevelium heraus gegeben; so reisete er wieder von Königsberg ab, und gieng nach Danzig, blieb auch bey dem angeführten Hevelio, bis an dieses sein Lebens-Ende. Endlich kehrete er nach dessen Todesfall, nach Königsberg wieder zurück, und starb selbsten im Jahr 1689. den 20. Junii, wurde auch den 26. desselben Monaths in der altstädtschen Pfarrkirche begraben. Nach seinem Tode richtete seinen seltenen Verdiensten, der damalige ordentliche Prof. der Dichtkunst, Hr. Vogt, ein Ehrengebächtniß auf, und besang darinnen dieselben unter andern, auf folgende Weise:

So war Herr Colbe nicht gesinnt,
Er hat der Weisheit Kern ergründt,
Und weder Oel, noch Müh, gespart;
Bey Büchern hat er Tag und Nacht,
Nicht bey den Gläsern zugebracht.
Wenn ihr noch tief im Schlafe waret,
Ihr Müßigen! so saß er schon,
Und würkte seines Fleißes Lohn.

Die Sternkunst, und was ihr verwandt,
Ward ihm mit großer Lust bekannt.
Herr Hevel hat ihn werth geschätzet,
Als er in Preußen wieder kam,
Daß er ihn an die Seite nahm.
Wie oft hat er sich hingesetzet,
Und diesen Dingen nachgedacht,
Wie es dort Archimed gemacht.

Urania gab ihm ein Reiß
Vom Lorbeerbaum für seinen Fleiß,

Womit

Womit er sich nicht hat gebrüstet;
Für sich mit seinem Gott gelebt,
Doch nicht als der sein Pfand vergräbt,
Wenn es der Jugend nur gelüstet,
Ließ er sich ihr zu gut heraus,
Und öfnete das Sternenhaus.

Nun hat er recht den Himmel ein,
Des er hie wollte fähig seyn.

ii) **Michael Hoynovius**, war zu Milken in Preussen im Jahr 1659. den 8. März gebohren. Sein Vater war Johann Hoynovius, Diaconus bey der Milkenschen Kirche, und seine Mutter hieß Dorothea, eine Tochter Johannis Prostká, Pfarrers bey derselben Gemeine. Zu Anfange gieng er in die Milkensche Schule, und legte darinnen den ersten Grund seines Studierens. Hernach wurde er nach Johannisburg in die Schule geschicket, woselbsten er auf diesem guten gelegten Grund weiter seine Studia fortsetzte, bis er im Jahr 1670. nach Königsberg kam, und in die altstädtische Schule gegeben wurde. Ob er nun gleich theils wegen einer gefährlichen Krankheit, die ihn überfiel, theils wegen des unvermutheten väterlichen Ablebens, welches im Jahr 1672. X. calend. Novemb. erfolgete, sich nach Hause begeben, und allda eine lange Zeit verweilen mußte,

mußte, so kehrete er doch wieder im Monathe März des Jahres 1673. nach Königsberg zurück, genoß in der altstädtischen Schule drey Jahre hindurch den Unterricht des Rectoris M. Andr. Concii, des Prorectoris, Matthias Freund, des Conrectoris Melchior Günther und der übrigen damahligen Schulcollegen, und profitirte hiedurch in denen ersten Grundwissenschaften so viel, daß er im Monath März des Jahres 1676. von dem damahligen Rectore Magnifico, Prof. Steph. Gorlovio, mit Ruhm in die akademische Matrikel eingeschrieben werden konnte. Als er solchergestalt auf die hiesige Akademie gekommen, hörete er bey Doct. Paul Pomian Pesarovio, M. Christ. Hartknoch, M. David Caspari, und Prof. Conrad Voigt die Philosophie; bey P. George Thegen und M. Andr. Concius die Mathematik; bey P. Barth. Goldbach die Historie; bey M. Andr. Plomann die Hebräische Sprache, und bey M. Jacob Sahm und D. George Damm die theologische Wissenschaften. Während dieser Zeit stand er nicht allein nach und nach in verschiedenen ansehnlichen Conditionen, sondern er legte auch als Respondens zwey gelehrte Disputationen, nehmlich eine unter dem D. Pesarovio de immortalitate animæ rationalis im Jahr 1680. den 21. December, und die andere unter dem P. Goldbach de

Præ-

Præ-Adamitis im Jahr 1682. den 24. Julii, mit vielen Beyfall ab. Nachdem er auf diese Weise allhier seine akademische Studia absolviret, und hiemit manchen Nutzen bey der Jugend geschaffet hatte, so verließ er im Jahr 1683. XVI. Calend. Aug. die Königsbergsche Universität, und gieng auf Reisen. Anfänglich schiffete er nach Lübeck über, und kam hierauf zu Lande über Hamburg, Lüneburg, Wittenberg und Leipzig nach Jena. Hieselbsten logirete er sich bey dem dasigen P. Posner ein, und hörete zugleich bey M. Herm. von der Hardt, und P. Frischmuth die orientalische Sprachen, bey P. Sagittario die Historie, bey P. Weigel die Mathematik, und bey die D. Baier und Bechmann die Theologie. Da er auf der Jenaischen Universität diesen großen Männern bekannt geworden war, und aus ihren Vorlesungen einen beträchtlichen Nutzen geschöpfet hatte, promovirte er nebst 17 andern Candidaten, unter denen er in der Ordnung der zweyte war, im Jahr 1684. den 9. Februarii hieselbsten in Magistrum Philosophiä, und hielte darauf einige Tage hernach als Präses eine differtationem academicam de hypothefibus mathematicis, earum neceffitatem contra obiectiones Sexti Empirici, Heinrici Cornelii Agrippæ, Petri Rami, aliorumque oftendentem. Nach dieser erhaltenem Würde zog er im Monath März desselben Jahres

von

von Jena ab, und begab sich über Weimar, Erfurt, Gotha, Eisenach, Fulda und Hanau nach Frankfurt am Mayn, allwo er eine Zeit lang verblieb, und mit dem in der Theologie berühmten D. Spener, und dem in den orientalischen Sprachen sehr erfahrnen Jobo Ludolff, in Bekanntschaft sich setzte. Von Frankfurt wandte er sich nach Giessen, woselbsten er Gelegenheit nahm, die dasigen großen Doctores Theologiä Christiani, Rudrauf, Clode und andere mehrere kennen zu lernen. Von Giessen wollte er zwar nach Holland übergehen; allein er kehrete wieder nach Frankfurt am Mayn zurück, und begab sich über Heidelberg und Philippsburg nach Strasburg, allwo er sich mit den gelehrten Männern, D. Schmid, Bebelio und Lic. Zentgravio unterredete. Von Straßburg reisete er durch den Schwarzwald nach Tübingen, und hörete hieselbsten den D. Osiander und P. Caldenbach. Darauf gieng er nach Nürnberg und Altdorf, und wurde dorten mit P. Arnold und Francisco Erasmi, und hier mit D. Lambert, Wagenseil, P. Sturm, P. König und P. Moller bekannt. Hernach sprach er zu Jena an, besuchte seine alte Gönner und Freunde, und zog darauf nach Leipzig, allwo er mit D. Scherzer, D. Pfeiffer, D. Carpzov, D. Rechenberg, D. Alberti, und P. Feller öftere Unterredungen hielte.

Von

Von Leipzig wandte er sich hierauf nach Dresden, und empfohl sich der Freundschaft des D. Lucii und D. Carpzov. Von Dresden zog er weiter nach Wittenberg, logirte sich in dem Hause des D. Calovii ein, und besuchte überdem die berühmten Männer Quenstet, Deutschmann, Walther und Schurzfleisch. Hierauf gieng er über Berlin nach Frankfurt an der Oder, machete sich mit Beckmann und besonders mit Stryck bekannt, und besahe auch hernach Pommern, allwo er zu Greifswalde mit D. Rangone, Fabricio und Cobabo zu sprechen, öfters Gelegenheit nahm. Endlich nachdem er zu Wasser nach Danzig gekommen, und allda sich mit seinem Bruder, der damahl zu Graudenz und hernach hernach bey der h. Dreyfaltigkeitskirche zu Danzig Prediger war, zusammen besprochen hatte, trat er seine letzte Reise nach Königsberg an, und traf hieselbsten im Jahr 1684. den 5. September gesund ein. Kaum hatte er sich in die hiesige philosophische Facultät aufnehmen lassen, so las er nicht allein der studierenden Jugend mit einer besondern Gründlichkeit und Treue verschiedene nützliche Wissenschaften vor, sondern er hielte auch im Jahr 1687. zwey historisch mathematische Disputationen 1) de situ Regiomonti den 19. März, und 2) de notitia novi orbis apud veteres. 3) Im Monath Januario des Jahres 1688. zwey andere bere mathematische Disputen: de caussis diversi inter planetas ordinis und 4) de descensu solis ad terram und 5) im Jahr 1689. den 9. März noch eine andere Disputation de medio in superficie telluris; gab auch hernach ausser diesen Schriften verschiedene andere historische, philosophische und theologische Disputationen, welche sämtlich in unseres berühmten Herren D. Arnolds Hist. der Königsbergschen Universität Theil II. Seite 516, 517. angezeigt werden, heraus. Als er hierauf im Jahr 1690. den 2. November zum Rectorat der hiesigen Lobenichtischen, hernach im Jahr 1702. den 8. Jan. zum Rectorat der altstädtischen Schule befördert, und in beyden durch sein Lehren und Leben der Schuljugend höchst nützlich gewesen war, so starb er im Jahr 1711. den 8. November als altstädtischer Rector ruhmwürdig.

kk) **Christian Langhansen**, war zu Friedland in Preußen im Jahr 1660. den 25. Sept. geboren. Anfänglich wurde er von seinem Vater, **Christoph Langhansen**, der daselbsten Rathsverwandter war, in die Friedländische Schule gegeben, und dem Unterricht des dasigen Rectors, **Johann Rabe**, anvertrauet. Als er aber im Jahr 1672. durch den Tod seinen Vater verlohr, wurde er von seiner Mutter, **Anna**, einer Tochter des dasigen Pfarrers, **Christian Freymuths**,

nach

nach Lyck in die dasige Provinzialschule geschickt, und der Information des Conrectoris, M. Christoph Columbi, besonders übergeben. Da er daselbsten ein Jahr lang diesen Unterricht genossen, und in der Weile sein älterer Bruder, M. Christoph Langhansen, Rector der Schule zu Insterburg ihm durch den Tod entrissen wurde, so zog er wieder im Jahr 1674. nach seiner Vaterstadt, und setzte in der dasigen Schule unter der Anführung des gedachten Rector, Rabe, und Cantors Christoph Laging seine Studien so lange fort, bis er im Jahr 1676. den 25. Junii in die Cathedralschule zu Königsberg eingeführet wurde. Diese besuchte er nun zwey Jahre nach einander, genoß darinnen den Unterricht des damahligen Rectorn, M. Johann Deutschen und Prorectoris M. Johann Picker ohne Entgeld, und erhielte auch hernach das Alumnat im Kneiphöfischen Pauperhaus, als auch einen mildreichen Zugang zu dem damahligen Thumpfarrer, Jacob Sahme. Hierauf wurde er nach rühmlich vollbrachten Schuljahren im Jahr 1678. den 16. April von dem letzt angeführten Rectore auf die hiesige Akademie dimittiret, und von dem Professore der Dichtkunst, dem damahligen Rectore Magnifico, M. Johann Röling, immatriculiret. Als er solchergestalt auf die Akademie gekommen, suchte er zum Anfang, aus

Mangel

Mangel nöthiger Mittel, mit Schreiben sich zu ernähren. Da er aber von dem damahligen Inspectore Alumnorum, Professor Hedion, im Jahr 1679. den 17. September im Convictorio als Alumnus aufgenommen war, und dieses beträchtliche Beneficium 4 Jahre lang nach einander behielte, auch im Jahr 1681. Hofmeister bey dem jungen Andreas Hedion, und Heinrich Lölhöfel wurde: so war er im Stande, mit mehrerer Gemächlichkeit sich dem Studieren zu ergeben, und sowohl die Mathematik und Philosophie bey Pesarovio, Concio, Thegen und Hedion, als auch die Theologie bey dem (ältern) von Sanden zu profitiren. Nachdem er diese Vorlesungen mit großem Fleiß absolviret hatte, vertheidigte er im Jahr 1684. unter dem Vorsitz des Professor Bläsings die vorhin angeführte Anti-Cartesianische Disputation: de extensione mundi, und magistrirte darauf im Jahr 1685. den 26. April unter dem ohnlängst gedachten Professor Hedion nebst 12 andern Candidaten, unter denen er die vierte Stelle hatte. Bald nach dieser Promotion, nehmlich den 28. April, ließ er sich in die hiesige Facultät aufnehmen und hielte deswegen im gemeldeten Jahr 1685. den 14. Julii eine mathematische Disputation: de demonstratione regulæ proportionis directæ in Arithmeticis. Hierauf eröfnete er seine Collegia, und laß der studie-

studierenden Jugend mit vielen Beyfall die Arithmetik, Geometrie, Geographie und andere verschiedene nutzbare Wissenschaften vor. Ausser diesen Vorlesungen, welche er mit einem ohnunterbrochen Fleiß gelehrt fortsetzte, edirte er: 1) im Monath August des Jahres 1686. eine arithmetische Disputation, de corona Hieronis, Regis Syracusani, quantum auri ex ea ablatum fuerit investigare. 2) im Monath Julio des Jahres 1687. dissertationem geometricam priorem de quinque corporum regularium soliditate ex dato uno latere invenienda. 3) im Monath Julio desselben Jahres dissertationem geometricam posteriorem von derselben Materie, und 4) im Monath August des gemeldeten Jahres 1687. eine disquisitionem stereometricam de doliorum dimensione. Als er eben willens war, auf fremde Universitäten zu ziehen, und mit auswärtigen Gelehrten Bekanntschaft zu machen: so bekam er im Jahr 1688. den 26. Januarii, den Ruf zu dem Conrectorat der altstädtischen Schule, den er auch willigst annahm, und dahero am 17. Februario von dem damahligen Inspector der Schule D. Bernhard von Sanden (dem älteren) zu diesem Amte introduciret wurde. Kaum hatte er einige Monathe bey der Schule gearbeitet, und während dieser Zeit eine Disputation, variarum quæstionum triades sex, desumtæ ex Dialectica, Analytica, Rhetorica, Arithmetica,

metica, Geometria & Sphærica im November des besagten Jahres 1688. im akademischen Hörsal gehalten: so bekam er den Ruff zum Diaconat bey der altstädtischen Kirche, welchem er gleichfalls als einem göttlichen Wink folgete; und daher am letzten Sonntage vor Weyhnachten von dem damahligen altstädtischen Pfarrer M. Goldbach in diese Stelle eingesetzet wurde. Ob er nun gleich in den ersten Jahren dieses neuen Amtes seine akademische Vorlesungen fortsetzte: so sahe er sich doch genöthiget, wegen der vielen und wichtigen Geschäfte, welche dabey gewöhnlicher Weise vorfielen, mit der Zeit die akademische Arbeiten aufzuheben, besonders, da er theils im Jahr 1719. vom D. von Sanden (dem jüngeren) als Pfarrer bey der altstädtischen Kirche und Inspector dieser Pfarrschule introduciret, theils noch dazu im Jahr 1720. den 17. Januarii, von dem damahligen Präsidenten, Christoph Arend von Röder, im Samländischen Consistorio als Consistorialrath eingeführet, folglich mit mehreren Arbeiten, welche mit diesen beyden Stellen nothwendig verknüpfet sind, überhäuffet wurde. Endlich, nachdem er in den ersten 32 Jahren seines Amtes niemahls bettlägerig gewesen, und keinen vor sich predigen gelassen, ferner jährlich gegen hundert, und öfters in einem Tage zwey Predigten gehalten, weiter die Catechisationes des Sonntags

tags nach der Vesper in seinem Hause angefangen, und hiedurch Gelegenheit gegeben,
daß diese heilige Handlungen hernach durch-
gehends in den Preußischen Kirchen eingeführet worden, kurz, nachdem er mit aller
Treue und Geschicklichkeit viele Jahre nach
einander seinen weitläuftigen Aemtern vorgestanden hatte, so starb er am Schlag im
Jahr 1727. den 19. Februarii, und wurde
den 1. März in der Pfarrkirche beerdiget.
Nach seinem Tode ließ ihn der seelige Herr
Prof. Lilienthal in Kupfer stechen, und
zierte dieses Bildniß, welches die Umschrift
hat: M. Christianus Langhansen, Consist.
Samb. Consil. & Pastor Palaeopol. Symb.
Act. XXI, 14. Fiat Voluntas Domini, Natus Ao. 1660. d. 25. Sept. Denatus A. 1727.
d. 19. Febr. mit folgenden Worten aus:

Doctrina, eloquio, meritis, scriptis pietate
Quæris præstantes urbe & in orbe viros?
Adspice *Langhansen*, Lector! mirare & in uno
Quæsita in multis cuncta reperta.

Ven. in Christo Patri
p. M. M. L.

Auffer den obigen mathematischen Schriften
hat er noch einige philosophische Disputationen, imgleichen verschiedene theologische
Werke, als die in Frag und Antwort
über die ganze Bibel gefaßte Hausan-
dachten, (so aufgeleget worden.) die Pas-
sions-

sions-Betrachtungen, (welche in die Schwedische Sprache übersetzt worden,) die ins Polnische, Litthauische und Wendische übersetzte Kinderpostille, die Catechismus-Lehre, den Himmelschlüssel, und andere mehrere Tractaten und Predigten herausgegeben, welche wir aber allhier nicht weitläuftiger, da es wider unsern Endzweck ist, namhaft machen können, sondern sie insgesamt, theils in der Lilienthalschen Bibliothek, Th. I. S. 942. theils in den Unschuldigen Nachrichten von 1728. S. 971. theils auch im Preuß. Todestempel, S. 64. 65. angeführt lesen können. Ausser diesem allem ist noch von diesem würdigen Mann zu merken, daß er der Vater unseres jetztlebenden berühmten Preußischen Mathematickers und verehrungswürdigen Ober-Hofpredigers, Consistorialrath, Doctoris und Prof. Hn. Christoph Langhansen, Hochwürden, ist.

11) George Funk war zu Königsberg im Jahr 1665. den 20. May gebohren. Nachdem er auf der hiesigen Universität sich in der Theologie, Philosophie, und besonders in der Mathematick wohl umgesehen, auch unter dem vorhin belobten P. George Thegen, einen politischen Discurs de justitia universali im Jahr 1683. unter dem vorhin angezeigten M. Joh. Urinus, eine Dissertationem academicam im Jahr 1684. unter dem
vorhin

vorhin gerühmten M. Langhansen die Disputation: de demonstratione regulæ proportionis directæ im Jahr 1685. und unter dem vorhin angeführten M. Colb die Dissertion: de eclypsi lunæ in demselben Jahr als Respondens vertheidiget hatte, so reisete er nach Deutschland. Anfänglich gieng er nach Jena, wurde daselbsten im Jahr 1686. den 23 Sept. Philosophiä Magister und disputirte allda: de fœderibus. Von Jena zog er nach Rostock und disputirte allda de æstu marino und circulo lacteo. Endlich, da er diese und mehrere Oerter in Deutschland besehen und sich durch dociren und disputiren hin und wieder bekannt gemacht hatte, kehrete er nach Preußen zurück, setzte als Magister legens die draußen angefangene Vorlesungen auf der Königsbergschen Universität fort, und gab auch 1) im Jahr 1688. den 3. April hieselbsten eine mathematische Disputation unter dem Titel: Problemata mathematica, imgleichen 2) in demselben Jahr 1688. den 23. Junii eine Disputation: de quæstionibus illustribus quibusdam, ferner 3) im folgenden Jahr 1689. den 23. April de principe Borgia, und 4) den 30 April de avis Britannicæ vulgo anseris arborei ortu & generatione, ferner 5) den 18 März des Jahres 1690 eine andere mit mathematischen Gedanken angefüllte Dissertation, pentadem illustrium quæstionum philosophicarum

rum erutam ex hiſtoria paſſionis dominicæ heraus. Auſſer dieſem edirte er noch andere philoſophiſche, hiſtoriſche und theologiſche Schriften, welche insgeſamt in des belobten Hn. D. Arnoldts Hiſt. der Königsb. Univ. T. II. S. 504. und in den Zuſätzen zu dieſer Hiſtorie S. 98. angeführet werden. Zuletzt da er verſchiedene Jahre auf der Königsbergſchen Univerſität mit Leſen und Schreiben zugebracht hatte, wurde er im Jahr 1694. Erz-Prieſter zu Inſterburg, 1695. Diaconus bey der hieſigen Cathedral-Kirche, und ſtarb in dieſem Character im Jahr 1704. den 8. Merz. Sein Bildniß hängt in der beſagten Kirche an der Nordſeite, und hat folgende Inſcription:

Scintilla rubens in axe poli.

M. George Funccius philoſophus quondam præclarus, diœceſeos Inſterburg. per annos II. Archipresbyter, dein eccleſiæ cathedralis Cniphov. per octennium Diaconus meritiſſ. Orator eccleſiaſticus eloquentiſſ. Theologus fide, ſpiritu, doctrina & pareſia inſignis, vitæque integer, quem dies XVII. Decembr. An. 1665. in lucem edidit, nox diem 17. Mart. 1704. inſequens, nervorum mittentium malo extinxit, hic ſub cinere diem exſpectat ſine nocte, lucem ſine tenebris, in cujus memoriam non extinguendum hoc monumentum, quod non ambitio, ſed amor auditoditorum expreſſit, benevoli Domini Mercatores Urbis Cniphov. poſuerunt.

Funccius in terris vox, fax, ſcintilla coruſcans,
Nunc magno rutilat lumine, luce Deo.

   Affini deſideratiſſim. lugens ſcrib.
   Joh. Erhardus Etmüller.
   Sacr. Reg. Maj. in Boruſſ. Secret.

mm) Chriſtian Sahme war zu Königsberg im Jahr 1663. den 10. Januar. gebohren. Er hatte zum Vater, M. Jacob Sahme, der damals Prof. Ordinar. der Griechiſchen Sprache, nachgehends Erzprieſter in Bartenſtein und zuletzt Pfarrer im Kneiphof und Beyſitzer des Samländiſchen Conſiſtorii war, und zur Mutter Dorotheam, eine Tochter des altſtädtiſchen Pfarrers und Beyſitzers des Samländiſchen Conſiſtorii, M. Martin Walderi. Den Grund ſeiner Studien legte er in der Kneiphöfiſchen Schule unter der Anführung des M. Joh. Pickerts und Johann Deutſchen. Als er im Jahr 1676 unter dem Rectorat des D. George Loth auf die hieſige Akademie kam, hörete er die Philoſophie bey die Herren Andreas Hedion, Conrad Vogt und George Thegen, und vornemlich die Mathematick, zu welcher er den größten Trieb hatte, bey Hrn. George Woſegin. Nachdem er dieſe Wiſſenſchaften abſolviret, und 3. öffentliche Dispu-

Disputen als Respondens rühmlich abgeleget hatte, gieng er im Jahr 1685: über Lübeck auf die Hollsteinische Akademie in Kiel, genoß hieselbst im Hause des D. Matth. Wasmuth seinen Unterricht, und besuchte überdem die Vorlesungen des Heinr. Opitz, Sam. Reyher, Christian Kortholt und Christoph Franck. Im Jahr 1686. besuchte er in Hamburg den bekannten Esdr. Edzard und reisete hierauf nach Leipzig, allwo er nicht allein die berühmten Theologen, Carpzov, Olearium, Pfeiffer und Alberti hörete, sondern auch nach Anleitung des Gottfr. Kirch und Pfautzii in den mathematischen Wissenschaften hauptsächlich sich übete. Von Leipzig zog er hierauf nach Jena, logirete sich bey den D. George Schubert ein, und hörete die Collegia des Weigelii, Posneri, Sagittarii, Schmidii, Danzii, Bechmanni, Velthenii und Baieri, promovirte auch hieselbsten nach absolvirten akademischen Cursibus in demselben Jahr 1686. in Magistrum Philosophiä, und disputirte darauf unter dem Vorsitz des D. Baiers de connexione fidei & operum. Von Jena reisete er nach Nürnberg, und Altdorf und hielte hieselbsten einen guten Umgang mit Wagenseil und Sturm. Hierauf gieng er über Frankfurt am Mayn, Cöln und Wesel, nach Holland, und machte sich mit den dasigen Gelehrten, besonders mit

Burch-

Burch. a Volder bekannt. Nachdem er solchergestalt Amsterdam, und andere Plätze in Holland genug besehen hatte, kam er im Jahr 1689. nach Königsberg, disputirte 1) de regressu Solis, tempore Hiskiæ partem priorem pro receptione in facult. philosophicam den 25. Junii desselben Jahres, und docirte hernach seit dem Jahr 1689 die Historie, Philosophie und Mathematick, gab auch 2) den 28. Octob. des besagten Jahres eine exercitationem academicam de eclypsium causis & calculo, 3) den 30. Jan. des Jahres 1692. dissertationem mathematicam de divisione circuli, 4) im Monath Decembr. des Jahres 1696. de regressu solis &c. partem posteriorem, und 5) den 31. Aug. 1701. eine dissertationem astronomicam de occultatione stellarum fixarum per lunam, heraus, und wurde endlich wegen dieser akademischen Bemühungen im Jahr 1694. Subinspector der Alumnorum. Da er in sieben Jahren durch seine gelehrte Vorlesungen und Schriften in Preußen einen Ruhm sich solchergestalt erworben, so bekam er im Jahr 1701. den Ruf nach Danzig, welchem er nach Abdankung des Subinspectorats auch willig folgte, und dahero im gedachten Jahr 1701. daselbsten als Professor der Mathematick bey dem Gymnasio und Rektor bey der Johannis-Schule installiret wurde, (welches erstere Ehren-Amt er auch den 6. Octob. des besagten

ten Jahres mit einer Rede: de eo, quod mathesis homines quodammodo similes Deo reddat, antrat.) Als er daselbsten eine Zeitlang mit Beyfall gearbeitet, und 6) im Jahr 1702. den 21. Jun. exercitationem mathematicam de motu telluris primam, 7) in demselben Jahr den 5. Jul. secundam, und 8) gleichfals in demselben Jahre dem 9. Nov. tertiam abdisputiret, auch 9) die Büttnerischen Calender theils unter seinem Namen, theils unter dem Titel: Constantini Severi fortgesetzet hatte, verließ er alle in Danzig gehabte Aemter, nahm den 13. Nov. öffentlich Abschied, und kam wieder nach einem den 2. Octob. erhaltenen Ruf nach Königsberg zurück. Hieselbsten wurde er im Jahr 1702. den 26. Octob. Pfarrer der Neuroßgärtischen Gemeine, 1709. den 17. Febr. Diaconus in der Altstadt, 1710. den 27ten Febr. Doctor Theologiä und Prof. extraord. quartus, und 1721. tertius. Endlich starb er hieselbst, mehr an Abnahm der Kräfte als einer Krankheit, nachdem er ausser den obigen mathematischen Abhandlungen verschiedene theologische Schriften herausgegeben hatte, welche theils in unseres Hrn D. Arnoldts Hist. der Königsb. Univ. Th. II. S. 185. theils in den *Act. Boruss.* B. III. S. 761. 762. angeführet werden. Sein in Kupfer gestochenes wohlgerathenes Bildniß, welches der berühmte Hr. M. Michael Lilienthal besorget,

führet

führet folgende Unterschrift: *Christianus Sahmius*, S. Theol. D. & Prof. Ord. in Academ. Regiomontana, Cœtus Palæopol. Diaconus Prim.

Quem gravitas veneranda, vigil Prudentia, Candor,
Copia doctrinæ cum pietate probant,
Quem Mystam templum, Doctorem Academia
probant,
Hunc quasi nativus reddit in aere color.
Honoris ergo pos. M. Mich. Lilienthal.

nn) Johann Gottsched (der ältere) war zu Königsberg im Jahr 1668. im Julio gebohren. Er hatte zum Vater, Christoph Gottsched, Vorsteher des altstädtischen Pauperhauses, und zur Mutter Anna Salcknerin, eine Tochter eines Sackheimischen Gerichtsverwandten. Im Anfange gieng er in die altstädtische Schule, und genoß den Unterricht des damahligen Collegen und nachmahligen ersten Diaconi bey der Kneiphofischen Kirche, George Roschey und des damahligen Rectoris bey der besagten Schule M. Andreas Concii. Nach einigen zurückgelegten und wohl angewandten Schuljahren zog er im Jahr 1684. auf die hiesige Akademie, und wurde von dem damahligen Rectore Magnifico, P. Hedion, in die Zahl der Studierenden aufgenommen. Hierauf hörete er die Mathematik bey M. Christian Langhansen, die Philosophie bey P. Hieronymus

ronymus George, und die Poesie bey M. Spies und M. Vogt. Nachdem er diese Wissenschaften in zwey Jahren absolviret hatte, gieng er im Monath May des Jahres 1687. mit seinem Bruder Christoph Gottsched, (der hernach als Prediger zu Liebstadt im Jahr 1698. verstarb) auf Reisen. Er besahe Pommern, Mark, Schlesien, Oesterreich, Tyrol und den größten Theil von Italien. Nach seiner Zurückkunft aus diesen Ländern bezog er die Jenaische Universität, hielte sich hieselbsten ein halbes Jahr auf, und erlernete bey die damahligen berühmten Aerzte, Wedel und Fasch die Medicin. Von Jena reisete er nach Holland, besahe gleichfalls die merkwürdigsten Städte und Akademien, und verbrachte auf diesen Reisen anderthalb Jahre. Als er solchergestalt in besagter Zeit die Fremde genug durchgewandert, und an Städten, Berlin, Breslau, Dresden, Wien, Linz, Passau, Regensburg, Nürnberg, Ulm, Augsburg, München, Inspruck, Trident, Venedig, Mantua, Verona, Mayland, Speyer, Worms, Maynz, Cassel, Frankfurt am Mayn, Magdeburg, Lüneburg, Hamburg, Amsterdam, Rotterdam und von Akademien Frankfurt, Prag, Altdorf, Ingolstadt, Padua, Basel, Strasburg, Heidelberg, Giessen, Marpurg, Erfurt, Jena, Leipzig, Wittenberg, Gröningen, Franecker, Utrecht und Leiden hinlänglänglich beschauet hatte; so begab er sich zu Schiffe von Amsterdam weg, und kam zu Königsberg am Ende des Jahres 1688. glücklich an. Hieselbsten verbrachte er 3 Jahre nach einander in Ruhe, und wandte dieselbige zur völligen Erlernung der medicinischen Wissenschaften dergestalt an, daß er mit Ruhm drey Disputen als Respondens öffentlich zu halten geschickt war. Nach diesen abgelegten Speciminibus seiner Gelehrsamkeit bekam er verschiedene Ehrenämter in seinem Vaterlande. Er wurde nehmlich im Jahr 1691. Physicus zu Bartenstein, 1694. den 4. Febr. in Königsberg Medicinâ Licentiatus, auch in demselben Jahr Professor extraordinarius, 1701. den 14. Julii Medicinâ Doctor und Professor Physicus ordinarius, 1702. den 10. Jan. Magister Philosophiæ, den 21. Jan. in die hiesige philosophische Facultät recipiret, auch in demselben Jahr Mitglied der damahls neugestifteten Akademie der Wissenschaften in Berlin. Endlich starb er hieselbst im Jahr 1704. den 10. April am Fleckfieber in großem Ansehn, und wurde im Professorgewölbe den 18. April standesmäßig beerdiget. Ob er gleich auf der hiesigen Universität nicht mathematische Vorlesungen und Disputen besonders gehalten, so bezeugen dennoch seine physische und medicinische Disputationen, als 1) de æthere & aere eorumque in corpus humanum & ejus humores vi at-

J 5 que

que operationibus in genere. 2) de æthere & aere sanguinis. 3) De circulatione sanguinis und 4) de motu musculorum (welche er im Jahr 1694. nach einander herausgegeben) ferner 5) eine Dissertatio chymico-hydrostatica: de solutione & præcipitatione, (welche er im Jahr 1695. ediret) und seine physisch-medicinische Disputationen: 6) de luce & coloribus, imgleichen 7) de visus modo fiendi und 8) de æthere & aere chyli und 9) de circulatione chyli (davon er jene im Jahr 1701. und diese 1702. bekannt gemacht) imgleichen seine übrige physische Schriften und meteorologische Tagebücher von 1702. bis 1703, daß er die Mathematik gründlich verstanden und sie auf verschiedene Theile der Medicin glücklich anzuwenden die Geschicklichkeit besessen. Seine im Jahr 1703. zu Königsberg herausgegebene Floram Prussicam, sive plantas in regno Prussiæ sponte nascentes additis nitidissimis Iconibus noviter efflorescentes, und übrige gelehrte medicinische Schriften findet man in des verehrungswürdigen Herrn Doctor Arnoldts Hist. der Univ. Th. II. S. 330. 331. 395 recensiret.

oo) **Johann Theuerlein**, war aus Königsberg gebürtig. Er studierte anfänglich auf der hiesigen Universität, und magistrirte hieselbsten unter dem Decanat des damahligen Professoris der hebräischen Sprache, M. Lau-

Laurent. Weger im Jahr 1696. den 26. April. Nachdem er darauf den 28. April in die hiesige philosophische Facultät receptiret war und pro Receptione eine exercitationem chronologicam de annis & variis iisque præcipuis eorum formis im Jahr 1696. den 19. September disputirt, und eine dissertationem geometrico-algebraicam de corporum regularium soliditate ex uno latere dato quam accuratissime invenienda im Monath October des Jahres 1696. gehalten, auch verschiedene mathematische und geographische Collegia mit Beyfall gelesen hatte, gieng er nach Halle und hielte daselbsten pro Receptione eine Dissertationem chronologicam, de periodo Juliana im Jahr 1701. den 13. August, und pro Loco in Facult. philos. eine arithmetische Disputation de proportione vulgo geometrica dicta im Jahr 1702. den 3. August. Endlich kam er nach Preussen zurück, wurde im Jahr 1705. Rector bey der Stadtschule in Schippenbeil und starb daselbsten im Jahr 1710. S. Biedermanns A. und M. von Schulsachen Th. II. S. 297. ꝛc. ꝛc.

§. 8.
Anzeige und Lebensbeschreibung derer verstorbenen Preußischen Mathematiker des achtzehenden Jahrhunderts.

Als hierauf im Anfange des gegenwärtigen Jahrhunderts durch das Ansehen des Leibnitzen, Wolffen

Wolffen und anderer großen Männer mehr die Mathematik, vorzüglich auf der Königsbergschen Universität eingeführet und öffentlich erkläret wurde, so fanden sich nicht allein ganze Sammelplätze von Leuten, welche die mathematische Wissenschaften erlerneten, sondern auch große Haufen von ansehnlichen Männern, welche dieselben der studierenden Jugend mit vieler Gründlichkeit mündlich und schriftlich lehreten. Zu diesen Preußischen Mathematikern des gegenwärtigen Jahrhunderts rechnen wir also billig: pp) Heinrich von Sanden, qq) Johann George Neidhardt, rr) Reinhold Friedrich Bornmann, ss) Johann Christian Hagemann, tt) Jo. Arnd, uu) George Heinrich Rast, vv) Christian Friedrich Ammon, ww) Conrad Gottlieb Marquardt, xx) Johann Gottfried Arnoldt, yy) Johann Christoph Herrmann, zz) Johann Friedrich Schreiber, aaa) Martin Knutzen. bbb) Christian Bernhard von Sanden und ccc) Heinrich Wilhelm Johanszem, wie auch alle diejenige verehrungswürdige Männer, welche annoch beym Leben sind und durch ihre mathematische Vorlesungen und Schriften bey der studierenden Jugend Nutzen schaffen ddd).

pp) Heinrich von Sanden, ein Sohn des Preußischen Bischofs, D. Bernhard von Sanden, war zu Königsberg im Jahr 1672. den 28. Julii gebohren. Er wurde anfänglich zu Hause von Johann Tolcksdorf und hernach

hernach von Johann Blöch, zweyen Studiosis Theologiä, zuletzt aber in der altstädtischen Schule von Mattheo Freundio, Christiano Crebesio und Daniel Martini, Lehrern bey derselben, in den nöthigen Schulwissenschaften unterrichtet. Als er von seinem Vater im Jahr 1689. XV. Calend. April. in die hiesige akademische Matrikul eingeschrieben war, hörete er zuerst die Oratorie und Historie bey D. Schreiber, und hielt gleich in diesem Jahr unter seiner Anführung eine öffentliche Rede de studiosorum laudibus. Zugleich erlernete er bey M. Blöch die Philosophie, bey D. Sahm die Mathematik, und nachdem er im Jahr 1691. XV. Calend. Aug. unter dem Vorsitz seines ältesten Bruders, D. Bernhard von Sanden eine Disputation de modis obtinendi civitatem in Republica Hebræorum defendiret hatte, legete er sich mit allem Fleiß bey Wosegin, Lepner, Stark, Hartmann, Sand, Harweck und Gottsched auf die Medicin, half auch hernach als Respondens unter dieses D. Johann Gottscheds Präsidio die zwey Disputen: de æthere & aere, eorumque in corpus humanum & ejus humores vi atque operationibus in genere und de æthere & aere sanguinis, imgleichen unter dem Vorsitz des D. Harweck die Dissertation de Rachitide mit abzulegen. Da er auf dieser Universität lange genug studieret zu haben vermeynte,

verließ

verließ er dieselbe im Jahr 1695. VII. Calend. Maii, und reisete zuerst nach Copenhagen, allwo er den großen Dänischen Anatomicum, Caspar Bartholinum zu kennen und zu hören Gelegenheit fand. Von Copenhagen gieng er in demselben Jahr über Hamburg, Bremen, Oldenburg, Ostfriesland und Gröningen nach Holland, und traf anfänglich zu Amsterdam und hernach den 1. August zu Leyden glücklich ein, woselbsten er gleichfalls sich Mühe gab, bey Carl Drelincourt den medicinischen Praxin, bey Burcher *de Volder* die Cartesianische Philosophie, bey Bidla die Anatomie und Chirurgie, und bey Holtone die Botanick in dem dasigen großen botanischen Garten vollkommen zu profitiren. Nachdem er solchergestalt in diesen hellen Gegenden sich eine weitläuftige und gründliche Gelehrsamkeit sowohl in den schönen Wissenschaften, als auch besonders in der Medicin erworben hatte, so machete er Anstalt, nach seinem Vaterlande zurück zu kehren, und gieng dahera über Utrecht, Cleve, Münster, Osnabrück, Hannover, Braunschweig, Helmstädt, Magdeburg, Halle, Leipzig und Berlin nach Königsberg, woselbsten er auch im Jahr 1696. XVII. Calend. Junii ankam. Auf dieser Universität fand er nun mit der Zeit nicht allein sein verdientes Glück, sondern auch nach vielen zurückgelegten Lebensjahren sein ruhmvolles Ende.

Ende. Er wurde nehmlich allhier im Jahr 1696. den 10ten Julii Doctor Medicinä, 1697. den 1. Julii Professor extraordinarius, 1704. prid. Cal. Septembr. Professor Physicus Ordinarius und Kneiphöfischer Stadtphysicus, ferner den 18. September desselben Jahres allhier Philosophiä Magister, im Jahr 1708. Mitglied des hiesigen Collegii Sanitatis, 1713. Mitglied der Berlinischen Societät der Wissenschaften, und 1714. im Monath October Adjunctus der medicinischen Facultät, endlich im Jahr 1720. zum ersten mahl und 1728. zum zweytenmahl Rector Magnificus, in welchen letzten Jahr er auch in diesen Würden den 10. August an einer hitzigen Krankheit starb und mit besondern Ehrenbezeugungen im hiesigen Professorgewölbe den 16 Aug. begraben wurde. Obgleich er nicht viele mathematische Vorlesungen gehalten haben mag, so legen dennoch von seinen Einsichten, die er sowohl in die theoretische als besonders praktische Theile der Mathematick gehabt, unwiedersprechliche Beweisthümer an den Tag theils sein im Jahr 1712. herausgegebener physischer Tractat: Heinri von Sanden, D. Physic. Prof. Ord. Sylloge experimentorum, quibus demonstrationes physicæ illustrantur, hactenus aliquoties institutorum, jam in gratiam auditorum suorum descriptorum & edirorum, theils seine in verschiedenen Jahren edirte

Dispu-

Disputationen, darinnen er allemal die Gründe der Mathematick mit den angenehmen Lehren der Physik zu verbinden, sich hat angelegen seyn lassen. Man lese dahero nach seine Disputen: 1) de corporibus elasticis vom Nov. des Jahres 1704. 2) de antliis pnevmaticis vom Decembr. desselben Jahres, 3) de frigore anni 1709. memorabili vom Febr. des Jahres 1712. 4) de succino electrorum principe, vom Sept des Jahres 1714. und 5) de scripturis & picturis fenestrarum naturalibus, vom Jan. des folgenden Jahres 1715. imgleichen 6) seine übrige medicinische Schriften, welche zu verschiedenen Zeiten von ihm herausgegeben und vollständig theils in des öfters belobten Hn. D. Arnolds Hist. der Königsb. Univ. Th. II. S. 323. 324. theils in den *Act Boruss.* B. I. S. 283. 284 u. s. w. angeführt zu finden sind.

qq) Joh. George Neidhardt war zu Bernstadt in Schlesien gebohren. Er hielte sich anfänglich in Deutschland auf, und trieb auf den dasigen Universitäten, vornemlich zu Altdorf, Wittenberg und Jena, nebst der Theologie die Poesie, Mathematick, Musick, und andere schöne Wissenschaften. Als er zu Jena war, suchte er sich durch seine seltene Geschicklichkeit bekannt zu machen, und gab dahero im Jahr 1706. eine Schrift von einer in der Temperatur des Monochordi gleich-

gleichschwebenden Stimmung heraus. Da er einige Zeit darnach Jena verließ und nach Preußen auf die Königsbergsche Universität zog, etwa ums Jahr 1709. war er gleichfals beflißen, theils durch seine Poesie und Mathematick, theils hauptsächlich durch seine gründliche Einsichten und Proben, welche er in der Musik ablegte, sich einen ansehnlichen Ruhm zu verschaffen: daher auch dieser bis nach Berlin sich verbreitete, und die erwünschte Folge nach sich zog, daß er im Jahr 1720. Königl. Capellmeister bey der hiesigen Schloß-Kirche wurde. In dieser Verfassung führete er nicht allein große und prächtige Musiken auf, sondern er zeigete auch der studirenden Jugend in verschiedenen Collegien, wie sie die Mathematik mit der Musik verbinden, und hiedurch geschickt werden sollten, künstlich und zugleich wohlklingende musikalische Stücke zu verfertigen; wovon seine Musica arithmetica, Musica geometrica und seine übrigen Schriften, welche in Manuscripto annoch bey einigen Liebhabern der Musik befindlich, ein unleugbares Zeugniß ablegen. Ausser diesen Arbeiten gab er nicht allein dann und wann einige nach seiner Denkungs-Art abgefaßte stolze Gelegenheits-Gedichte heraus, sondern er schrieb auch im Jahr 1724. einen Tractat unter dem Titel: *Sectio canonis harmonici* zur völligen Richtigkeit der *generum modulandi* herausgegeben

gegeben von J. G. N. mit folgender erhabenen und höchstmerkwürdigen Zuschrifft:
Dem Adler, dessen Schwung ganz Preußen überdecket,
Wird diese Schrifft, nebst mir, in Demuth hingestrecket;
Er schaut die Sonn, ihn ich, er frey, ich schüchtern an.
Trotz diesem! der ihm Licht, mir Schatten rauben kann.

Endlich, nachdem er diese Arbeiten einige Jahre mit einem großen Beyfall fortgesetzet, und dazu im Jahr 1732. eine musikalische Abhandlung unter dem Titel: Gänzlich erschöpfte mathematische Abtheilungen des diatonisch-chromatischen temperirten Canonis Monochordi, allwo in unwiedersprechlichen Regeln und handgreiflichen Exempeln gezeiget wird, wie alle Temperaturen zu erfinden, in Linien und Zahlen darzustellen und aufzutragen seyn, den Liebhabern gründlicher Stimmung mitgetheilet von J. G. N. herausgegeben, auch dazu im Jahr 1734. die zweyte Auflage hievon zu besorgen, sich die Mühe genommen hatte, so starb er hieselbsten im Jahr 1739. den 1. Januarii als ein großer Musikus, Mathematikus und Dichter. Was er übrigens für andere Schriften ediret, und was bey seinem Sterben besonders mit ihm sich zugetragen, solches
kann

kann sowohl aus des Hn. D. Arnoldts Zus. zur Hist. der Königsb. Univ. S. 171. 172. als auch aus der verbesserten Sammlung zum Bau des Reichs Gottes, Th. III. S. 354. u. s. w. mit mehrerem ersehen werden.

rr) **Reinhold Friedr. Bornmann**, aus Königsberg in Preußen gebürtig, war ein Sohn eines hiesigen Vice-Schöppenmeisters. Er legte zu Anfange auf der hiesigen Universität den Grund seines Studirens, und disputirte auch unter dem Vorsitz des M. Michael Hoynovius im Jahr 1707. den 12. Febr. eine exercitationem de nomine Jesu, gieng aber darauf nach glücklich absolvirten Cursibus nach Gripswalde, und wurde daselbsten im Jahr 1709. den 9. Jul. Magister Philosophiä. Nachdem er sich in Deutschland und Holland hinlänglich umgesehen hatte, kam er wieder nach Königsberg zurück, und las hieselbsten im Jahr 1712. als Magister verschiedene Collegia, bis er im folgenden Jahr 1713. einen Ruf zum philosophischen und mathematischen Profeßorat auf dem Thornischen Gymnasio erhielte, welchem er auch willig folgete, und diese Stelle dahero in dem besagten Jahre den 27. Julii mit einer öffentlichen Rede: de pietate eruditionis fundamento, zu welchem Themate eine über den Eingang des Gymnasii befindliche Inscription ihm Gelegenheit gegeben hatte, feyerlich antrat. Nach dieser gehaltenen

Rede, bemühete er sich nicht allein, der dasigen studirenden Jugend die mathematische Wissenschaften gründlich vorzulesen, sondern suchte auch dieselbe hiezu durch verschiedene geschickt ausgearbeitete Schriften nach und nach aufzumuntern. Also schrieb er zu Thorn 1) in Dom. XXIII. post Trinit. des Jahres 1713. ein Programma: de mathesi per ipsum nomen suum commendabili, unter dem Titel: Reinh. Frid. Bornmanni programma prælectionibus mathematicis privatis per instans semestre instituendis & absolvendis, speciatim Arithmeticæ, Geometriæ & Astronomiæ præmissum. 2) in Dom. II. Advent. des Jahres 1714. ein anderes Programma unter dem Titel: Programma de studio Geographiæ rite instituendo, Prælectionibus Geographicis in collegio privato tradendis in illustri Thorunensium Athenæo præmissum a M. Reinh. Frid. Bornmann. Regiomontano, Philos. & Math. Prof. Publ. Ord. und 3) im Julio des Jahres 1715. eine philosophische Disputation, de pluritate mundorum. Endlich, nachdem er dem Thornschen Gymnasio durch Lesen und Schreiben nützlich gewesen, verließ er dasselbe, empfieng im Jahr 1724. vom Saalfeldischen Consistorio die gesuchte Candidatur, wurde 1725. Pfarrer zu Liebstadt, und darauf 1734. Erzpriester zu Bartenstein in Preußen. Zuletzt starb er an diesem Ort im Jahr 1747. den 15. Junii.

Junii. Von seinen übrigen philosophischen und theologischen Schriften, welche er zu Königsberg und Thorn herausgegeben, imgleichen von seinen gelehrten Streitigkeiten, welche er wegen seiner obigen Dispute, de pluritate mundorum mit Paul Dolcke, damaligen Studioso Theologiä, und nachmaligen Pfarrer zu Barent in dem großen Marienburgschen Werder, gehabt, kann das Gelehrte Preußen, Th. I. S. 52. 218. 220. und Th III. S. 400, ingleichen Bergau gesamte Priesterschaft des Marienburg. Werders, S. 27. nachgelesen werden.

55) **Johann Christian Hagemann**, war im Jahr 1690. den 12. Martii zu Königsberg in Preussen gebohren. Er legte sich anfänglich allhier auf die Mathematik, Physik und Medicin. Hernach gieng er nach Holland, studierte eine Zeitlang zu Leiden, hielte daselbsten im Jahr 1711. den 1. Junii folgende Disputation: Disputatio medica inauguralis de arthritide, quam annuente summo Numine ex auctoritate Magnifici Rectoris D. Jacobi Gronovii, Historiæ, Græcæ Linguæ & Eloquentiæ Professoris, & Academiæ Geographi, nec non amplissimi Senatus Academici consensu & nobilissimæ facultatis medicæ decreto pro gradu doctoratus -- publico examini subjicit Joannes Christianus Hagemann Regiomonte Borussus d. 1. Junii 1711. und wurde gleich darauf allda Doctor

Medi-

Medicinä. Hierauf kam er nach Preußen zurück und wurde zu Wehlau im Jahr 1713. Stadtphysicus. Endlich gab er im Jahr 1724. zu Königsberg einen weitläuftigen und von seiner physisch-mathematischen Wissenschaft zeugenden Tractat unter dem Titel: Tractatus physicus de motu Mercurii in Barometris ex sobriis scientiarum naturalium principiis concinnatus a Joh. Christian. Hagemanno Med. D. Reg. Pr. heraus, und starb hieselbsten im Jahr 1727. den 27. April in der Cur der Aerzte. Von seinen übrigen Schriften können des Herren Doctor Arnoldts Zusätze zur Hist. der Königsb. Univ. S. 145. und die Altonaische gelehrte Zeitungen von 1746. S. 534. 535. ꝛc. nachgesehen werden.

tt) Johann Arnd, war zu Danzig im Jahr 1682. den 6. Julii gebohren. Er studierte zu Anfange auf dem dasigen Gymnasio, ergab sich der Theologie, Mathematik, Philosophie und den übrigen schönen Wissenschaften, hielte auch daselbsten als Autor und Alumnus Beneficii Oelhafiani unter dem Vorsitze des damaligen ordentlichen Profeßoris Matheseos, Paul Pater, im Jahr 1707. den 11. August eine mathematische Disputation, welche decadem miscellaneorum mathematicorum in sich begriff. Von Danzig zog er nach Rostock, continuirte seine angefangene Studia, nahm allda den Gradum
eines

eines Magistri Philosophiä an, und verblieb auf dieser Universität eine lange Weile als Magister legens. Im Jahr 1716. gieng er hierauf nach Thorn, wurde auf dem dasigen Gymnasio Professor ordinarius, suchte durch fleißiges Lesen der studierenden Jugend Nutzen zu schaffen, und gab noch in demselben Jahr 1716. eine Schrift von dem damahligen Nordlicht heraus. Als er in Thorn etwa vier Jahr gewesen, und besonders im Jahr 1719. einige Verdrüßlichkeiten, welche insgesamt im Erläut. Preußen B. II. S. 791. 792. erzählet werden, erlitten hatte, gieng er im Jahr 1720. von da weg nach Königsberg, und wurde auf der hiesigen Universität als Professor Extraordinarius der Geschichte und Beredsamkeit im Jahr 1721. den 25. Januarii von dem damahligen Decano P. Johann Samuel Strimes introduciret; dahero er im Jahr 1721. den 5ten April pro Receptione eine Disputation de Plinio Imperatorem non Vossitante hielte, und die besagte Profeßion in selbigem Jahr 1721. den 5. September mit einer Disputation de Plotina Traiani optimi Imperatoris uxore optima, antrat. Hieselbsten verblieb er nicht allein fast sieben Jahre, sondern er hielte auch während dieser Zeit viele artige Collegia, und gab verschiedene mathematische curieuse Schriften heraus. Also schrieb er ausser einigen zu den schönen Wissenschaften gehö-

gehörigen Disputen, welche in des berühmten Herrn Doct. Arnolds Hist. der Königsb. Univerf. Th. II. S. 421. angeführet werden. 1) Collegium astronomicum, in quo doctrina de cœlo hujusque corporibus & systemate mundi secundum oculum, artem & ratiocinationem perspicuis aphorismis scholiisque exponitur a Joh. Arnd. eloq. & hist. Prof. im Jahr 1722, und 2) Janum meteoroscopum, das ist Witterung und Winde in Preußen von vergangener, in gegenwärtiger und auf zukünftige Zeit, nebst Nordlichtern, brennenden Luftbalken, Nebensonnen, Sonnen- und Monden-Cirkeln auch übrigen nachdrücklichen Erscheinungen in der Luft, sowohl in einer Nachricht vom vorigen und diesem Jahr, als auch in einer natürlichen Witterungs-Deutung auf nächstkünftige Tage enthalten im Jahr 1727. Als er hierauf in der gedachten Zeit seiner Profeßion lange genug vorgestanden zu haben vermeinte, und auf der Akademie zu einem höhern Glück erhoben zu werden keine Hofnung vor sich sahe, gieng er von der Königsbergschen Universität weg, nahm im Jahr 1728. das einträgliche Rectorat der Provinzialschule in Tilsit an und widmete daselbsten weiter seine Nebenstunden denen in Königsberg angefangenen Untersuchungen mathematischer und physischer Wahrheiten; wie er denn

denn auch in demselben Jahr 1728. zu Tilsit seinen Janum Meteoroscopum fortsetzte, und diese mühsame Arbeit zu Königsberg unter einem etwas veränderten Titel: Janus Meteoroscopus, das ist: etwas vor alle Menschen von den Werken Gottes, welche die Himmel erzählen, und die Tage und Nächte einander kund thun, zur wahren Erkänntniß der vergangenen und wahrscheinlichen Vordeutung dieses 1728. Jahres erbaulich abgefasset: und einige Jahre hernach eine andere Schrift unter dem Titel: Janus Meteoroscopus, welcher anzeiget 1) merkwürdige Seltenheiten der in diesem 1739. Jahr vergangenen Witterung nebst derselben sonderbaren Würkungen in hiesiger Gegend am Memelstrom, 2) einige natürliche Muthmassungen von den im 1740. Jahr nächstfolgenden Wetter auf unserm Preußischen Horizont, heraus. Nach der Zeit schrieb er auch in den Königsbergschen Intelligenzblättern Stückweise verschiedene kurze Abhandlungen; als 1) im Jahr 1741. den 21. Jan. die Witterung dreyer Winter, als: a) des jetzigen 1740. b) des nächstvergangenen, c) des 1708. welche von Monath zu Monath aufs kürzeste angezeiget wird. 2) den 18ten März die Fortsetzung. 3) und den 25sten März den Beschluß hievon, 4) die Witterung

terung dreyer Winter, als a) des jetzigen 1741. b) des nächstvergangenen. c) des 1709ten, welche von Monath zu Monath aufs kürzeste angezeiget wird, im Jahr 1741. den 12. August. 5) Mecklenburgische und Preußische Erfahrungen von dem großen Winter aus dem 8ten in das 9te Jahr dieses Seculi, im Jahr 1741. den 9. August. 6) Mecklenburgische und Preußische Erfahrungen von dem großen Winter 1709. im Jahr 1741. den 30. September. 7) Erörterung der Frage: wie viele Meilen die Ostsee sowohl von den Mecklenburgschen als Preußischen und übrigen Ufern nach der Mitte zu Anno 1709. mit festem Eiß beleget gewesen, im Jahr 1741. den 8ten October. 8) Die Fortsetzung hievon in demselben Jahr den 4. November. 9) Der wegen Erscheinung eines strahlenden Cometsterns sonderbahre März dieses 1742. Jahres; im Jahr 1742. den 7ten April. 10) Fortsetzung hievon; den 14. April. 11) Fortsetzung; den 5. May. 12) Fortsetzung; den 12ten May. 13) Beschluß von der Sichtbarkeit des Cometen bis zum 10. April dieses 1742. Jahres; den 19. May desselben Jahres. 14) Beschreibung des bisher unbekannten Meteori, welches als ein feuriger Schwibbogen über den ganzen Litthauschen Horizont

rizont von Osten bis Westen den 19ten Abends Martii faſt zwey Stunden lang viele tauſend Augen mit Erſtaunen angeſchauet. Worauf auch ein Nordlicht von der ſtärkſten Art erfolget und die ganze Nacht gewähret; im Jahr 1743. den 20. April. 15) Bergen op Zoom nebſt den Feſtungswerken, angrenzenden Gegenden und alten Belagerungen; im Jahr 1748. den 20. Julii. 16) Fortſetzung hievon; in demſelben Jahr den 3ten Auguſt. 17) Beſchluß hievon; den 10. Auguſt. Endlich nachdem er in einer ſeiner letzten Schrift der gelehrten Welt viele neue Seltenheiten, und insbeſondere ein großes Wunder der Natur, nehmlich 3. verſchiedene Beutelchen mit drey darinn wohl verwahrten Kleinodien, welche er an dem Leibe eines ihm wohlbekannten Mannes wahrgenommen (wovon die bey dieſer Gelegenheit von einem luſtigen Kopf verfertigte und in dem Preußiſchen Todestempel S. 339. 342. imgleichen 65. 66. angeführte Inſcription mit mehrerem nachgeleſen werden kann.) bekannt gemacht, überhaupt aber bey der gedachten Schule ſein Amt gegen 20 Jahr mit allem Fleiß und Treue verwaltet hatte, ſo ſtarb er daſelbſten im Jahr 1748. den 26. October.

uu) George Heinrich Raſt, war im Jahr 1695. den 7. Auguſt zu Königsberg in Preußen gebohren. Er hatte zum Vater den auf

der

der Königsbergschen Universität berühmten Doctorem und Professorem Medicinæ primarium, George Rast und zur Mutter Annam Catharinam, eine Tochter des vorhin belobten Doctoris und Professoris Matheseos, George Wosegin. Er legte anfänglich den Grund seiner Studien in der altstädtischen Schule, und nachdem er einige Jahre darinnen verbracht, zog er mit einem rühmlichen Zeugniß des damahligen Rectoris, M. Michael Hoynovius versehen, unter dem akademischen Rectorat seines Vaters im Jahr 1710. den 24. Januarii auf diese Universität. Hierauf trieb er bey dem vorhin belobten Prof. Bläsing fünf Jahre nach einander die Mathematik vorzüglich, und disputirte unter seinem Vorsitz im Jahr 1716. den 12. Junii de linea meridiana, und bald darauf den 18. Junii unter dem Präsidio des oben rühmlich gedachten Herrn Doctor Langhansen de paralaxi. Nach diesen zurückgelegten Bemühungen gieng er im Jahr 1716. den 25. Julii auf Reisen, und besahe in Deutschland, Holland, England und Frankreich, Frankfurt an der Oder, Berlin, Wittenberg, Halle, Erfurt, Jena, Weymar, Leipzig, Nürnberg, Altdorf, Basel, Strasburg, Paris, Oxfurt, London, Leyden und andere mehrere Städte, machte sich auch auf diesen Reisen mit den dasigen grössten Mathematikern, als zu Paris mit Carl Reyneau und Johann de l'Isle l'Isle, zu London mit Edmund Halley und Johann Theophilus Desaguliers, zu Basel mit Johann und Daniel Bernoulli, und zu Halle mit Christian Baron von Wolff vornehmlich bekannt. Als er auf der Rückreise nach seinem Vaterlande begriffen war, und damahlen ausser vielen deutschen Gelehrten auch den berühmten Gaupium zu Lindau hatte kennen lernen, (warum er eine Reise von 70 Meilen unternehmen müssen) so hielte er sich eine Weile zu Leipzig auf, und schrieb von da an seinen ehemahligen Lehrer, den vorhin angeführten Prof. Bläsing im Jahr 1717. VIII. Id. Febr. eine Dissertationem epistolicam de infinitis sectionibus conicis methodo nova geometrice delineandis ad virum clariss. Dav. Blæsingium in Acad. Reg. Math. Prof. Ord. &c. Von Leipzig wandte er sich hierauf nach Halle, und nahm daselbsten im Jahr 1718. den 1. October den Gradum eines Magistri Philosophiæ an. Als er nach Königsberg gekommen, hielte er pro Receptione in Facultatem philosophicam im Jahr 1719. IX. Cal. Februarii eine Disputation: Explicatio Leibnitziana mutationis Barometri in tempestatibus pluviis contra dubitationes Joh. Theoph. Desagulieri V. C. adserta, welche sowohl in den Selectis hist. & lit. Reg. B. II. S. 393. ꝛc. als auch in den Leipziger Gelehrten Zeitungen von 1727. S. 854. angeführt

geführt zu finden ist. Und da er bald darnach im Jahr 1719. den 24. Nov. Profeſſ. Mathef. Extraord. auf der hiesigen Universität, und in demselben Jahr den 29. Nov. Mitglied der Berlinischen Akademie der Wissenschaften wurde, so gab er pro Loco in gedachtem Jahr 1720. den 25. Jan. eine mathematische Disputation: specimen methodi ad summas serierum analytice demonstratum, und bald hernach in demselben Jahr eine Schrifft unter dem Titel: Occultatio pallilicii a Luna e specula Regia Berolinensi Astronomica observata, heraus, welche gleichfals in den obigen Schriften recensiret zu lesen ist. Endlich, nachdem er einige Jahre verschiedene mathematische Vorlesungen gehalten, und hiedurch bey der studirenden Jugend auf der Akademie einen beträchtlichen Nutzen gestiftet hatte, starb er allhier in seinem besten Alter im Jahr 1726. den 29. Jun. an einem langen angehaltenen hectischen Fieber zu großem Leidwesen seiner Zuhörer und Freunde.

vv) **Christian Friedrich Ammon** war zu Königsberg in Preußen im Jahr 1696. den 10. März gebohren. Er studirte anfänglich auf der hiesigen Universität und hörete hauptsächlich bey dem Profeſſ. Bläsing und Hrn. D. Langhansen die Mathematick, und bey dem Profeſſ. Oelmann die Philosophie; wie er denn auch unter des leztern Vorsitz im Monath

nach März des Jahres 1713. ein Specimen seiner Geschicklichkeit: Dissertatio philosophica demonstrans, philosophiam sororio vinculo cum reliquis facultatibus connexam, iisque apprime utilem esse, non autem illis, ut vulgo, sed perperam dicitur, servire, und unter dem Präsidio des damaligen Professoris der Logik und Metaphysik, M. Joh. Jacob Rhode, im Jahr 1720. den 18. April eine philosophische Dispute, de præcipuis Logicæ ac Metaphysicæ vulgaris nævis, als Respondens öffentlich ablegete. Bald hernach gieng er in die Fremde, machte sich mit verschiedenen auf den deutschen Universitäten befindlichen berühmten Gelehrten bekannt, und nahm im Jahr 1720. den 22. Junii zu Jena in dem Decanat des damaligen Professoris der Mathematik, M. Joh. Bernh. Wiedeburg, den Gradum eines Magistri Philosophiä an. Als er nach seinem Vaterlande zurück kam, ließ er sich in die hiesige philosophische Facultät von dem damaligen Decano und ordentlichen P. der orientalischen Sprachen, D. Joh. Bernhard Hahn, im Jahr 1721. den 7. Junii recipiren, disputirte hierauf pro Receptione in demselben Jahr den 24. Sept. de duobus theorematibus philosophicis una cum corollariis, und las hernach den hiesigen Studirenden mit einem ansehnlichen Beyfall, viele Jahre nach einander die mathematische und philosophische Wissenschaften

schaften vor, ja, schrieb auch zum Besten derselben ausser seiner Philosophie, welche er im Jahr 1737. unter dem Titel: Lineæ primæ eruditionis humanæ in usum Auditorii privati ductæ a M. Christ. Frid. Ammon, herausgab, die Mathematik im Jahr 1736. unter dem Titel: Lineæ primæ matheseos in usum Auditorii privati ductæ a M. Chr. Fr. Ammon, und im Jahr 1740. den 20. Aug. in dem Königsbergschen Intelligenzwerk eine Abhandlung unter dem Titel: Wie die Freyheit zu philosophiren, Ordnung und Unordnung in den Wissenschaften zuwege bringen können. Endlich starb er als ein ruhmwürdiger Magister legens im Jahr 1742. den 1. Decemb. an einem Stickfluß unvermuthet.

ww) Conrad Gottlieb Marquardt war zu Dolstat in Preußen im Jahr 1694. den 20. Octob. gebohren. Sein Vater, Christoph Albr. Marquard, der zuerst am besagten Ort und darnach zu Mülhausen Pfarrer war, behielte ihn anfänglich zu Hause, und ließ ihn ausser der Auferziehung, die er ihm selbsten und seine Mutter Maria, eine gebohrne Ritterin gaben, viele Jahre nach einander durch den damaligen Studiosum Theologiä und nachmaligen Cantorem bey der Stadt-Schule zu Zinten, Friedr. Wilhelm Sartorium in den nöthigen Schulwissenschaften unterrichten. Als er mit der Zeit
diesel-

dieselben absolviret, und durch die gedachte geschickte Führung zu den höhern Studien sich vorbereitet hatte, zog er von Hause auf die Königsbergische Universität, und ließ sich im Jahr 1711. den 23. Sept. von dem Tribunals- und Criminal-Rath, wie auch Doct. und Prof. prim. Jur. und damaligen Rect. Magnif. Theodoro Pauli, in die akademische Matrikel einschreiben: Nach dieser Veränderung fing er an, den hiesigen öffentlichen Vorlesungen fleißig beyzuwohnen, und hörete dahero mit der grösten Betreibsamkeit bey dem Prof. Bläsing die Mathematik, bey dem D. Heinr. von Sanden die Physik, bey dem Prof. Strimesius die Oratorie, bey denen Doctoribus Walter und Hahn die griechische und orientalische Sprachen, und bey den ehrwürdigen Männern, D. Bernhard von Sanden, und D. Michael Schreiber, ingleichen bey dem annoch lebenden grossen und ruhmwürdigen Oberhofprediger, Kirchen- und Consistorialrath, wie auch D. und Prof. prim. Hrn. Joh. Jac. Quandt, die theologische Wissenschaften. Da er die Gelegenheit nahm, bey so vielen und so berühmten Männern ihre Hörsäle zu besuchen, konnte es mit der Zeit nicht anders geschehen, als daß er aus denselben einen ansehnlichen Nutzen schöpfte, und solchergestalt eine ausnehmende Geschicklichkeit, sowohl in der Theologie, als auch in den schönen Wissenschaften sich verschaffte.

L

schaffte. Er legte dahero zum Zeugniß seines wohlangelegten Fleißes 4. Disputationes mit einem allgemeinen Beyfall ab, nemlich: 1) unter dem Vorsitz des gemeldeten D. Schreibers, theses historico-theologicas, im Jahr 1714. den 26. April. 2) Unter dem Vorsitz des angeführten D. Walters, eine Disputation, de ingressu sacerdotis summi solenni expiationis die in sanctum sanctorum, im Jahr 1715. den 21. May. 3) Unter dem Vorsitz des gemeldeten D. Hahn, decadem observationum philologicarum e litteratura orientali depromptarum, in demselben Jahr den 3. Octob. und 4) unter dem Vorsitz des vorhin belobten D. Quandt, selectiores ex universa theologia circa imaginem Dei controversias, im Jahr 1718. den 10. Sept. Nachdem er auf der hiesigen Akademie seine ersten Jahre so wohl genutzet, und auch von auswärtigen Gelehrten einige seltene Früchte ihrer Gelehrsamkeit einzusammlen, sich vorgesetzet hatte, verließ er Königsberg und reisete zuerst nach Halle. Hier unterließ er zwar nicht die gelehrten Vorlesungen des D. Lange, Frank, Michaelis, und anderer beliebten Theologen mit Nutzen zu besuchen; allein, da er zu dieser Zeit weit heftigere Triebe zur ferneren Cultur der Mathematik, und Philosophie, als Theologie, in sich empfand, so ergab er sich gänzlich jenen Wissenschaften, und trieb dieselben unter der

Anfüh-

Anführung des unsterblich berühmten Herrn Baron von Wolff, mit einem unnachahmlichen Fleiß, und ausserordentlichen Stätigkeit. Als er mit der Zeit bey sich befand, daß er durch die Vorlesungen dieses Weltberühmten Gelehrten einen erhabenen Zusatz zu seiner mathematischen und philosophischen Gelehrsamkeit sich erworben hatte, gieng er von Halle weg, und zog nach Jena. Kaum hatte er sich auf dieser Universität umgesehen, und die Bekanntschaft einiger dasigen großen Gelehrten überkommen, so nahm er daselbsten im Jahr 1720. den 30. December den Gradum eines Magistri Philosophiä würdig an. Nach Erhaltung dieser ersten akademischen Ehrenstelle, verweilete er sich aber nicht lange auf dieser Akademie; er reisete vielmehr in Deutschland weiter hinein, und besahe im Jahr 1721. Leipzig, Wittenberg, Dresden, Rostock, Hamburg, Lübeck, und andere merkwürdige Plätze, woselbst er überall eine Zeitlang verblieb, und vornemlich die an diesen Orten sich aufhaltende Gelehrte kennen zu lernen, sich befleißigte. Da er auf solche Weise auch Deutschland hinlänglich durchgereiset hatte, gieng er in dem angeführten Jahr nach seinem Vaterland zurück, mit dem ruhmwürdigen Vorsatz, seinen Landesleuten und Fremden, auf der Königsbergischen Universität, durch Lesen und Schreiben ersprießliche Dienste zu leisten. Er gab daher bald nach seiner Ankunft, nicht allein pro receptione in Facult. Philosoph. im Jahr 1722. den 22. April eine philosophische Disputation, de harmonia præstabilita inter animam & corpus, heraus, sondern er machte auch den Anfang, viele nutzbare mathematische und philosophische Collegia der hiesigen studierenden Jugend gründlich vorzulesen. Doch, kaum hatte er diese akademische Bemühungen einige Zeit lang getrieben, so muste er dieselbe wiederum schleunig unterbrechen, weil er im Jahr 1724. eine Reise nach Lüneburg vornahm, um, wie ihm Hoffnung gegeben war, bey dem dasigen ansehnlichen Gymnasio als ordentlicher Professor anzukommen. Indessen, da Gott ein anderes beschlossen, und ihn zu einem Werkzeug seiner Gnade nicht vor die Fremde, sondern vor sein Vaterland bestimmt hatte, so erfolgte die vermeynte Beförderung in Lüneburg nicht; er kam vielmehr nach Preussen zurück, und er hob aufs neue seine hiesige akademische Arbeiten, da wo er sie gelassen, wieder vorzunehmen, legte auch im Jahr 1726. den 9. October eine mathematische Disputation: Specimen algebraicum loca geometrica solida methodo facillima evolvens ab. Dieser Eifer vor das Beste der hiesigen Studierenden erregete in diesen jungen Seelen viele Liebe, Achtung und Beyfall. Und dieser Ruhm, den er sich hiedurch zuzog, erweiterte sich auch bis an den Berlinischen

nischen Hof, so daß er diesentwegen im Jahr 1730. den 5. October von dem gottseeligen Könige von Preußen, Friedrich Wilhelm bey der Königsbergischen Universität das Amt eines Professoris Matheseos Extraordinarii erhielte; welches er auch den 7ten December desselben Jahres mit einer astronomischen Disputation: Dissertatio inauguralis astronomica de systemate mundi vero, nunquam determinando, Copernico, & Seb. Clerico opposita, antrat, und selbiges bis an sein Ende 19 Jahre hindurch mit allem Fleiß und Beyfall rühmlich verwaltete. In dieser geraumen Zeit giengen seine Bemühungen nicht allein dahin, die mathematische und philosophische Wissenschaften mit aller Deutlichkeit und Gründlichkeit zu erklären, sondern auch dieselbe durch verschiedene gelehrte Schriften mehr und mehr heller zu machen. Außer seinen Vorlesungen, welche er allemahl vor einer ungewöhnlich zahlreichen Versammlung lehrbegieriger Zuhörer täglich hielte, schrieb er noch zum Besten derselben 1) eine mathematische Disputation: Altimetria erroris expers, im Jahr 1732. den 8ten May. 2) einen philosophischen Tractat unter dem Titul: Conr. Theoph. Marquardt A. M. & Math. Prof. P. E. Philosophia rationalis methodo naturali digesta in usus academicos, im Jahr 1733. 3) eine mathematische Disputation de Algebræ in Physica utilitate, in demselben Jahr den 14. Julii. 4) einen mathematischen Tractat unter dem Titul: Conr. Theoph. Marquardt Elementa Astrognosiæ methodo nova eaque scientifica ac naturali conscripta in usus academicos cum figuris necessariis, im Jahr 1734. 5) eine physisch-mathematische Dissertation de iride, data occasione, ubi hyeme apparuit, considerata, im Jahr 1735. VII. Id. Jun. 6) einen kurzen Entwurf einer herauszugebenden Historie der Preußischen Mathematick in dem hiesigen Intelligenz-Werk im Jahr 1737. den 30. Martii. 7) eine historisch-mathematische Abhandlung von den nach Lapland geschickten französischen Gelehrten, die die Figur der Erden bestimmen sollen, ihren vorgehabten Untersuchungen und dem darüber in der Mathematick entstandenen ungewöhnlichen Streit, in dem hiesigen Intelligenz-Werk im Monath May des Jahres 1738. 8) eine historisch-mathematische Betrachtung unter dem Titul: Schiffe so längst versenkt, durch die Kunst aufzusuchen, und wieder hervorzubringen, in den gedachten Intelligenz-Blättern den 7ten Martii des Jahres 1739. 9) eine philosophisch-mathematische Disputation de methodo mathematica ab abusu vindicata im Jahr 1741. den 14. Julii. 10) Von feurigen Kugeln, Feuer Säulen und Neben-Sonnen in dem

dem hiesigen Intelligenz-Werk im Jahr 1742. den 25. August. 11) Von dem letzt erschienenen Nordlicht, in dem hiesigen Intelligenz-Werk, im Jahr 1743. den 30. Martii; zu geschweigen, der gelehrten Anmerkungen über die öffentliche Zeitungen von 1730-1736, welche er in drey besondern Bänden ediret, und derer zehn moralischen Disputen, welche er unter dem Titul: Theologia moralis Philosophica seu Theologia naturalis ad officia & virtutes hominis adplicata allhier im Jahr 1747. zusammengedruckt herausgegeben. Endlich nachdem er bey dieser neunzehnjährigen akademischen Arbeit seine beste Kräfte verzehret, und hievor keine Besoldung, oder öffentliche Belohnung bekommen hatte, so starb er an einem hitzigen Brust-Fieber im Jahr 1749. den 17. Februarii, und wurde den 28. darauf in der Löbenichtischen Kirche begraben. Auf seinen Tod entwarf der damahlige unvergleichliche Professor Ordinarius der Dichtkunst, Herr Johann George Bock, folgende kurze und bedenkliche Zeilen:

Wer kluge Männer schätzt, der hat auch dich geehrt,
Du hast die Sternkunst hier mit grössten Ruhm
 gelehrt
Dies war dein ganzer Lohn; dort in den Zions-
 Grenzen
wirst du als wie ein Stern der ersten Grösse
 glänzen.

Und sein Freund, der damahlige gelehrte Professor der griechischen Sprache, Herr Christian Gütther setzte ihm in einer Standrede folgende Grabschrift:

Hier
ruhet ein würdiger Lehrer
der würdigsten Albertine
der
in seinem neunzehnjährigen Lehr-Amte
durch Beweisung
des redlichsten Fleißes
und
der fleißigsten Redlichkeit
mit allem Recht
eine würdige Belohnung seiner treuen Arbeit
gesuchet,
im Tode aber
erst gefunden hat.

*) Johann Gottfried Arnoldt, war zu Königsberg in Preussen im Jahr 1703. den 30. April gebohren. Er studierete zu Anfang auf dieser Universität fleißig, und applicirte sich ausser der Medicin, welches sein Hauptstudium war, vorzüglich auf die Mathematik und Philosophie. Als er hierauf diese Wissenschaften mit gutem Nutzen absolviret hatte, hielte er den 3. September des Jahres 1721. unter dem Präsidio des geschickten M. Christoph Friedrich Baumgarten, eine philosophische Dissertation de miraculis, und

und im Monath May des Jahres 1724. unter dem Vorsitz des damahligen Doctoris und Prof. Medicinä Ordinarii, Matthias Ernest Boretius eine medicinische Inaugural-Disputation de epilepsia ex depresso cranio, bey welcher letzten er einige aus der Philosophie und Mathematik genommene neue Säze hatte beydrucken lassen, welche von den Theologen und Philosophen zur Zeit, da die bekannten Controversien zwischen Wolffen und Langen geführet wurden, mit einer besondern Achtung und Wahrheits-Liebe erörtert, und mit einem guten Beyfall aufgenommen wurden; wie hievon mit mehrerem Ludovici Historie der Wolff. Philosoph Th. II. §. 517. nachgelesen werden kann. Nachdem er auf diese Weise einige Zeiten seine Studia fortgesetzet, und sich in den angeführten Wissenschaften völlig gegründet hatte, legte er hieselbsten im Jahr 1726. den 30. Julii eine medicinische Inaugural-Disputation de vi viscerum in fluida ab, und doctorirte den Tag darauf bey der hiesigen medicinischen Facultät. Durch diese gelehrte Schrift, welche auch hernach der bekannte große Herr von Haller in seiner Sammlung anatomischer Disputen B. II. N. 26. eingerücket hat, wurde er nicht allein in den hiesigen Gegenden, sondern auch besonders in dem benachbahrten Pohlen bekannt, dergestalt, daß er in diesem Reiche, wohin er bald nach seiner

Promotion sich begab, sein verdientes Glück machete, und daselbsten zuletzt als Königlicher Pohlnischer Leib- und Hof-Medicus, wie auch Bergrath im Jahr 1747. den 11. Dec. verstarb. Ob er nun gleich weder in Preussen noch in Pohlen die mathematische Wissenschaften öffentlich gelesen haben mag, so hat er doch in seiner gedachten Inaugural-Disputation zureichend bewiesen, daß er nicht allein die Mathematik gründlich verstanden, sondern dieselbe auch auf die Medicin vortheilhaft anzuwenden, die Geschicklichkeit besessen. Siehe unsers gelehrten Hrn. Doctor Arnoldt Zusätze zur Hist. der Königsberg. Univ. S. 114.

yy) *Johann Christoph Herrmann*, war von Königsberg gebürtig. Nachdem er im Jahr 1713. den 22. April von dem damahligen Rectore Magnifico, Doctore und Professore Theologiä Ordinario Secundario M. *Christian Walther* in die hiesige akademische Matrikul eingeschrieben war, trieb er hieselbsten unter der Anführung des Herrn D. *Langhansen* und Prof. *Rasten* fast einzig und allein die Mathematik; wie er denn auch im Jahr 1720. den 25. Januar unter dem Präsidio des letzteren die oben gemeldete Disputation: specimen methodi ad summas serierum analytice demonstratum mit allem Ruhme defendirete. Als er hierauf magistriret hatte, wurde er zwar im Jahr 1727.

vom

vom gottseeligen Könige von Preussen, Friederich Wilhelm, zum hiesigen Professore Matheseos Extraordinario designiret, allein ehe er noch diese Stelle angetreten hatte, erhielte er von demselben Monarchen im Jahr 1730. die Professionem Matheseos und Physices Ordinariam zu Franckfurt an der Oder, welche er auch mit Danck annahm, und dieselbe im Jahr 1730. den 22. August mit folgendem Programmate: Partem methodi priorem æquationes analyticas altiorum graduum resolvendi designat, & ad audiendam orationem sollemnem, qua Professiones Mathematum & Physices ordinarias, a Sacra Regia Majestate clementissime sibi in alma Viadrina demandatas die XXIII. Augusti MDCCXXXI. in auditorio majori auspicabitur, Academiæ Rectorem Magnificum, Illustrissimum Comitem, Perillustres ac Generosissimos Barones, Proceres Academiæ omnium ordinum Excellentissimos, ejusdemque Generosos, & Nobilissimos cives, nec non reliquos litterarum artiumque mathematicarum ac physicarum Fautores ea, qua par est, observantia, invitat Joh. Christoph. Hermann, Math. & Phil. Natur. Prof. Publ. Ord. Reg. Soc. Scient. Berolin. Sodal. und einer den Tag darauf gehaltenen gelehrten Rede, darinnen er die caussas, quæ animum generosum ad Mathemata discenda incitare solent, gründlich anzuzeigen sich bemü-

beschlüßete, würdig antratt. Ob er nun gleich der dasigen studierenden Jugend durch interessante Vorlesungen, und der gelehrten Welt durch nutzbahre Schriften viele Jahre manche Vortheile hätte verschaffen können; da er nicht sowohl zum Nachsagen bekannter Sachen als vielmehr zum Erfinden neuer mathematischer und physischer Wahrheiten gebohren war, so raubete ihn der Todt im Jahr 1733. den 28. Mart. durch einen Schlag unvermuthet, und benahm diesem verehrungswürdigen Mann die fernere Gelegenheit, in der gelehrten Welt groß und berühmt zu werden.

22) Johann Friederich Schreiber, ein Sohn des ehemahligen hiesigen berühmten Doctoris und Profeßoris Theologici Ordinarii, wie auch Consistorial-Rath und Kneiphöfischen Pfarrers, Herrn Michael Schreiber, war zu Königsberg in Preußen im Jahr 1705. den 26. May gebohren. Er kam im Jahr 1721. auf die hiesige Universität, und legte sich anfänglich auf die Mathematik, Philosophie, griechische Sprache und zuletzt auf die Medicin. Als er hieselbsten den Grund zu seinen Studien geleget hatte, that er im Jahr 1726. eine Reise nach Frankfurt an der Oder, von da nach Leipzig, und darauf nach Leyden. Hieselbsten setzte er sich nicht allein in allen Theilen der Medicin unter Anführung des großen Boerhave und Ruysch

fester,

fester, sondern er promovirte auch daselbsten im Jahr 1728. im Monath Junio in Doctorem Medicinâ, nachdem er zu Amsterdam im Jahr 1727. ein lateinisches Schreiben an den berühmten Hn. Professor Holmann zur Vertheidigung der harmoniæ præstabilitæ herausgegeben hatte. Als er eine Weile Praxin Medicam in Holland getrieben hatte, begab er sich zu dem Herrn Baron von Wolff nach Marpurg, und richtete mit demselben eine vertraute Freundschaft auf, welche er hernach durch einen beständigen Briefwechsel fort setzte, gab auch daselbsten im Jahr 1730. eine Schrift unter dem Titul: Elementis Medicinæ Physico-Mathematicæ præmittenda, Liber unus Autore Joh. Frid. Schreiber, heraus. Von Marpurg verfügte er sich nach Leipzig, allwo er die Erlaubniß erhielte, die Mathematik und Philosophie zu lesen; welches er eine Zeitlang verrichtete, und hiebey vielen Zulauf von Studenten erhielte. Er ließ auch hieselbsten unter diesen akademischen Arbeiten im Jahr 1731. ein schönes Werk unter dem Titul: Elementorum Medicinæ physico-mathematicorum Tomus I. Auctore Johanne Friderico Schreiber Regiomontano, mit der Vorrede des Herrn Baron von Wolff drucken; wie er denn auch hernach, da er durch dieses Werk in der gelehrten Welt sich einen guten Ruf erworben hatte, überdem zu Amsterdam im Jahr 1732. eine lateiniteinische Lebensbeschreibung des großen Anatomici, Friederich Ruysch, und zu Breslau im Jahr 1735. eine andere Schrift unter dem Titul: Argumentum hypotheſi Influxus Phyſici recens oppoſitum, nunc data occaſione evolutum, wider den seeligen Prof. Knutzen, durch den Druck bekannt machete. Als er kaum die Ausgabe seiner gedachten Medicin zu Leipzig besorget hatte, erhielte er im Jahr 1731. einen Ruf als Staabs-Medicus, bey der Rußisch-Käyserlichen Armee, den er willig annahm, und dahero sich zuerst nach Moscau, und hierauf nach Petersburg begab, woselbst er auch im gedachten Jahr 1731. den 5. Octob. in die Rußisch Käyserl. Akademie der Wissenschaften als Prof. Honorarius aufgenommen wurde. Bey dieser Receptur las er eine gelehrte Schrifft, von dem Cörper und der Bewegung derselben, dieserwegen vor, die er auch bald darauf zu St. Petersburg unter folgendem Titel: Johannis Friederici Schreiber, Regiomontani, corporis ac motus conſideratio. Inſtituta coram Academia Scientiarum Petropolitana cum III. Nonarum Octobris MDCCXXXI. in eandem reciperetur, drucken ließ. Als er hierauf im Jahr 1734. mit den Rußischen Auxiliar-Truppen dem Feld-Zuge am Rhein als Ober-Feld-Medicus beywohnete, wurde ihm zwar eine Profeßio Medicina auf der neuen Univerſität zu Göttingen aufge-

aufgetragen; allein, er verbath dieselbe, da
ihm Rang und Gehalt bey der Rußischen Armee erhöhet wurde, mit welcher er auch nachmals in den Türken-Krieg gieng. Nach Endigung desselben wurde er Stadt-Physicus
zu Moscau, hierauf im Jahr 1742 mit einer ansehnlichen Pension Profeſſ. Anatomiä
und Chirurgiä zu Petersburg, bald darauf
Mitglied der Römisch-Käyserl. Akademie der
Naturforscher, und zuletzt im Jahr 1757.
den 25. May würklicher Rußisch-Käyserl.
Hofrath. Endlich, nachdem er diese Aemter
viele Jahre mit aller Treue und Geschicklichkeit verwaltet, und auſſer den obigen Schriften, manche in den Commentariis der Petersburgischen Akademie der Wissenschaften
befindliche gelehrte Abhandlungen eingerücket
hatte, starb er zu St. Petersburg in der Cur
der Aerzte, im Jahr 1760. den 28. Januarii.
Nicht allein diese gesamte Schrifften, sondern
auch hauptsächlich das Urtheil, welches der
große Hr. Baron von Wolff in der gedachten Vorrede zu seinen Elementis medicinæ physico-mathematicis, in folgenden
Worten von ihm fället; nemo igitur bonus,
sagt er, reprehendere poteſt inſtitutum viri
inſignis, Johannis Friederici Schreiberi, qui
univerſam medicinam in formam demonſtrativam felici admodum ſucceſſu redigere
cœpit: quin potius maximæ ei debentur
gratiæ, quod tanto oneri humeros ſuos ſub-

mittere

mittere velit. Neque enim folum in arte falutari, quam profitetur, excellit; verum etiam in Mathefi ac Philofophia noſtra verſatiſſimus eſt, ita ut ipſo duce uſi brevi admodum temporis ſpatio eximios in eadem fecerint progreſſus &c. ſetzen auſſer allen Zweifel, daß er ſo, wie in der Medicin, alſo auch in der Mathematik und Philoſophie, eine anſehnliche und nachahmungswürdige Stärke gehabt.

aaa) Martin Knutzen, (mein geweſener akademiſcher Lehrer, dem ich vor den, von ihm genoſſenen treuen und gründlichen Unterricht ein erhabeneres, und dauerhafteres Denkmal der Dankbarkeit, als das gegenwärtige iſt, unter dieſen Preußiſchen Gelehrten aufzurichten, heilig verpflichtet bin) war zu Königsberg in Preußen im Jahr 1713. den 14ten December gebohren. Er hatte zum Vater, Hagen Knutzen, einen Kauffmann, der aus Dännemark gebürtig war, und zur Mutter, Conſtantinam Rumpin, eine fromme und wohlgeſittete Matrone, die zu Königsberg gebohren war; beydes Eltern, die nicht allein in ſehr armſeligen Umſtänden ſich befanden, ſondern noch dazu keine Auferziehung ihm zuwenden konnten, da dieſe im zweyten Monath, und jener im ſechsten Jahr ſeines Alters, durch den Todt von ihm getrennet wurden. Als er ſolchergeſtalt des Beyſtandes ſeiner Eltern beraubet war, ſorgete vor ſeine Auferziehung

erziehung eine alte Wittwe, welche seiner Großmutter leibliche Schwester war. Dieselbe schickte ihn frühzeitig in die Altenstädtische Schule, und übergab ihn dem Unterricht derjenigen Lehrer, die damalen derselben mit aller Geschicklichkeit vorstunden. In diesen Verfassungen blieb er verschiedene Jahre hindurch, und nahm in denen nöthigen Schulwissenschaften dergestalt zu, daß er mit einem rühmlichen Zeugniß versehen, im Jahr 1728. da er ins funfzehende Jahr seines Alters gieng, mit Ruhm auf die Akademie ziehen, und zur besagten Zeit, von dem damaligen Rectore Magnifico, dem jetztlebenden berühmten D. und Prof. Med. Ordin. Hrn. Melchior Philipp Hartmann, in die akademische Matricul eingeschrieben werden konnte. Kaum hatte er dieses akademische Bürgerrecht gewonnen, so empfand er gleich einen merklichen Trieb, zuförderst sich mit den schönen Wissenschaften aufs genaueste bekannt zu machen. Ob nun gleich damals verschiedene geschickte Lehrer in öffentlichen und besonderen Stunden die Aristotelische Philosophie vorzulesen sich bearbeiteten, wählte er doch nicht dieselbe, sondern besuchte vielmehr die Vorlesungen solcher Männer, welche ihm in der neuern Philosophie und Mathematik einen Unterricht zu geben, genug Stärke besassen. Er hörete nemlich diese beyde Wissenschaften bey dem vorhin angeführten Hrn.

M Mag.

Mag. Ammon, und die Eperimentalphysik bey dem jetztlebenden berühmten und liebenswürdigen Naturkündiger, dem Hn. Consistorialrath und Prof. Phys. Ordin. Joh. Gottfried Teske. Da er mit Erlernung dieser weitläuftigen Lehre beschäftiget war, unterließ er nicht, sich auch in den übrigen einem Theologen nicht undienlichen Wissenschaften festzusetzen. Er legte sich auf die französische und englische, auf die hebräische und griechische Sprachen, und auf die alte und neue Historie, bey solchen Männern, die hierinnen geschickt waren, und darüber hinlängliche Vorlesungen hielten. Als er in allen diesen Wissenschaften einen Grund geleget hatte, so wandte er sich zur Theologie, und trieb dieselbe mit der größten Application, unter der Anführung des damals lebenden geschickten Gottesgelehrten, des Hn. D. und Prof. Theol. Ordin. Abraham Wolff, und des vor kurzer Zeit verstorbenen großen und stets verehrungswürdigen Theologen, des Hrn. D. und Prof. Theol. Ordin. Franz Albert Schulz. Ob er nun gleich nach wenigen zurückgelegten Jahren deutlich bemerkete, daß er aus den Vorlesungen dieser berühmten Männer einen beträchtlichen Nutzen geschöpfet hatte, und dahero sich in dem Zustand befand, unter dem Vorsitz des letzt gedachten Hn. D. Schulz, seine Inaugural-Disputat. de concordia rationis cum fide, in locis, de justitia Dei, &

inde

inde profluente necessitate satisfactionis, im Jahr 1732. den 16. Sept. als Respondens zu vertheidigen, so ergab er sich dennoch diesem Studio nicht gänzlich, sondern bestrebte sich vielmehr, neben demselben die Mathematik und Philosophie mit zu cultiviren, und darinnen je länger je stärker zuzunehmen. Sein ausnehmender Fleiß, und seine ungemein große Naturgaben waren ihm in diesen Bemühungen besonders behülflich; dahero er in seinen letzten akademischen Jahren die Analysin infinitorum, ohne einige Anweisung, sich bekannt zu machen, und die ganze Algebram nach der lateinischen Ausgabe des Hn. Baron von Wolff, mit einem andern Studioso, mit dem er Freundschaft hielte, wieder beyzubringen im Stande war. Und der Gebrauch zweyer zahlreichen Privatbibliotheken, davon die eine seinem Oheim, dem sel. Hrn. Zeidler, Prediger auf dem Roßgarten, und die andere seinem Gönner, dem sel. Hrn M. Kreuschner, Prediger bey der Kneiphöffischen Kirche gehöreten, beförderten seine Bemühungen noch mehr; dahero er in kurzer Zeit zu einer nützlichen Kenntniß, sowohl theologischen, als auch neuer philosophischen und mathematischen Schriften zu gelangen, vermögend war. Nachdem er seine akademische Jahre so wohl angewandt hatte, und nunmehro mit seiner mühsam sich erworbenen ansehnlichen Gelehrsamkeit der studierenden Jugend zu dienen, den Anfang machen wollte, nahm er allhier aus den Händen des damaligen Brabevtä, des berühmten Hrn. Prof. Ordin. der Geschichte und Beredsamkeit, Joh. Samuel Strimesius, im Jahr 1733. den 4. Sept. die Magisterwürde an, ließ sich von dem damaligen Pro Decano, dem D. und Prof. Ordin. der orientalischen Sprachen, Joh. Bernh. Hahn, den 23ten Sept. desselben Jahrs in die hiesige philosophische Facultät aufnehmen, und disputirte deswegen den 11. Nov. pro receptione in Facult. philosophicam als Präses, de æternitate mundi impossibili. Durch diese gelehrte Streitschrift wurde er auf der hiesigen Universität nicht allein gleich bekannt, sondern er bekam auch in kurzer Zeit zu seinen mathematischen und philosophischen Vorlesungen einen mäßigen Zusammenfluß verschiedener Zuhörer. Der Ruf von diesem schleunigen, und zugleich ansehnlichen Beyfall, blieb indessen nicht lediglich innerhalb den Grenzen des Vaterlandes; er verbreitete sich bis an den Berlinischen Hof, und bewog den gottsel. König von Preußen, Friderich Wilhelm, so einnehmend, daß er ihn im Jahr 1734, da er eben in das ein und zwanzigste Jahr seines Alters gieng, zum ausserordentlichen Prof. der Logick und Metaphysik auf der hiesigen Universität zu bestellen, gnädigst geruhete. Sobald er zu dieser Profeßion gelanget

get war, arbeitete er gleich an eine gewöhnliche Inaugural-Disputation, mit welcher er aber, da er theils viele Stunden des Tages zum Lesen anwenden mußte, theils ein Werk der gelehrten Welt liefern wollte, welches viele Zeit erforderte, nicht sogleich fertig werden konnte, sondern vielmehr sich genöthiget sahe, dieselbe im folgenden Jahr 1735. den 22ten April unter dem Tittel: Commentatio philosophica de commercio mentis & corporis per influxum physicum explicando, öffentlich herauszugeben. Nicht allein die darinnen gebrauchte Anwendung der Wolffischen Philosophie, welche damals in den Preußischen Landen verbothen war, sondern auch die vorhergegangene Schwierigkeiten, welche ihm dieserwegen die hiesige philosophische Facultät zuwege brachte, macheten diese Schrift höchst betrachtungswürdig, und verschaffeten derselben ein solches Ansehen, daß auch sogar der König von Pohlen, Stanislaus, welcher sich damals zu Königsberg aufhielte, und welchem er sie in einer lateinischen Rede persönlich überreichte, diese Disputation gnädig aufzunehmen, und mit einem kurzen lateinischen Gegencompliment, davor Dank zu sagen, geruhete. Bey dem feyerlichen Actu selbsten, da er diese Streitschrift abdisputirte, bestritte er gleichfals seine Gegner mit einer solchen Bescheidenheit und Gelehrsamkeit, die ihm nicht anders als Ruhm und Liebe zuwege bringen

bringen konnte. Kurz, durch diese gelehrte Schrift erwarb er sich nicht allein im Vaterlande, sondern auch in auswärtigen Gegenden einen Ruf, der seinen Hörsaal mit einer zahlreichen Menge ansehnlicher Zuhörer erfüllete, und auch bis an sein Ende beständig erfüllet erhielte. Da er indessen die größte Zeit des Tages mit Unterrichtung einer zahlreichen und ansehnlichen akademischen Jugend sorgfältig verwandte, unterließ er dennoch nicht, durch lesenswürdige Schriften seinen verdienten Ruhm, und den wahren Nutzen seiner Zuhörer zu verbreiten. Also entwarf er 1) im Jahr 1737. theoremata nova de parabolis infinitis, eadem parametro, & circa eundem axin descriptis, welche in denen Leipziger Actis Eruditorum stehen, und im Monath October des besagten Jahres, den sechsten Artickel ausmachen. 2) Schrieb er bald hernach einen Brief an den berühmten Prof. Philos. zu Leipzig, Hn. Ludovici, von dem wahren Urheber des Calculi Binarii, welcher in dem philosophischen Büchersaal von dem Verfasser desselben eingerucket, zu lesen ist. 3) Im Jahr 1737. gab er in dem funfzehenden und sechszehenden Stück des gen über den 1736. vergeblich erwartehiesigen Intelligenz-Werkes: Anmerkunten Cometen, heraus, und sagte darinnen zum voraus, daß in den Jahren 1744. 1757. 1783. und 1790. verschiedene Cometen dieses

ſes Jahrhunderts erſcheinen werden. 4) Im Jahr 1738. D. V. Calend. Maji, lud er verſchiedene Zuhörer, zur Anhörung eines algebraiſchen Curſus, ein, und ſchrieb deswegen folgendes Programma: Insignem Algebræ in perficiendo intellectu uſum & præstantiam rationibus ac exemplis evincit, eandem ab obſcuritatis ac difficultatis vix ſuperandæ immerito opprobrio vindicat; ac ſtudioſam cultioris intellectus academicam juventutem ad prælectiones algebraicas privatas invitat Mart. Knutzen, &c. 5) In demſelben Jahr beym Anfange des Winterſemeſtris machete er ſeinen Entſchluß, die Gedächtnißwiſſenſchaft vorzuleſen, durch den Druck bekannt, und verleibete dahero denen hieſigen Intelligenzblättern ein Programma unter folgendem Titul ein: Martini Knutzen Nachricht von einer neuen nach philoſophiſcher Lehrart abgefaßten Gedächtnißkunſt, und einem darüber zu haltenden Collegio. 6) In denen Jahren 1739 und 1740. führte er in denſelben Wochenblättern nach und nach einen philoſophiſchen Beweis von der Wahrheit der chriſtlichen Religion, aus, welche er hernach zuſammendrucken ließ, und hiedurch die erſte Auflage dieſes Tractats zu Stande brachte. 7) Noch in demſelben Jahr 1740. erweiterte er dieſe Auflage, und gab hievon die zweyte verbeſſerte heraus, unter folgendem Titul: Phi-

Philosophischer Beweis von der Wahrheit der christlichen Religion, darinnen die Nothwendigkeit einer geoffenbahrten Religion insgemein, und die Wahrheit oder Gewißheit der christlichen insbesondere aus ungezweifelten Gründen der Vernunft nach mathematischer Lehrart dargethan, und behauptet wird, entworfen von Martin Knutzen ꝛc. (Diese zwepte Auflage wurde besonders in Dännemark wohl aufgenommen, und im Jahr 1742. zu Kopenhagen in Dänischer Sprache unter folgendem Titul ausgefertiget: Philosophisk Bewiis, pan den Christelige Religion Sandhed, verfattet af Martin Knutzen.) 8). In demselben Jahr gab er einige Verbesserungen bey den ersten Preußischen Himmels- und Erd-Kugeln, welche zu Elbing der geschickte, und erfahrne Königl. Pohlnische und Churfürstl. Sächsische Hofmechanicus, Herr Johann Friederich Endersch verfertigte, an, und beschrieb die Anwendung, oder den nutzbahren Gebrauch derselben in einer besonderen Vorrede, welche dem Tractat des gelehrten Elbingischen Professoris Matheseos, Herrn M. Jacob Woyt: Kurzer Unterricht zum nützlichen Gebrauch aller Himmels- und Erd-Kugeln, besonders derer, so Anno 1740. in Elbing von Herrn Johann Friederich Endersch verfertiget und heraus-

herausgegeben worden, auf Verlangen einiger Liebhaber entworfen von M. Jacob Woyt ꝛc. nebst einer Vorrede Herrn Martini Knutzen ꝛc. von dem Ursprung der Globorum überhaupt, wie auch von den merkwürdigen Verbesserungen, so an die ersten Preußischen Globos angebracht worden, vorgesetzet ist. 9) In dem folgenden Jahr 1741. arbeitete er die Lehre von der Immaterialität der menschlichen Seele aus, und hielte hievon den 7. November eine gelehrte Disputation: Commentatio philosophica de humanæ mentis individua natura, sive immaterialitate. 10) In dem folgenden Jahr 1742. den 25. May machete er durch den Druck eine bey dem Ableben eines seiner Schüler, Gerhard Christoph Hartmanns, aus Curland gebürtig, verfertigte Standrede, darinnen er den Zuruf der göttlichen Vorhersehung an die Lebenden bey unvermutheten, und frühzeitigen Todesfällen vorstellete und zugleich den Nutzen der Weltweisheit und derselben Handleitung zu einem besseren Verstande der redenden Vorsehung Gottes in einem Beyspiel erwies. 11) In dem folgenden Jahr 1742. gab er die dritte verbesserte Auflage seines Tractats von der Wahrheit der christlichen Religion unter demselben Titul heraus, welche er nicht allein durch verschiedene

dene weitläuftige Antworten gegen die dawieder gemachte Erinnerungen der gelehrten Urheber der zuverläßigen Nachrichten von dem jetzigen Zustande der Wissenschaften von 1740. erweitert, sondern auch mit zwey besonders ausgearbeiten, davon der eine den Titul: Vertheidigte Wahrheit der christlichen Religion gegen den Einwurf, daß die christliche Offenbahrung nicht allgemein sey; wobey besonders die Scheingründe des bekannten Englischen Deisten, Matthäi Tindals, welche in dessen Beweise, daß das Christenthum so alt, als die Welt sey, enthalten, erwogen, und widerleget werden, von Martin Knutzen, und der andere den Titul: M. K. Betrachtung über die Schreibart der heiligen Schrift und insbesondere über die Mosaische Beschreibung der Erschaffung der Welt durch ein göttliches Sprechen, führeten, ansehnlich vermehret hatte. 12) In dem Jahre 1742. durchsahe er eine mathematische Disputation, welche ich unter dem Titul: Commentatio mathematico-philosophica, de cultura intellectus per studium Matheseos rite institutum, verfertiget hatte, und unter seinem Vorsitz den 21. December als Autor Respondens ablegete. 13) Im folgenden Jahr 1743. beschäftigte er sich mit einem alten astronomischen Instrument, und beschrieb den

den nutzbaren Gebrauch desselben in den hiesigen Intelligenz-Blättern unter folgendem Titul: Mart. Knutzen ꝛc. Beschreibung des Torqueti, oder eines allgemeinen astronomischen Himmelszeigers, einer sinnreichen, vorjetzo aber mehrentheils unbekannten astronomischen Maschine, die auf hiesiger Königlichen Bibliotheck zu Königsberg befindlich ist. 14) Im folgenden Jahr 1744, da eben die hiesige Universität ihr zweytes Jubiläum feyerte, besorgete er, daß ein damahliger fleißiger Schüler, der nachhero Magister und Prediger zu Braunschweig war, Herr Johann Friedrich Weitenkampf eine Jubelrede von wohleingerichteten Akademien als Grundsäulen der Glückseeligkeit ganzer Länder und Völker öffentlich hielte, und sie hernach unter diesem Titul durch den Druck bekannt machete. 15) In demselben Jahr 1744. gab er seine Observationes von dem von ihm vorhergesageten, und sich glücklich eingestelleten Cometen in jeder Woche seiner Erscheinung einen Bogen heraus, welche er hernach unter dem Titul: Vernünftige Gedanken von den Cometen, darinnen deren Natur und Beschaffenheit, nebst der Art und den Ursachen ihrer Bewegung untersuchet und vorgestellet, auch zugleich eine kurze Beschreibung von dem merkwürdigen Cometen des jetztlaufenlaufenden Jahres mitgetheilet wird von Matt. Knutzen ꝛc. und mit dem Anhange: von dem im vorigen 1743ſten Jahr allhier obſervireten Durchgange des Mercurius durch die Sonne, zuſammendrucken ließ. 16) In demſelben Jahr 1744. gab er einen wohlgemeinten Vorſchlag zu einer Sterbensgeſellſchaft, und ſchrieb deswegen, doch ohne Benennung ſeines Namens, folgenden Tractat: Mathematiſche Unterſuchung, wie eine Sterbensgeſellſchaft am vortheilhafteſten einzurichten; wobey zugleich verſchiedene Fehler von dergleichen an anderen Orten eingeführten Anſtalten angemerket ſind, und ein wohlgemeinter Vorſchlag zu deren Verbeſſerung an die Hand gegeben wird. 17) Noch in demſelben Jahr 1744. verbeſſerte er eine Ueberſetzung ſeiner oben angeführten Diſpute de immaterialitate mentis humanæ, welche ein damahliger ordentlicher Schüler, Herr George Heinrich Püſchel, auf Anſuchen einer adelichen Curländiſchen Dame über ſich genommen hatte, und gab dieſelbe allhier mit einer Zuſchrifft an die verwittwete Königin von Preußen, Sophia Dorothea, (welche dieſen Traktat nebſt anderen beygelegten Werken auch richtig erhalten, und ihr gnädigſtes Wohlgefallen darüber in einem beſonders an ihm abgelaſſenen Schreiben bezeuget hat,) nach einigen vorgenommenommenen Aenderungen, in dem Druck heraus, unter dem Tittel: **Philosophische Abhandlung von der immateriellen Natur der Seele, darinnen theils überhaupt bewiesen wird, daß die Materie nicht denken könne, und daß die Seele unkörperlich sey, theils die vornehmsten Einwürfe der Materialisten, deutlich beantwortet werden.** In den obgedachten Jahren, daß unser Lehrer theils mit seinen häufigen Vorlesungen, theils mit der Ausgabe dieser angezeigten verschiedenen Schriften beschäftiget war, unterließ er nicht, auch noch einige Zeit zur Erfindung und Ausfertigung neuer Maschinen, zum Nutzen der gelehrten Welt, und seiner lehrbegierigen Zuhörer, anzuwenden. Bey Gelegenheit, da er im Jahr 1744. den Cometen observirete, und seine hierüber angestellte Betrachtungen, der Welt durch den Druck (wie oben angemerket worden) bekannt machete, verfiel er nicht allein auf ein Project, die Cometenbewegungen mechanisch vorzubilden, und ohne Rechnung vorherzubestimmen, sondern er besorgete auch ein aus weißem Blech, nach seinen Gedanken eingerichtetes, und das besagte zu prästiren geschicktes Modell, oder ein Systema Cometicum (wie er es nannte) Bey einer anderen Gelegenheit, da er verschiedene junge Leute in der Rechenkunst zu unterrichten hatte, und denselben in dieser schweren Wissenschaft

senschaft eine Erleichterung verschaffen wollte, ersann und verfertigte er eine Maschine, oder, wie er sie nannte, einen großen Rechenkasten, welcher zwar nicht das äussere Ansehen derjenigen Maschine hatte, die der Herr von Leibnitz in den Miscellaneis Berolinensibus, Tom. I. p. 317. beschrieben, aber eben dasselbe, und zwar mit weit geringeren Kosten mit der größten Leichtigkeit hervor brachte. (wie er dieses vielfältig in den arithmetischen Stunden seinen Zuhörern gewiesen.) Noch bey einer anderen Gelegenheit, da er diese hölzerne Maschine zwar aus Meßing, oder einem anderen Metall, verfertiget haben wollte, aber hieben so viele Schwierigkeiten vor sich fand, daß er sich genöthiget sahe, seinen ganzen Willen in dieser Art zu verlassen, gerieth er auf eine kürzere, und kleinere Rechenmaschine, welche er nicht allein eher zu Stande brachte, sondern auch verschiedene davon bey einen hiesigen geschickten Künstler verfertigen ließ; wie er denn auch ein Exemplar von denselben an Sr. Königlichen Hoheit, dem Prinzen Heinrich, nach Berlin sandte, und neben demselben 18) einen besonders von ihm verfertigten Tractat, welcher demselben dediciret war, und den Tittel führete: Arithmetica mechanica, oder Beschreibung eines compendiösen Rechenkästchens, zugleich mit übermachte. War er nun dem Berlinischen Hof durch diese

nach

nach und nach herausgegebene gelehrte
Schriften bekannt worden, so wurde er durch
diese letzte Arbeit daselbsten noch bekannter,
dergestalt, daß der jetzt regierende weise
Preußische Monarch sich seiner gnädigst
anzunehmen, und ihm zur Belohnung vor
seine so viele Jahre nach einander ohnent-
geltlich geleistete treue Dienste im Jahr 1744.
die Adjunction zum Königl. Schloßbiblio-
thecariat, und Oberinspectorat des akademischen Collegii in den allergnädigsten Aus-
drücken zu conferiren, geruhete. Diese Kö-
nigliche Gnade, deren er besagtermassen theilhaftig wurde, rührete ihn ausserordentlich,
und die Hoffnung besserer Zeiten, welche ihm
diese beyde Ehrenämter in Zukunft zum
voraus versprachen, munterten die Kräfte seines Geistes und Leibes so auf, daß er mit der
größten Lebhaftigkeit seine akademische Vorlesungen zu halten, und seine übrige angefangene Schriften weiter auszufertigen fortfuhr.
Also durchsahe er 19) seine vor einigen Jahren abgelegte Inaugural-Dissertation, und
ließ sie zu Leipzig im Jahr 1745. unter dem
Tittel: Systema causarum efficientium, seu
commentatio philosophica de commercio
mentis & corporis per influxum physicum
explicando ipsis illustris Leibnitii principiis
superstructa auctore Mart. Knutzenio &c.
Editio altera auctior & emendatior, cui accessit commentatio de individua humanæ

men-

mentis natura sive de immaterialitate animæ, vermehrt und verbessert auflegen. Ferner arbeitete er 20) im Jahr 1746. seine Vernunftlehre aus, und übergab dieselbe im folgenden Jahr 1747. zum Druck, unter dem Tittel: Elementa Philosophiæ rationalis methodo mathematica demonstrata. Weiter kam er 21) in demselben Jahr 1747. von ohngefehr auf den Brennspiegel des Archimedis, und verfiel, was die Beschaffenheit desselben anbelanget, mit dem berühmten französischen Gelehrten, Hrn. Buffon, fast zu gleicher Zeit, und fast auf einerley Gedanken, die er anfänglich in den hiesigen Intelligenz-Blättern nach und nach bekannt machete, hernach sie aber zusammen gedruckt, unter dem Tittel: Martin Knutzens 2c. historisch-mathematische Abhandlung von den Brennspiegeln des Archimedis, worinnen zugleich einige allgemeine Methoden die Wirkungen aller Brenn-Spiegel und Brenngläser auf grössere Entfernungen zu erweitern, entdecket werden, herausgab. Ferner schrieb er 22) in demselben Jahr 1747. ein specimen theoriæ motus Polaris, & historiæ stellarum polarium, welcher zwar die Censur erhalten, aber niemalen im Druck erschienen. 23) Imgleichen projectirete er bald hernach ein allgemeines Wetterglaß, und nachdem er es von einem hiesigen geschickten Meister hatte ausführen

führen laſſen, machete er dieſes Inſtrument ſamt der Abbildung deſſelben im Jahr 1749. in dem Hamburgiſchen Magazin B. IV. S. 299. ꝛc. unter dem Titul: Beſchreibung eines allgemeinen Wetterglaſes, durch den Druck bekañt. Endlich da er theils bey dem ſtarken Leſen und Studieren, theils bey der Ausarbeitung und Ausgebung der vorhin angemerketen Schriften ſeinen ohnedem von Natur ſchwachen Cörper noch mehr entkräftet hatte, ſtelleten ſich allmählig diejenigen Zeiten ein, welche ſeinem Leben ein baldiges Ende anzukündigen ſchienen. Ob er nun gleich denſelben getroſt entgegen gieng, und ſich als ein wahrer chriſtlicher Philoſoph zu denen ihm bevorſtehenden göttlichen Verhängniſſen vorbereitete, ſo verabſäumete er dennoch nicht, auch die letzten Kräfte ſeines ſiechen Lebens dem Nutzen der gelehrten Welt, und der damahls allhier ſtudierenden Jugend aufzuopfern. Alſo ſuchte er in den letzten Lebensjahren 1) ſeine Mnemonick, oder Gedächtnißlehre, worüber er ſchon vor einigen Jahren lateiniſche Dictata gegeben, und verſchiedene Vorleſungen gehalten hatte, weiter auszuarbeiten und in teutſcher Sprache vermehrt, herauszugeben. Ferner 2) ließ er ſich angelegen ſeyn, die Metaphyſik aufzuſetzen, und darinnen die ruhmwürdige Vereinigung der Wolfianiſchen und Cruſianiſchen Philoſophie zu Stande zu bringen.

N Und

Und besonders war er 3) beschäftiget, eine verbesserte Theorie des Magneten auszuführen, und selbige mit der Zeit zum allgemeinen Besten der Welt vor Augen zu legen, ohnedem da er die ersten Gründe dieses Versuches vor einigen Jahren anfänglich an die Rußisch Kayserliche Akademie der Wissenschaften zu St. Petersburg gesandt, und hierüber von dem damahligen Präsidenten, dem Kayserlichen Cammerherrn von Korff eine gnädige Antwort, nebst einer Entgegensetzung verschiedener Einwürfe empfangen, auch hernach eine erweiterte Ausführung dieses Systems an die Königl. Französische Akademie der Wissenschaften zu Paris geschickt, und gleichfalls von dem Herrn von Mairan, beständigen Secretair derselben, ein gütiges Recepisse erhalten hatte. Indessen bey allen diesen Bemühungen, da die Kränklichkeiten immer mehr zunahmen, brachte er ausser drey oder vier Bogen von der Mnemonick (welche abgedrucket sind) nichts von den übrigen gearbeiteten Werken weiter zum Vorschein, sondern nachdem er kaum acht Tage Bettlägerig gewesen, starb er an einer völligen Atonie im Jahr 1751. den 29. Jan. verheyrathet, doch ohne Leibeserben, und wurde den 5. Februarii darauf in der Kneiphöffischen Thumkirche im Gewölbe derer Professorum Extraordinariorum unter vielen Thränen seiner Freunde und treuen Zuhörer standesmäßig

desmäßig begraben. Nach seinem Tode
fand sich zwar ein in seinen Meditations-
Büchern, kurz entworfenes und eigenhändig
geschriebenes lateinisches Testament, darinnen er der Königl. Akademie der Wissenschaften zu Berlin sein Systema Cometicum, und Magneticum, seinen übrigen ansehnlichen Vorrath von mathematischen Instrumenten an die hiesige Königl. Schloß-
Bibliothek, seine große Sammlung von
Büchern, an die hiesige akademische Bibliothek, und seine gesamte Handschriften
an mir und drey anderen seiner gewesenen
Zuhörer vermachet hatte; allein, da diesem
letztem Willen die rechtliche Formalität eines
Testaments fehlete, und die mehresten Handschriften (wer weiß wie?) verlohren gegangen
waren, so wurde nach seiner Beerdigung der
Vorrath seiner Bücher und Instrumenten
öffentlich verkaufet, und seinen Freunden
nichts weiter, als die Sammlung derjenigen
gelehrten Schriften, welche er beym Leben
dem Druck übergeben, und ein immerwähren-
des trauriges Andenken seiner unsterblichen
und unbelohnt gebliebenen Verdienste übrig
gelassen. Siehe Strodtmanns Geschichte
jetztlebender Gelehrten. Th. XI. S. 74-99.
und des neuen gelehrten Europa, Theil V.
S. 218-227.

bbb) Christian Bernhard v. Sanden, ein
Sohn des vorhin belobten D. Heinrich

von Sanden, und Enkel des bekandten Preußischen Bischofs, Bernhard v. Sanden, war zu Anfange des Monath Januar. im Jahr 1707. zu Königsberg in Preußen gebohren. Er legte sich anfänglich auf der hiesigen Universität unter der Auffsicht des P. Marquardts und anderer hiesigen gelehrten Männer auf die Mathematick und Philosophie, darinnen er in kurzen Jahren es auch so weit brachte, daß er bey den oben angeführten Disputen, de systemate mundi vero nunquam determinando, und de Algebræ in Physica utilitate, in den Jahren 1730. und 1733. die Stelle eines Respondenten mit Ruhm vertreten, und also wohl vorbereitet zu den medicinischen Wissenschaften auf dieser Akademie fortschreiten konnte. Hierauf, als er diese Cursus bey einigen hiesigen berühmten Männern absolviret hatte, begab er sich von hier weg, und reisete in die Fremde. Ob er nun gleich zu verschiedenen Zeiten sich auf verschiedene deutsche Akademien Studierenshalber aufhielte, so brachte er doch den grösten Theil seiner akademischen Jahre auf der Hallischen Universität zu. Hieselbsten suchte er nicht allein durch Anhörung öffentlicher und besonderer Vorlesungen sich in der Mathematik, Philosophie, und Medicin fester zu setzen, sondern, er disputirte auch daselbsten im Monath Sept. des Jahres 1740. eine weitläuftig und gründlich ausgearbeitete

Dispu-

Disputation, de cutis exterioris morbis, ab, wodurch er den schon längst verdienten Gradum eines Doct. Medicinä von der dasigen medicinischen Facultät erhielte. Nach seiner Zurückkunft ins Vaterland, war er sogleich bemühet, der hiesigen studierenden Jugend mit seiner gründlichen Wissenschaft zu dienen; er laß nemlich derselben nicht allein die gemeine und höhere Lehren der Mathematick und Philosophie vor, sondern, er gab auch, nachdem er vorher bey dem zweyten Jubelfest, im Jahr 1744. den 4. Sept. allhier magistriret hatte, pro receptione, im Jahr 1756. den 19. Junii, eine philosophische Disputation, de rudimentorum corporis humani ortu & propagatione, Part. I. und im Jahr 1756. den 11. Aug. eine mathematische Dispute, de legibus, quas corpora descendentia observant, (welche aber niemals gehalten worden) allhier heraus. Endlich, da er einige Jahre unverdrossen gelesen, vor seine lehrbegierige Schüler vieles zur Erleichterung geschrieben, und hiedurch seine beste Kräffte der Welt, welche die Verdienste wahrer Gelehrten, nicht allemal zu schätzen weiß, aufgeopfert hatte, so starb er allhier an einer hitzigen Krankheit, im Jahr 1756. den 17. Sept.

ccc) Heinrich Wilhelm Johansen, ein Sohn, eines hiesigen angesehenen Kaufmanns,

manns, Paul Johanszen, war im Jahr 1725. den 23. October zu Königsberg in Preußen gebohren. Nachdem er seine Schuljahre zurück geleget, und unter dem Rectorat des damaligen Tribunals- und Consistorial Rath, D. Reinhold Friedrich von Sahme, im Jahr 1743. den 19ten September die hiesige Universität bestiegen hatte, so legte er sich hauptsächlich, ausser der Rechtgelahrsamkeit, auf die Mathematik und Philosophie, darinnen er auch unter der Anführung des vorhin belobten Professor Knutzen, es in wenigen Jahren so weit brachte, daß er im Jahr 1750. den 14ten April von der Königsbergischen Philosophen-Facultät in Magistrum Philosophiä, rühmlich promoviret wurde. Nachdem er zu diesem akademischen Gradu gelanget war, disputirete er nicht allein pro receptione, im Jahr 1750. den 8. Jul. de die & nocte longissimis in Zonis frigidis, und hernach im Jahr 1751. den 31. März, de determinanda moralitate jurisjurandi tanquam actionis bonæ, sondern er that auch verschiedene Vorlesungen, darinnen er der hiesigen studierenden Jugend so wohl in den theoretischen, als auch vornemlich practischen Lehren der Mathematick und Philosophie einen gründlichen Unterricht zu ertheilen, sich alle Mühe gab. Durch diese treugelehrte Unterweisungen wurde er bey den hiesigen Großen dergestalt bekannt,

bekannt, daß, da noch nicht zwey Jahre vorbeygeflossen waren, er von Sr. jetztlebenden Königlichen Majestät, die seit dem Absterben des Professor Marquardt ledig gewesene Profeßionen Matheseos Extraordinariam erhielte. Er trat auch dieselbe im Jahr 1752. den 23. März mit einer mathematischen Inaugural-Disputation: de modo determinandi rationem sphæræ ad cylindrum & conum, quorum diametri basium & altitudines diametro sphæræ æquantur, an; allein, er war bald genöthiget, dieselbe in der besten Hoffnung niederzulegen, da er in demselben Jahr, den 4. August, an der Schwindsucht erstarb, und den 10ten desselben Monaths begraben wurde.

ddd) Da ich mir vorgesetzet habe, in gegenwärtigen Blättern nur von denen Mathematikern zu handlen, die bereits verstorben sind, so will ich vor dieses mal die jetztlebenden, allhier mit einem ehrfurchtsvollen Stillschweigen übergehen, und die höchste Güte anstehen, daß er ihr theures Leben, zum Besten der gelehrten Welt, und der hiesigen studierenden Jugend, noch viele Jahre in einer ohnunterbrochenen Gesundheit erhalten wolle.

9.
Beschluß der ersten Abtheilung dieses Werkes.

Da vorjetzo die historische Nachricht von dem Leben derer Preußischen Mathematiker überhaupt

haupt ertheilet, und solchergestalt die erste Helfte unseres Vornehmens erfüllet worden; so soll nunmehro, zur weitläuftigeren Lebensbeschreibung unseres vor hundert Jahren verstorbenen großen Preußischen Mathematikers, Herrn Christian Otters, insbesondere fortgeschritten, und auf solche Weise die zweyte Helfte unseres Entschlusses zur Erfüllung gebracht werden.

Zweyte

Zweyte Abtheilung

darinnen

das Leben des vor mehr denn hundert Jahren verstorbenen großen Preußischen Mathematickers,

P. Christian Otters,

insbesondere beschrieben wird.

§. 1.

Otters Geburt, Herkunft, Auferziehung, und Art des Studierens.

Christian Otter ist im Jahr 1598. (a) zu Ragnit, (b) einer kleinen Stadt im Preußischen Litthauen gebohren. Sein Vater war Joh. Otter, Amtmann zu Ragnit, und seine Mutter Anna Dörfferin, eine Tochter Martin Dörffers, Rathsverwandten in Rastenburg. (c) Die erste Sorge, welche diese Eltern vor ihren Sohn trugen, gieng dahin, denselben also zu auferziehen, daß er dermaleins Gott dienen, und seinem edlen Geschlecht, (d) aus welchem er entsprossen war, eine wahre Ehre machen sollte. Unser Otter wurde also zu diesem Ende nicht allein anfänglich in seiner Vaterstadt in den ersten nöthigen Sprachen und Lehren unterrichtet, sondern auch hernach in die Stadtschule, nach Insterburg, geschickt,

schickt, und allhier in den übrigen nöthigen Schulwissenschaften von verschiedenen Lehrern, besonders von dem damaligen Rector der besagten Schule, Jacob Petri (e), unterwiesen. Sein unermüdeter Fleiß, und seine bescheidene Folgsamkeit gegen diesen Lehrer, brachte ihn auch soweit, daß er in sehr jungen Jahren von ihm aus der Schule dimittiret, und von seinen Eltern auf die Königsbergische Universität geschicket wurde. Er zog also auf dieselbe, im Jahr 1609. und wurde den 27ten Junii von dem Professor der hebräischen Sprache, und damaligen Rectore Magnifico, George Mylius, in die Zahl der hiesigen Studierenden eingeschrieben. Hier öffnete sich ein neues und weitläuftiges Feld vor die Wißbegierde eines so wohl vorbereiteten Schülers. Unser Otter besuchte nicht allein die Collegia verschiedener damals berühmten Lehrer überhaupt, sondern er gab sich insbesondere alle Mühe, bey dem damaligen ansehnlichen Professor der Mathematick, Sigismund Weier, die mathematische Wissenschafft, und bey dem nicht weniger erhabenen Professor der Dialectik, Joh. von Gelden, die philosophische Wissenschaft auf der Albertina zu erlernen.

(a) Obgleich der Tag nicht bestimmet werden kann, da unser Otter gebohren, so lässet sich doch aus der Zusammenhaltung des Alters, welches er damals gehabt, als er nach Nimwegen gekommen, und des Jahres, in welchem er daselbsten gestorben, wahrscheinlich schließen, daß er in keinem andern, als in dem gedachten Jahr 1598. das erste Licht

der

der Welt gesehen. Denn, da er im sechszigsten Jahre seines Alters die mathematische Profeßion zu Nimwegen angetreten, und bey derselben zwey Jahre gelebet, hierauf im Jahr 1660. daselbsten Todes verblichen, [wie die auf ihn gemachte, und unten angeführte Grabschrifft mit mehrerem zeugen wird] kann hieraus nicht mit Grund abgenommen werden, daß Otter im zwey und sechszigsten Jahre seines Alters verstorben, und folglich im Jahr 1598. gebohren?

(b) Daß Otter zu Ragnit gebohren ist, bezeugen nicht allein seine gedruckte, und unten §. 7. angezeigete Schrifft, auf dessen Titulblatt er sich: C. O. Ragnetanus genennet, sondern auch besonders sein Stambuch, darinnen er sich gleich im Anfang Christianus Otterus, Ragnetanus, eigenhändig eingeschrieben, und in demselben Buch auf einer anderen Seite die Worte: PHILOTHECA Christiani Otteri Lithv. Boruss. Mathemat. Stud. gleichfalls eigenhändig eingezeichnet hat.

(c) Daß unser Otter von den angeführten Eltern hergekommen, kann durch die Intimationes funebres, welche die Königsbergische Akademie auf die beyde Altstädtische Rathsverwandten, Joh. Jacob Lock, und George Wilh. Mühlkünzel, drucken lassen, offenbar bewiesen werden. Denn in jener wird Otter ein Uterinus des Locken genennet, und dieses seine Abkunft also beschrieben: Natus is Anno 1617. d. 25. Maji. *Ragneti* in Borussia, Patre prudentissimo atque spectatissimo *Michaële Lock*, judice ibidem ac Ecclesiæ Ragnetensis Curatore; matre ornatissima suis virtutibus *Anna*, Viri spectatissimi atque integerrimi *Dorfferi*, Senatoris Rastenburgensis filia, *Johannis* vero *Otteri* ante hac relicta vidua. Und in dieser heist es, daß Mühlkünzel ein avunculus unsers Otters gewesen, und folgende Abkunft gehabt: Pater erat Vir spectatus & prudentissimus,

tissimus, Dominus *Wolffgangus Michaël Muhl-
küntzel*, Sereniſſimi Electoris Brandenburgici Ædi-
dilis ac Scriba Ragnitenſis nec non Scabinatus ibidem Aſſeſſor: mater Fœmina ornatiſſima & pudi-
ciſſima, *Dorothea*, beati Domini *Otteri*, Oeconomi
Electoralis per Diſtrictum Ragnitenſem filia. Da
alſo aus dieſen Worten die Eltern und Anverwand-
ten unſers Otters offenbar erhellen; ſo wird es
nicht undienlich ſeyn, zum beſſeren Verſtande dieſer
ganzen Abtheilung, ein kurzes Schema ſeiner Familie, auf folgende Weiſe hinzuzuſetzen: vid. Tab.

(d) Dieſes beſtätiget unläugbar der im Originali auf
der hieſigen Stadtbibliotheck befindliche Wapen-
Brief der Otterſchen Familie, welcher alſo lautet:

Ich, Sebaſtian Röttinger, der Rechten D.
der löbl. freyen Reichs-Ritterſchafft in Schwaben
und Franken, auch der Stadt Nördlingen Advocat
und Comes Palatinus, bekennhe öffentl. mit dieſem
Brieffe, und thue kund allermeinlich, als verſchiner
Zeuht der Allerdurchl. Großmächtigſt und unüber-
winbl. Fürſt und Hr. Hr. Rudolff der andre dieſes Nahmens, erwöhlter Römiſcher Kayſer, zu allen
Zeuthen Mehrer dieſes Reichs in Germanien, zu
Hungarn beahnnter König, Erzherzog zu Oſtreich ꝛc.
mein allerg. Hr. von wegen etl. meiner, Ihrer
Käyſerl. Mayeſtätt und dem heiligen Reich gelei-
ſter trewen und gehorſamen Dienſte, auch aus andern mehr bewegenden Urſachen, und ſonder Käyſerl. Gnaden mit wohlbedachtem Muth, guttem
zeuttigem Rath, aigner Bewegnuß und rechter wiſe
aus römiſcher Kayſerl. Macht Vollkommenheit
mir unter andern ſattl. Begnadungen und Privilegien auch dieſe beſondere Freyheit allergnädigſt
verlyhen und mitgethailt, das ich aus Käyſerl. Ge-
waldt ehrlichen redl. Leuthen, die Ich deſſen whür-
dig vnd fähig erachten, wurde einem peden nach
ſei-

Michael Lock,
Richter zu Ragnit,
und Christian Otters
Stief=Vater.

Dorot[hea]
Christi[ana]
liche

seinem Stand unnd Wesen, Zeichen, Wappen und
Clainoter mit Schild und Helm geben, und verley=
hen, dieselbe Wappen und Lebens=Genoß machen,
schöpfen und erheben solle, vnnd möge mehreres
und weitters Innhalts Ihrer Käyserl. Mayestätt
darüber Allergnedigst verkhundt. Demselben nach=
weil fürneml. diejenige Personen, welche der Rö=
mischen Käyserl. Mayestätt Allerhöchstgedacht, vnnd
dem hailigen Reich uff. yede zustehende fähl und
Gelegenheit getrewe, vnnd nuzl. Dienst vor an=
dern gehorsaml. zu laisten, und beharrl. zu erwey=
sen taugenl. vnnd unterthänigst erpitig, allergebürl.
Ehrn und erspriſl. Beförderung woll würdig seyn
auch billig gewesen sollen. Unnd Ich denn auch
gesehen vnnd waahrgenommen, die Erbarkeit wol=
begabten Verstand und erbahre Geschicklichkeit, Be=
schaidenheit, und fürtrefliche Erfahrenheit, darin=
nen die Ehrenveste, Hr. Johann Otter der Eltere
Sr. Durchlt. Hertzogen in Preußen, Marggrauen
zu Brandenburg, Ambtman zu Rangnit, im löbl.
Fürstenthum Littawen, und Hr. Friedrich Otter
Eheleibl. Brüder, mir von vielen ansehnlichen Per=
sonen unnd Orthen glaubwürdig herkombt, das Sy
inn der Fürstlichen Brandenburgischen Statt Gold=
Kronach inn Land zu Francken offm Gebürge, aus
einem Ehrlichen Bürgerlichen Geschlecht, der Otter
sonsten gemeiniglich Leheman genandt, geborn und
herkommen, Sich auch selbsten inn Raths= Ge=
richts= und Recht=Sachen, Innsgemein allem Ih=
rem Thun, Leben, Wesen, und Beruff, aller Ehrn,
vnnd Tugenden beuließen, vnnd dermaßen getreu
vnnd redlich verhalten, das Sy beede bey den
Hochlöblichen Chur= und Fürstlichen Haus Bran=
denburg, wie auch bey stattlichen Frey=Adelichen
Geschlechten löblicher Reichs= und Ritterschafft im
Land zu Franken zu namhafften ersprießlichen
Ampts= und Dienstbestallungen vnnd Verwaltun=
gen

gen gnedigst vnnd gnedig befürdert vnd gebrauchet
worden. Vnnd gleichfals dieser beeder Andere vier
Eheleibliche Brüder Wolffgang, Johann der Jün-
ger, Steffan, vnnd Hainrich die Otter, sonsten Le-
henman genandt, Burger in gemelter Statt Golds-
Kronach vom Gleichen Geblüt, vnnd Ehrlichen Eltern, daselbsten erzeugt, sich in ihren bürgerlichen
Wandel, vnnd Hantirung, jeder Zeuth redlich,
vnd bidermännisch erzaigt vnnd erwisen, nitweni-
ger auch innskünfftig vonn ihnen diesen jetztbe-
nandten sechs Eheleiblichen Brüdern vnzweiffen-
lich zuuerhoffen, vnnd zugewartten, solchemnach
wie Sy dise Gebrüdere die Otter genandt Lehman,
mich umb ein zierlich vnnd befürderlich Ehrn und
Wappen Clainoth vleißig ersucht, vnnd gebetten, so
hab ich aus vorbemelten, vnnd andern mehr bewegenden Ursachen, mit wolbedachten Muth, zeitigem
Rhat, vnnd Reechter wißen, Inn Crafft meines ha-
benden Gewalts, vnnd Käyserlichen Palatinats-
Freyheit, inn der allerbesten, vnnd fürträglichsten
Form, Weyß vnnd Gestalt, wie es immer an crä ff-
tigsten vnnd zierlichsten beschehen vnnd bestehen
soll, kahn vnnd mag, vorbenandten sechs Gebrü-
dern Herrn Johann den Eltern Hrn. Friederichen,
Wolffgang, Johan dem Jüngern, Steffan, und
Hainrichen, diß hernach beschriebene Wappen von
neuen verlyhen, vnnd geben, so mit Rahmen ist ein
Schild, inn und durch die Mitte der Breite nach
gleich getheilt, der Gestalt, daß der Obertheil gelb
oder Gold; der vntere aber recht scheinbar natür-
lich wasserfarb, inn deßen Grundt, ein schön Gelb
oder Gold vnnd grünfärbig geröricht erwechst,
vnnd daraus ein vollkommener wol proportionir-
ter Otter sich erhebt, inn seiner natürlichen Farb,
haltendt in Maul einen ergriffenen Hecht. Dann
ferner ob den Schildt ein zierlicher Stechhalm, mit
einen schwarz vnnd gelb oder Goldfarb geflocht-
nem

nem Thurnierbundt samst beederseits von gleichen
Farben schwebender Heimthecken. Darauf unnd
darüber entstehet ein wol formirt vollkommen
mannlich Brustbildt in einem schwarzen über die
Prust herab, mit sechs gelb oder Goldfarben,
Qudsten und Knepfflein eingethonen Leibrock be-
kleidet, das Haupt mit einem schwarzen Altbaidni-
schen Spitzhutt bedecket, dessen Stulp, wie auch die
Uberschläg umb den Halß, unnd die Ermel vonn
gleich Gelb oder Goldfarb, haltendt mit halb ent-
blößten Armen zu ernstlichen Stich ein eiserne
zweyzinckhige Tapen oder Ottergabel, an einem
gelb oder goldfarben Stihl. Innmassen solches alles noch aigenlicher unnd augenscheinlicher, inn der
Mitte dieses gegenwärtiges Brius, mit unterschied-
lichen Farben gemahlt unnd ausgestrichen ist.
Also das vielmehr vielgedachte sechs Gebrüder,
Herr Johann der Elter, Herr Friedrich, Wolffgang, Johann der Jüngere, Steffan, unnd Hainrich die Otter, sonsten Lehnmann genandt, Ihre
Ehrliche Leibes-Erben, unnd derselben Erbens-Er-
ben, Manns- und Weibs-Personen für und für in
ewige Zeuth, solch Wappen, und Clainoth, auch
Schildt, und Helm haben, unnd führen, sich auch
deren in allen, und yeden ehrlichen und redlichen
Sachen, und Geschafften, zur Schimpf, und zu
Ernst, in Streiten, Sturmen, Schlachten, Käm-
pfen, Gestechen, Gefechten, Velbzügen, Panieren,
Gezelten, Uffschlagen, Insiguln, Pettschafften, Clei-
nothen, Gemählden, Begräbnusen, unnd sonsten
ann allen und yeden Enden und Orten gebrauchen
sollen, unnd mögen, darzu alle unnd yegliche Gnad,
Ehr, Würde, Vortheil, Gerechtigkeit, Recht, Frey-
heitt, unnd gutte Gewohnheit, mit hohen unnd nie-
dern Ambtern unnd Lehen, Gaistlichen und welt-
lichen Sachen zu empfahen, uffzunehmen, unnd zu
tragen Lehen und anndre Gericht und Recht zu be-
sitzen,

ßen, Urthl zu schöpfen, unnd Recht zu sprechen, auch
alles deßen fähig, und thailhafftig zu seyn, unnd
sich zu erfreuen unnd zu genüßen, was andre ihrer
Käyserlichen Mayestet, unnd des heiligen Reichs,
auch in ihrer Majestet Königreichen, Fürstenthum-
ben, unnd Landen- Lebens- und Wappensgenoſſe
Leuth vom Rechts- und Gewonheit wegen befugt,
und befreyth, von menniglich unuerhindert, alles
bey den Pönen unnd Strafen auch Gebotten und
Verbotten, so in meinem Käyserlichen Privilegien,
unnd Freyheits-Briebe begrieffen, unnd einuer-
leibt, jedoch denjenigen, so vielleucht vorgeschrieben
Wappen und Gerechtigkeiten, allerdings vnuer-
grieffen, vnnd unnachtbailig, unnd deſſen zu Uhr-
kundt, hab ich dieser Concession zwen gleichlaut-
tende Wappenbrieb, für offtgedachte sechs Brüder
und yedes derselben Eheleibliche Erben, zu beſſerer
Verwahrung dieweil der aine inn das Land zu
Preußen zuschicken, mit eigner Hand underschri-
ben, unnd mit meinem angehenckten Palatinat In-
sigel, deſſen ich mich im Expedition dergleichen
Freyheit-Sachen gebrauche verfertiget. Geben
inn des hailigen Reichsstatt Nördlingen, den neun-
ten Monaths-Tag Aprilis, als man zahlt nach
Christi, vnnsers lieben Herren und Seeligmachers
Geburt, Sechszehnhundert und sechs Jahr.

Sebastianus Rœiting. U. J. D,

(e) Dieses können wir aus dem Otterschen Stammbuch, welches wir durch diese ganze Schrifft zu einem desto größeren Beweiß der Glaubwürdigkeit
desjenigen, was wir allhier benachrichtigen, gebrauchen werden, deutlich abnehmen; immaſſen wir
auf der Seit. 249. desselben folgende Innschrifft lesen: Per varios casus, per tot discrimina rerum ten-
dimus in cœlum &c. Ornatissimo & litteratissimo juveni D. Christiano Ottero meo olim discipulo obse-
quien-

quientissimo hæc memoriæ caussâ scripsi Jacobus Petri Scholæ Insterp. Rector, d. 3. Sept. 1622.

§. 2.
Otters Reise nach Holland, und erste Zurückkunft nach Preußen.

Als unser Otter auf der Königsbergischen Universität fast zehn Jahre zugebracht, und sich hinlänglich in den höheren Wissenschaften umgesehen hatte; so regete sich in ihm der erste Trieb, sein Vaterland zu verlassen, und in entferneten Gegenden von gelehrten Männern, ein gleiches darinnen zu profitiren. Diesem Triebe kannte Otter destoweniger wiederstehen, da derselbe ihm angebohren war, und durch verschiedene wiedrige Vorfälle noch hefftiger verstärket wurde. Er verlohr nemlich nicht allein durch den Todt seinen lieben Vater, sondern sahe auch bald hernach seine beste Mutter zur zwenten Ehe, mit Michael Lock, Richtern und Kirchenvorstehern zu Ragnit fortschreiten, eben da er auf der Königsbergischen Universität studirete, und fast alles absolviret hatte. (f) Bey allen diesen Umständen kannte Otter wohl unbeweglich bleiben, und muste er nicht den Rathschluß faßen, seine natürliche Neigung in die erste Erfüllung zu bringen? Ohne sich lange zu bedenken, verließ er also zum erstenmal im Jahr 1619. die Königsbergische Academie, und reisete bey einigen günstig sich eingestelleten Aspecten nach Holland. Gegen das Ende des Monath Julius, war Otter nun im Haag, allwo er das unvermuthete Glück hatte,

O den

den berühmten Mathematikum, und Professorem der Arabischen Sprache auf der Leydenschen Universität, Jacobum Golium (ff) anzutreffen, und mit ihm in eine seltene Bekanntschaft zu kommen. Obgleich Otter damals entschlossen war, sich nicht lange in Holland zu verweilen, sondern nach Frankreich zu gehen, (g) so wurde er dennoch vielleicht durch die Zuredungen des angeführten großen Gelehrten, oder durch sein eigenes Gutbefinden bewogen, seinen gefaßten Entschluß auf einmal zu ändern. Er verblieb nemlich in Holland, und zog gegen das Ende des Jahres 1619. auf die berühmte Universität zu Leiden. Hieselbsten studirete er anderthalb Jahre nach einander mit der größten Betriebsamkeit, die schönen Wissenschaften, und erwarb sich auch mit dem vorzüglichsten Fleiß eine ansehnliche Stärke, besonders in verschiedenen Theilen der Mathematik. Er wurde auch allhier mit dem berühmten Historico, Daniel Heinsio, (h) mit dem großen Mathematiko, Willebrordo Snellio, (i) und mit dem erfahrnen Medico, wie auch damaligen hochansehnlichen Rectore der Leidenschen Universität, Aelio Everhardo Vorstio, (k) vorzüglich bekannt. Nachdem Otter im Jahr 1621. seine Studien auf besagter Universität zurück geleget hatte, so hielte er sich zwar noch eine Weile in Leiden auf, reisete aber dann und wann auf die umliegende merkwürdige Plätze, und nahm überall Gelegenheit, je länger je mehr mit den dasigen Gelehrten sich bekannt zu machen. Also reisete er zu Anfange des May-

naths

naths im gedachten Jahr von Leiden nach dem Haag, und lernete allhier den älteren, R. H. von Donial, welcher damals unter anderen Curator der Akademie zu Franecker war, besonders kennen. Bald darauf kehrete er wieder nach Leiden zurück, und machete seine Aufwartung bey dem vorhin angeführten Prof. Prim. Medicinä, und damaligen Rektore Magnif. der Leidenschen Universität, Aelio Everhardo Vorstio. (m) In der Mitte dieses Maymonaths gieng er auch nach Amsterdam, und machete sich allhier mit einem gewissen Wilhelm Janszon (n) bekanndt. Kaum, daß er sich hieselbsten fünf Tage aufgehalten hatte, so gieng er wieder nach Leiden, und empfohl sich dem beständigen Andenken seines guten Freundes, Jacob Dayi, (o) eines englischen in Leiden sich aufhaltenden Magisters. Auch hier verweilete er sich nicht lange, sondern reisete gegen die Mitte des Monath Junius nach Franecker, allwo er mit seinen guten Freunden, Regnero Orino, (p) und Friderich Rapp, (q) sich besprach. Von Franecker zog er im Monath August wieder nach Amsterdam, und besuchte bey dieser Gelegenheit den gelehrten Prediger bey der dasigen Englischen Kirche, Thomas Potius. (r) Endlich begab er sich wieder zu Anfange des Jahres 1622. nach Franecker, unter der Absicht, eine längere Zeit allda zu verbleiben, und aus den mathematischen Vorlesungen des damaligen berühmten Lehrers der Mathematik auf der Franeckerischen Universität, Adriani Metii, (s) einen gründlichen Nutzen zu schöpfen. Allein, kaum hatte

hatte Otter auf dieser Universität sich recht umgesehen; kaum hatte er würklich angefangen, denen mathematischen Collegiis des angeführten großen Metii, (f) beyzuwohnen; ja, kaum hatte er sechs Monath angewandt, mit Joh. Wachmann, (t) Gerhard Freytag, (u) Joh. von Lützow, (v) Marin. Staveniß, (w) P. H. Schikart, (x) Friederich Münker, (y) und verschiedenen anderen damaligen Studierenden eine wahre und in der Fremde vielmals höchstnothwendige Freundschafft zu pflegen; so konnte er seine vorgesetzte Absichten nicht völlig erfüllen, sondern sahe sich vielmehr durch verschiedene Ursachen genöthiget, auf seine erste Abreise aus Holland zu sinnen. Diese erfolgete auch im Jahr 1622. gegen das Ende des Monath Jul. in der That. Unser Otter verließ also um diese Zeit sein Holland, und gieng nach Preußen in sein Vaterland zum ersten mal zurück.

f) Wenn man bedenket, daß nach dem Zeugniß, welches die Intimatio Funebris auf den Rathsverwandten Johann Jacob Lock ertheilet, dieser im Jahr 1617. den 25. May zu Ragnit in Preußen gebohren, und zum Vater, Michael Lock und zur Mutter, Anna, gebohrne Dorfferin, und hinterlassene Wittwe des Johann Otters gehabt, so kann man sich wohl leicht vorstellen, daß unser Otter, da er noch zu Königsberg studieret, und ehe er auf Reisen gegangen, theils den Tod seines Vaters, theils die Verehligung seiner Mutter in seinem Vaterlande erlebet hat. Siehe diese Abth. II. §. 1. Anmerk. c.

ff) Siehe im Otterschen Stammbuch die Seite 183: Hoc benevolentiæ symbolum Ornatissimo Doctissimoque

que Juveni, D. Christiano Ottero, Gall. petenti ponebam Jacobus Golius. Lingv. Arab. in Acad. Lugd. Bat. Profeſſ. Hagæ-Comit. XI. Cal. Sext. 1619.

g) Dieſes bezeuget offenbahr die unmittelbahr vorangeſetzte Anmerkung ff.

h) Siehe im Otterſchen Stammbuch die Seitr 181: Strenua nos exercet inertia &c. Ornatiſſimo ac præſtantiſſimo juveni D. Chriſtiano Ottero benevolentiæ teſtandæ ſcripſi Daniel Heinſius. Lugd. Batav. 1621. 9. Martii.

i) Siehe im Otterſchen Stammbuch die Seite 183, allwo unter einer Stelle aus dem Juvenali folgendes geſchrieben ſtehet: Benevolentiæ ergo ſcribebam honeſto & erudito Juveni Dn. Chriſtiano Ottero, Lituano-Boruſſo Willebrordus Snellius. Prof. Lugd. in Bat. Poſtrid. Non. May 1621.

k) Siehe im Otterſchen Stammbuch die Seite 180: Omnia Serio — Ev. Vorſtius Med. Prof. Primarius & Academiæ Rector. Lugd. Bat. Ao. 1621. d. 8. May.

l) Siehe im Otterſchen Stammbuch die Seite 155: Si fueris cupidus diſcendi plurima diſces. — Favoris ac benevolentiæ ergo ſcribebat honeſtiſſimo Juveni Chriſtiano Ottero Lithuano-Boruſſo Kempo Harinx a Donia Senior. Ordinum. conf. provinc. Generalis, & Academiæ Friſiorum Curator. Hagæ Comitis 7 May / 27 April 1621.

m) Siehe die obige Anmerkung k.

n) Siehe im Otterſchen Stammbuch die Seite 260: Mathematicarum conſideratio eſt præludium ad Divinarum contemplationem. Benevolentiæ ergo ornatiſſ. Juveni D. Chriſtiano Ottero, Lithuano Boruſſo ſcribebam Guilielmus Janſzonius. Amſterodami, Anno 1621. 10 May.

o) Siehe im Orterſchen Stammbuch die Seite 243: In amoris & amicitiæ nunquam interituræ pignus ab omni parte ornatiss. & excellentiss. D. Christiano Ottero, Dno. & olim συνοίκῳ suo charissimo Lugdun. Bat. idib. May 1621. L. M. scripsit Jacobus Dayus, Anglus. Art. & P. M.

p) Siehe im Otterschen Stammbuch die Seite 244: Ottere Jovæ dextera lucida ducat, regat te perpete gratia. Vivus memor cunctos per annos semper amore tui flagrantis. Doctissimo & rerum Mathematicarum scientia præstantissimo Juveni-Viro, D. Christiano Ottero, Borusso, Amico meo unice & colendo & amando in mei μνημόσυνον, reliqui Franagrio abituriens Regnerus Orinus. Harlingius. Anno 1621. XV. Calend. Julii.

q) Siehe im Ott. Stamb. die S. 245. Durum: sed levius fit patientia, quicquid corrigere est nefas- Horat — Hanc fraternæ memoriæ symbolam Præstanti Doctoque Juveni Christiano Ottero reliquit Franequeræ 26. Jun. ao. 1621. Fridericus Rapp. Holland. Boruss.

r) Siehe im Ott. Stammb. die Seite 246. Disce nihil Deo præponere, quia Deus nihil tibi præposuit, ne filii sui sanguinem. Cyprian — Doctissimo modestissimoque juveni D. Christiano Ottero Borusso benevolentiæ ergo scribebam Thomas Potius, Ecclesiæ Angl. Amsterodamensis Pastor a. 1621. Sextil. 20.

s) Siehe im Ott. Stammb. die Seite 184. Felices animæ, quibus hæc cognoscere primum, inque domos superas scandere cura fuit — Præstantissimo ac doctissimo viro D. Christiano Ottero, auditori suo diligenti, memoriæ testandæ caussa lubens scripsit 5. Junii 1622. Franequeræ Frisiorum Adrianus Metius.

ſſ) Man vergleiche hiemit diese angeführte Anmerkung 5.

t) Siehe im Ott. Stammb. die Seite 225: Quisquis apes, undasque timet, spinasque roseti, non mel, non pisces, non feret inde rosas. Richtig währet
ewig

ewig. — Præstantissimo ac doctissimo Dno. Christiano Ottero, amico meo singulari pauca hæc ponebam Franequeræ Joh. Wachmann. Brem. Anno 1622. 22. Febr.

u) Siehe im Ott. Stammb. die Seite 222. Vivit post funera virtus — Vive & tu felix Nestoros præstantissime ac doctissime Dne. Christiane Ottere, vive post funera per virtutem, quam summa excolis vigilantia, vive mei memor, qui tuus sum dum vivo: quod testor manu & corde candidus. Franequeræ A. 1622. d. 9. May. Gerh. Freytag.

v) Siehe im Ott. Stammb. die Seite 223. Mediis constanter in undis. Gottes Fügen ist mein Genügen — In sui memoriam hæc paucula præstantissimo ac litteratissimo viro Dno. Christiano Ottero amico suo inter paucos haud postremo relinquere voluit Franequeræ mense Julii. An. 1622. Jochim v. Lützow.

w) Siehe im Ott. Stamb. die Seite 263. Quæcunque vitiosa sunt non placere nos posse credendum est -- Hæc paucula Doctissimo ac præstantissimo viro quondam condomestico suo D. Christiano Ottero amico fidelissimo L. M. Q. reliquit Franequeræ 23. April. An. 1622. Marinus Stavenifs.

x) Siehe im Ott. Stammb. die S. 263. L. V. Majores superbus: minores mœstus. — Præstantissimo moribus & eruditione Viro juveni Dn. Christiano Ottero, Borusso, amicitiæ iniæ nunquam intermorituræ fidem signabat Franequeræ. 7. Id. Apr. 1622. P. H. Schickhart. Nassavius.

y) Siehe im Ottersch. Stammbuch die Seite 265:

Vera amicitia { diu quæritur
raro invenitur
difficulter servatur.

Pietate, doctrina, morumque integritate præstantissimo Viro-juveni Dn. Christiano Ottero Borusso, amico, fratri, & contubernali suo sincerissimo paucula hæc in perpetuam amoris ac amicitiæ contractæ memo-

memoriam L. M. Q. scripsit. Francecæ 13. April Ao. 1622. Fridericus Müncker. Naſſovius.

§. 3.

Otters Auffenthalt und Verrichtungen in Preußen.

Als unſer Otter gegen das Ende des Jahres 1622. den Preußiſchen Gränzen ſich genähert hatte, ſo ſprach er zuerſt in Dantzig an. Hier blieb er im Monath October einige Tage, und machete mit dem damaligen berühmten Prediger bey der daſigen St. Petri Kirche, Bartholomäo Martini, (a) und einem daſigen D. Medicinä, Erasmus Johann Reuſius, (b) Bekanntſchafft. Von da wandte er ſich bald nach Königsberg, und traf gegen das Ende des Jahres 1622. geſund ein. Ob Otter hierauf die Vorleſungen einiger Königsbergiſchen Profeſſoren wiederum beſuchet, oder vor ſich ſelbſten in denen mathematiſchen Wiſſenſchaften ferner geübet hat? läſſet ſich zwar aus Mangel erforderlichen Nachrichten, nicht genau beſtimmen; doch kann immer mit der größten Wahrſcheinlichkeit behauptet werden, daß er ſich an den damaligen berühmten Prof. der Mathematik, Joh. Strauß, (c) beſtändig gehalten, und von ihm bis zur zweyten Abreiſe aus ſeinem Vaterland viele beträchtliche Proben einer Freundſchaft genoſſen, (d) auch auſſer dieſem mit noch verſchiedenen anderen genaue und nutzbare Freundſchaft gehalten. (dd†)

a) Siehe

a) Siehe im Otterſchen Stammbuch die Seite 256: Noſſe Deum, bene poſſe mori ſapientia ſumma eſt. Sic ego quotidie de lecto ſurgo precando, ut mens ad mortem ſit duce læta Deo — Paucula hæc ornatiſſimo ac doctiſſimo Juveni Dn. Chriſtiano Ottero ſcripſi ego Bartholomæus Mattini, miniſter verbi ad D. Petri apud Dantiſcanos, menſe Octobri Anno 1622.

b) Siehe im Otterſchen Stammbuch die Seite 103: Non, ſi male nunc, & olim ſic erit — Paucula hæc, amoris ergo, Ornatiſſimo Doctiſſimoque Viro juveni D. Chriſtiano Ottero, Boruſſo, L. M. Q. ponebam Eraſmus Johannes Reuſſius. M. D. XXI. Octobris. Anno 1622.

c) Siehe im Otterſchen Stammbuch die Seite 187: Hoc quotidie meditare, ut poſſis æquo animo vitam relinquere. Sen. — Ornatiſſimo ac Litteratiſſimo Viro juveni, Dno. Chriſtiano Ottero, bins Matheſeos cultori feliciſſimo, amico ſuo ſingulari, ſcripſit hæc Regiomonti Boruſſ. Anno 1624. M. Johannes Strauß. Mathematum Præf. Publ.

d) Da der große Strauß um dieſe Zeit ſchon mag den Befehl gehabt haben, vor die Befeſtigung der Stadt Königsberg Sorge zu tragen, Otter aber nicht allein faſt zwey ganzer Jahre um ihn beſtändig herumgeweſen, ſondern auch hauptſächlich in der Fortification eine große Stärke beſeſſen; ſo halte ich vor wahrſcheinlich, daß Otter dem Straußen in dieſer Arbeit behülfflich geweſen, und nicht allein die Stadt nebſt den umliegenden Gegenden in Grund zu legen, ſondern auch die geſchickteſte Befeſtigung bey derſelben zu projectiren, und zu verzeichnen mit Hand angeleget hat.

dd†) Siehe im Otterſchen Stammb. die Seite 156: Non ſi male nunc & olim ſic erit. — In ſui memoriam paucula hæc appoſuit Regiomont. Boruſſorum d. 10. Julii 1624. Albertus Rautter.

§. 4.

§. 4.

Otters Abreise aus Preußen nach Pohlen, und zweyte Zurückkunft nach Preußen.

Nachdem unser Otter in Königsberg fast zwey Jahre sich aufgehalten, und überhaupt gegen funfzehen Jahre angewandt hatte, theils auf dieser, theils auf denen auswärtigen Akademien die mathematische Wissenschaften gründlich zu erlernen; so empfand er in diesem Jahr 1624. den ersten Trieb, mit seiner ansehnlichen Gelehrsamkeit, welche er durch einen besonderen Fleiß, und durch eine lange Erfahrung sich erworben hatte, der Welt zu dienen, und vornemlich durch Vorlesung derer mathematischen Wissenschaften, denen er sich fast allein gewidmet hatte, der studierenden Jugend nützlich zu werden. Um diesen gerechten Regungen nicht lange zu wiederstehen, wählte er sich das benachbarte Pohlen, und faßte den edlen Entschluß, nach diesem Reiche sich hinzubegeben, und auf die angeführte Art darinnen sein erstes Glück zu versuchen. Otter verließ also zu Anfange des Monath Augustus im besagten Jahr 1624. zum zweyten mal sein Königsberg, und sein ganzes Vaterland. Von Königsberg wandte er sich zuerst nach Elbing. Hier kam er zur gedachten Zeit gesund an, und lernete verschiedene Gelehrte, besonders aber den geschickten Professorem bey dem dasigen Gymnasio, Joh. Mikowsky (e) kennen. Von Elbing setzte er noch in demselben Monath August seine Reise nach Dirschau fort, allwo er in der

Mitte

Mitte desselben glücklich ankam, und an George Wolff (f) einen wahren Freund antraf. Von Dirschau gieng unser Otter bald darauf weg, und reisete über verschiedene Preußische Städte, allwo er aber nicht viele Freunde nach seinem Geschmack gefunden haben muß, nach Warschau. Als er hieselbsten etwa gegen das Ende des Jahres 1624. gesund angekommen war, so ist wohl zu vermuthen, daß er baldige Gelegenheit gefunden, seine sich vorgesetzte Absichten auszuführen. Denn, da er an diesem Ort fast zwey Jahre verblieb, und die Anzahl geschickter Lehrer in der Mathematick zu der damaligen Zeit eben nicht ansehnlich gewesen seyn mag, so lässet sich gewiß vermuthen, (obgleich keine glaubwürdige Nachrichten hiervon vorhanden sind) daß er an einem so erhabenen, und auch etwas theuren Ort nicht auf seinem Zimmer stille gesessen, sondern seine Zeit mit Unterrichtung der adelichen Polnischen Jugend zugebracht hat. Doch im Anfang des Jahres 1626. bekam Otter in Warschau eine unerwartete Adreße an die Herren Paul von Damitz, (ff) Stadthalter des Stiffts Camin, wie auch Fürstlich Pommerscher Rath, und Peter Glasenap, (g) Fürstlich Pommerscher Hauptmann, welche beyde als Abgesandte an den König und Cron Polen, damals sich in besagter Stadt aufhielten. Diese beyde Herren von den seltenen Verdiensten unsers Otters eingenommen, überredeten ihn nicht allein aus Polen seinen Abzug zu nehmen, sondern gaben ihm auch vortheilhafte Anschläge an die Hand, auf eine leichtere und

beßre

beßre Art in Holland fortzukommen. Otter, dem dieses freye Land bekannt war, und von Anfang an, jederzeit gefallen hatte, nahm hierüber nicht lange Bedenkzeit, sondern entschloß sich geschwinde, der vorgeschlagenen Vortheile in Holland theilhaftig zu werden. Er verließ also im Monath Merz des Jahres 1626. Warschau, reisete im April über verschiedene Polnische Städte, und kam endlich im Monath May zu Königsberg in Preußen wieder glücklich an. Hier mag er wohl damals versucht haben, eine vortheilhafte Bedienung in seinem Vaterlande zu erhalten; allein, da keine Gelegenheit vor ihm offen stand, und er solchergestalt seine Absichten zu erreichen, nicht vermögend war, so kehrete er bald alle Anstalten vor, aus Preußen aufs neue wiederum weg zu reisen. Nachdem also unser Otter bey dem damaligen Preußischen Cantzler, Martin v. Wallenrodt, (h) seinen Respect bezeuget, und dem Andenken dieses gelehrten und unvergleichlichen Mäcenaten, sich empfohlen hatte, so verließ er im Monath May des besagten Jahres 1626. zum dritten mal sein Königsberg, und schiffte mit guten Winden und günstig scheinenden Hoffnungen, nach Holland über. (i)

e) Siehe im Otterschen Stammbuch die Seite 181. und 182: — — Doctissimo & præstantissimo Juveni Dno. Christiano Ottero, disciplinarum mathematicarum indagatori solertissimo, & earundem peritissimo amico meo ut singulari sic charissimo scribebam & omnia fausta adprecabar Elbingæ Boruss. die 7. Augusti Anno 1624. Johannes Mikowsky. Professor. f) Siehe

f) Siehe im Otterschen Stammbuch die Seite 264: Omnia adsunt bona, quem penes est Virtus. — Præstantissimo & doctissimo Dno. Christiano Ottero, amico ut Fratri suo sincerissimo, hoc manus ac mentis monumentum in perpetuam contractæ amicitiæ memoriam Dirsowiæ adposuit d. 12. August. Anno 1684. Georgius Wolff. Borussus.

ff) Siehe im Otterschen Stammbuch die Seite 174: Commenda Domino vias tuas, ipse faciet. — Paul von Damitz, Stadthalter des Stifts Camin, F. Pommerscher Rhadt, und zu dieser Zeidt Abgesandter an die Königl. Mayst. und Stende der Crone Pohlen, schrieb dieses zu guthem Gedechtniß in Warschow, den $\frac{23}{3}$ Martii Anno 1626.

g) Siehe im Otterschen Stammbuch die Seite 175: Integritas & Rectum custodiant me. — Dieses geschrieben ihn Warschow den $\frac{23}{3}$ Martii, Ao. 1626. Peter Glasenap. Fl. Pommerscher Hauptmann, und Abgesandter.

h) Siehe im Otterschen Stammbuch die Seite 153: Noli altum sapere, sed time. — — — In gratam mei recordationem Doctissimo Dno. possessori adscripsi lubens, volens, M. Majo Anno Christianæ salutis 1626. Martinus de Wallenrodt. Jur. Pruss. Cancellarius.

i) Man vergleiche hiemit den Anfang des folgenden fünften Paragraphi.

§. 5.

Otters abermalige Reise aus Preußen nach Holland.

Kaum hatte unser Otter im Jahr 1626. den Monath Junius erreichet, so befand er sich bereits zu Franecker. Hier verweilte er sich etwas über 6. Mo-

6. Monathe, und errichtete mit dem Baron Nicolaus Slupecki de Conari, (k) und zween Polnischen Edelleuten, Peter de Lupkisowinsky (l) und Stanislaus Karwicky a Karwice, (m) ingleichen mit drey seiner Landsleute, Matthias Rüdiger, (n) Petro Weger, (o) und Mauritius Jerichau, (p) eine genaue Freundschaft. Von Franecker wandte er sich nach dem Haag, alwo er im Monath April des Jahres 1627. mit dem berühmten D. und Prof. der reformirten Theologie, Andreas Rivetus, (q) bekannt wurde. Vom Haag zog er zu Anfang des Monaths April nach Leyden. Hier blieb er aber nicht eine kurze Zeit, sondern verweilte sich mehrentheils ein ganzes Jahr, weil er nicht allein an dem D. Medicinä, Joh. Kolmer, (r) und an den Studiosis, Andreas von Berensdorff, (s) Ernst Prott, (t) Joh. Origanus, (u) und Georg Remus, (v) gute Freunde und Tischgenossen antraf, sondern auch an Joh. de Wysokiekaszowsky, (w) einem Polnischen, Melchior Korf, (x) einem Sächsischen Edelmann, Philipp Oesler, (y) einem Stettiner, und Samuel Cnotius, (z) einem Schlesier, seine erste Zuhörer in den mathematischen Wissenschaften in Holland bekam. Nach dieser geendigten Arbeit ging er im Jahr 1628. nach dem Haag, und besprach sich hieselbsten zu Anfange des Monaths Sept. mit einem Holländischen Mathematico, Albrecht Girard, (a) und Andreas Kregelius. (b) Im folgenden Jahr 1629. reisete unser Otter aus dem Haag, und besahe

sahe in der Mitte des Monath Junius das Lager vor Herzogenbusch, allwo er einen braven Edelmann, Carl von Riemitz, (c) kennen lernete. Hierauf ging er gegen das Ende des gedachten Monaths durchs Lager bey Bolducum, wo er mit Theodor Niels, (d) bekannt wurde. Und endlich kehrete er darauf nach Leyden zurück, allwo sein fleißiger Schüler, der angeführte Philipp Oesler, (e) und sein Bruder, Christoph Otto Oesler, (f) von ihm Abschied nahmen, da sie die Universität verließen. Als unser Otter nun lange genug in Holland gewesen zu seyn glaubte, so brachte er die letzte Zeit seines Aufenthalts in Leyden mehrentheils in der Gesellschafft des dasigen berühmten Prof. der mathematischen Wissenschaften, Franz v. Schooten, (g) wie auch seines gelehrten und der Mathematik vorzüglich ergebenen Landsmannes, M. Adam Freytag, (h) zu, und machte sich allmählich zu seiner Abreise aus Holland, fertig, als welche gegen das Ende des Jahres 1629. würklich erfolgte.

k) Siehe im Otterschen Stammbuch die Seite 154: — — — Non solis viribus æquum, credere; sæpe acri potior Prudentia dextra. — — Hæc Doctiss. Dn. Possessori in jucundæ sui memoriam lubens scripsit Franeq. Frisior. 1626. Nicolaus Slupecki. L. B. de Conari.

l) Siehe im Otterschen Stammbuch die Seite 199: Durum frangit patientia. — — Doctissimo, præstantissimoque Domino Possessori scripsit Petrus de Lupkisowinsky Franeq. Frisior 26. Jun. 1626.

m) Siehe

m) Siehe im Otterschen Stammbuch die Seite 200:
Qui non est hodie cras minus aptus erit. — —
Præstantissimo nec non Doctissimo Domino possessori hæc pauca in jucundam sui recordationem apponere volebat, Stanislaus Karwicky a Karwice. Franeq. Frisiorum. Anno 1626. 12. August.

n) Siehe im Otterschen Stammbuch die Seite 62:
Non est currentis neque volentis, sed miserantis Domini. — — Qui Divam Mathesin flagranti ardore & desiderio secutus, labore & constantia feliciter assecutus, præclaro Juveni, Dno. Christiano Ottero, amico suo desideratissimo amicitiæ fidem signabat Matthias Rüdiger. Borussus, Franequeræ Frision. Cal. Nov. Anno 1626.

o) Siehe im Otterschen Stammbuch die Seite 55:
Ex umbra in solem. — — Pietate & omnivaria eruditione politissimo M. Christiano Ottero, Conterraneo & amico meo suavissimo recordationis ergo scripsi. Franequeræ Frisiorum. Cal. Nov. Ao. 1626. Petrus Weger. Regiomontanus Borussus.

p) Siehe im Otterschen Stammbuch die Seite 61:
Dews Dawe Dantis Dews Dus Donos — — Natura perficitur arte. — — Singulari doctrina probitate & fide Ornatissimo Viro Dno. Christiano Ottero Mathematices studioso solertissimo, Amico & Conterraneo suo charo, amoris & studii monumentum magni exiguum apponebat, Franckeræ Mauritius Jerichau. T. B. Ao. 1626. 1 Novemb.

q) Siehe im Otterschen Stammbuch die Seite 159:
Ætas nostra bene disponenti multum patet. — —
Memoriæ & benevolentiæ ergo scripsi Hagæ Comitis Prid. Idus April 1627. Andreas Rivetus.

r) Siehe im Otterschen Stammbuch die Seite 221:
Spe Fati melioris alor. — — Viro præstantissimo, & Doctissimo Dn. Christiano Ottero, amico ac commensali suo suavissimo scribebat Lugdun. Batav. Ao. 1627. 16 May. Joannes Kolner Medic. D.

s) Siehe

s) Siehe im Otterschen Stammbuch die Seite 224:
Satis superque humilis est, qui jure æquo in civitate
vivit, nec inferendo, nec patiendo injuriam. Livius.
— — Præstantissimo ac humanissimo viro Dn. Christiano Ottero, fautori, amico, ac convictori suo plurimum honorando, hæc paucula in æternam sui recordationem apponebat Lugdun. Batav. 16 May. Ao.
1627. Andreas von Berenstorff.

t) Siehe im Otterschen Stammbuch die Seite 244:
Libertas est res inæstimabilis. — — Præstantissimo
atque politissimo Dno. Christiano Ottero, amico suo
charissimo hoc in perennis memoriæ monumentum
amica manu apponebat Ernestus Proitt. Dantisc. Ao.
1627. ultimo die April. Lugd. Batav.

u) Siehe im Otterschen Stammbuch die Seite 264:
Omnia sperando facilis patientia vincit. Qui silet &
sperat, dum dolet ille sapit. — — Pauca hæc scribebat memoriæ amicitiæque caussa Præstantissimo &
Doctissimo Viro, Dn. Christiano Ottero, amico suo
plurimum colendo Lugd. Batav. die $\frac{11}{23}$ May. Anno
1627. Johannes Origanus.

v) Siehe im Otterschen Stammbuch die Seite 267:
Omnino levius omne malum fit, leniter ferendo. —
Doctrina & virtute Præstanti Viro Dno. Christiano
Ottero, artium mathematicarum peritissimo, amico
meo æternum honorando, hoc benevolentiæ sinceræque amicitiæ testandæ symbolum apponebam Lugd.
Batav. Anno 1628. 2 May. Georgius Remus. Dantisc.

w) Siehe im Otterschen Stammbuch die Seite 202:
Quo nos fata trahunt retrahuntque, sequamur.. —
Politissimo & doctissimo Viro-juveni, Domino Christiano Ottero, suo in disciplinis Mathematicis didascalo industriosissimo hoc amicitiæ benevolentiæque
suæ testamen L. M. Q. relinquere voluit Johannes de
Wysokie Kaszowsky. Eques Polonus, d. 8. Septemb.
Anno 1627. Lugd. Batav.

P   x) Siehe

x) **Siehe im Otterschen Stammbuch die Seite 219:**
Tandem fit surculus arbor. —— —— Hæc pauca præstantissimo ac ornatissimo viro Dno. Christiano Ottero, amico, commensali ac præceptori sui multum honorando jucundæ recordationis ergo lubens apponere voluit prout debuit Lugdun. Batavor. An. 1627. die 17. May. Melcher Korff. Nob. Brem. Saxo.

y) **Siehe im Otterschen Stammbuch die Seite 254:**
Virtus eripi, nec surripi potest unquam neque naufragio, neque incendio amittitur. Cic. —— —— Humanissimo ac doctissimo Juveni-Viro Dn. Christiano Ottero, Præceptori suo Matheseos fidelissimo, ac amico suo desideratissimo, hæc paucula benevolentiæ, ac amicitiæ attestandæ ergo reliquit. Lugd. Batavorum die 27. Junii Anno 1629. Philippus Oesler. Seq. Pom.

z) **Siehe im Otterschen Stammbuch die Seite 252:**
Habeto simplicitatem columbæ, ut nulli machineris dolos, & serpentis astutiam, ne aliorum supplanteris insidiis. — **Ist leyden frölich, so trawr ich selten** — Paucula hæc in gratam nominis sui memoriam Clarissimo & Humanissimo Dno. Christiano Ottero, Mathematico insigni, amico suo singulari, & in Mathesi præceptori fidelissimo ponebat Lugduni Batavorum. IV. Non. Junii. Anno 1628. Samuel Cnotius. Sil.

a) **Siehe im Otterschen Stammbuch die Seite 185:**
Naistre pour vivre, puis mourir pour revivre. —— —— Benevolentiæ ergo scribebam præstantiss. ac erudito Juveni Dno. Christiano Ottero, Lithuano-Borusso, Albertus Girardus, Mathem. Hagæ Comitis. Kal. Septemb. 1628.

b) **Siehe im Otterschen Stammbuch die Seite 256:**
Multa movet mundus, martem mortemque minatur, Perdura pulcrum pro pietate pati. —— —— Ingeniosissimo, doctissimoque Dn. Christiano Ottero, amico suo

suo sincero paucula hæc in sui recordationem adscripsit Hagæ Prid. Cal. Octobr. Anno 1628. Andreas Kregelius. Palatinus.

c) Siehe im Otterschen Stammbuch die Seite 217: Duce Deo Comite fortuna. — Arte & marte. — Glück und Glaß, wie bald bricht daß. — Zum Steten Andenken Schreib diß Seinem viel wehrten Freund Monſ. Christiano Ottero, im Lager vor Herzogenbusch den 21. Junius deß 1629. Jahres. Carl von Riemiz.

d) Siehe im Otterschen Stammbuch die Seite 259: Prudentem nil pœnitet. — — Exiguum hoc ornatissimo doctissimoque viro juveni Dno. Christiano Ottero in amicitiæ tesseram scribebam, in campo apud Bolducum. Theodorus Niels, 22. Kal. Julii. Anno 1629.

e) Man vergleiche hiemit die obige Anmerkung y.

f) Siehe im Otterschen Stammbuch die Seite 253: Quod deest obscurorum virtuti, ignobilitati adscribimus; nobiles vero, nisi eandem laudem adepti sint, quæ digna sit majorum virtutibus, etiamsi cæteris longe præstare videntur, nulla tn. admiratione dignos putamus. Galenus. — — Præstantissimo ac doctissimo Juveni-viro Dno. Christiano Ottero, amico suo multum colendo memoriæ ergo hæc subjecit Lugd. Batavorum die 27 Junii anno 1629. Christoph Otto Oesler. Sed, Pom.

g) Siehe im Otterschen Stammbuch die Seite 184: La guerre ne se doit fair que pour la paix. — — Geschreyen ter dienstvriendlicke gedächtnis des Herrn velgeleerden Christiano Ottero, Lithuano-Borusso, door syn gœden Friendt Frans van Schooten, Prof. Mathem. in Univerſ. tot Leyden den 20. Jul. 1629.

h) Siehe im Otterschen Stammbuch die Seite 250: Adhuc cœlum volvitur. — — Viro pietate virtute

ac eruditione præstantissimo, Dno. Christiano Ottero, Mathematum cultori industrio, Amico, Fautori,
ac Conterraneo charissimo hæc in memoriam sui ad-
ponebat in Lugdun. Batav. die $\frac{29}{9}$ Julii 1629. M.
Adamus Freytag. Thorun. Boruss.

§. 6.
**Otters Abreise aus Holland nach Frankreich,
Engelland, Deutschland, Italien, Frankreich,
Holland, und dritte Zurückkunft
nach Preußen.**

Von Holland wandte sich hierauf unser Otter
nach Frankreich. Er gieng anfänglich über verschiedene merkwürdige Plätze, und kam gegen das
Ende des Monath August im besagten Jahr 1629.
zu Paris an. Allhier machte er sich mit verschiedenen bekannt, und fand vornemlich an Adam
v. Schliewitz, (i) Joh. v. Schweinichen, (k)
Heinrich v. Schweintz, (l) und Joh. Freudenberg, (m) gute Freunde. Kaum hatte Otter den
Winter in Paris zugebracht, so verließ er im folgenden Jahr 1630, da es gegen den Frühling
gieng, Frankreich, und setzte nach Engelland über.
Hieselbsten wandte er sich zuerst nach London, allwo er im Monath April eintraf, und an Samuel
Weiß von Schalen, (n) einen Freund erhielte.
Im folgenden Monath May zog er nach Orfurt,
und wurde mit George Rosencrantz, (o) und
Erico Oligeride Rosencrantz, (p) zweyen Dänischen Edelleuten, imgleichen mit Friedrich Andreas, (q) bekannt. Und in dem darauf folgenden

den Monath Junius gieng er nach Canterbury, und erlangte die Bekanntschaft des dasigen Predigers bey der französischen Kirche, Johann Bultelli.(s) Da Otter diese ansehnliche Plätze in Engelland besehen hatte, so begab er sich nach den Niederlanden, und kam zu Ende des Monath Junius in Brüssel glücklich an. Hier hielte er sich nicht lange auf, und ob er gleich an Heinrich Julius Weinrehm, (f) einen Freund antraf, so verließ er zur besagten Zeit diesen Ort, und traf in den letzten Tagen des Monath Junius zu Löwen ein. Diese Stadt gefiel unserm Otter besser als das gedachte Brüssel. Denn, da er allhier auf der Akademie mit verschiedenen gelehrten Männern bekannt wurde, und besonders den dasigen Erzherzoglichen Rath, Königl. Historiographum und Gouverneur des Castells zu Löwen, Erycium Puteanum (ff) zum Gönner erhielte, so verweilte er sich hieselbsten fast auf 2. Monath, und blieb so lange, bis er den Entschluß faßte, aus den Niederlanden wegzugehen, und nach Frankreich zurück zu reisen. Kaum hatte sich der Monath September angehoben, so stellete sich Otter in Orleans ein, allwo er gleich mit J. N. Drauzelles (t) bekannt wurde. Einige Tage hernach traf er in Anjou ein, allwo er einen Märker, Mathias Dögen, (u) kennen lernete. Von da gieng er bald drauf nach Rochelle und erhielte an Hans Sigmund Baron von Fünfkircher, (v) und Christoph von Wobersnow, (w) gute Freunde. Von Rochelle reisete er weiter in der Mitte, (oder vielleicht gegen

P 3 das

das Ende) des Monaths Septembers mit seinem Landsmann, Thomas Heſius, (x) und einem Norweger, Heinrich Icking, (y) über Poictiers nach Bourdeaux. Endlich nahm unſer Otter ſeinen Weg nach Paris, und kam allda im Monath October geſund an. Hieſelbſten gerieth er in einen Umgang mit zwey Brüdern, Chriſtoph (z) und George (a) Slupeki, Freyherrn von Conari. Beſonders erhielt er hieſelbſt die vorzügliche Gelegenheit mit dem bekannten großen Polyhiſtor, Hugo Grotius, (b) bekannt zu werden, welcher ihn, wegen ſeiner erhabenen Wiſſenſchaft in der Mathematik nicht allein hoch ſchätzte, ſondern auch durch ſein nachdrückliches Vorſtellen dahin brachte, daß der daſige Profeſſor der gemeinen Sprachen, C. Mercerus, (c) die beſagte Wiſſenſchaft bey ihm zu hören anfieng. In dieſer Verfaſſung blieb Otter zu Paris faſt 5. Monath hindurch, bis ihm der Gedanke einfiel, auch eine Reiſe nach der Schweiz zu unternehmen. Er gieng alſo im Jahr 1631. zu Anfange des Monaths April mit einigen ſeiner Schüler von Paris weg, und kam bald darnach anfänglich zu Orange an, allwo er mit einem daſigen Ingenieur und Landsmann, Jacob Holſt, (d) bekannt wurde. Von Orange reiſete er darauf nach Niemes, allwo er ſeinen alten Landsmann, Thomas Heſius, (e) wieder antraf, und mit ihm die Oſterferien zuſammen hielte. Von Niemes gieng er bald darnach mit Gerhard Prönen, (f) und ſeinen übrigen Schülern über Marſeille nach Lion, allwo er in der Mitte des

des Monaths May ankam, und an Hans Rudolff Baron von Greiffenberg (ff) einen wahren Freund fand. Endlich verließ unser Otter um die gedachte Zeit die französischen Grenzen, und gelangete im Anfange des Monaths Junius in der Schweitz zu Genff an. Hier bekam er an Joh. Amon, (fg) imgleichen an Casper v. Stosch, (g) Leonhardt v. Nostitz, (h) und George v. Kottwitz, (i) welche letztere insgesamt Schlesische Cavaliere waren, gute Bekannte. Von Genff, wo er sich nur einige Tage verweilete, gieng unser Otter nach Bern. Hier kam er in der Mitte des Monaths Junius an, und wurde nebst verschiedenen anderen, besonders mit Peter Lutkens (k) bekannt. Von Bern zog er darauf nach Basel, und genoß von zweyen Hamburgern, Vincentius Müller und Herman Müller (l) viele Freundschaffte. (H) Endlich hatte unser Otter die Schweitz genug besehen, und es fiel ihm mit einmal ein, auf eine gleiche Weise auch einen Theil von Italien durchzuschauen. Er reisete also in dieser Absicht zuerst nach dem Ober-Rhein, und kam (vermuthlich) zu Ende des Jahres 1631. in Strasburg an. Hieselbsten machte er im Anfange des Jahres 1632. mit einigen Schlesiern, Carl von Stoltz, (m) Zarislaus von Strzela (n) und George Paßel, (o) Freundschaft. Durch dieser Herren Vorsorge erhielte er im Monath April die vortheilhafte Bekanntschaft mit dem damaligen Pfältzischen und Prof. Honorario zu Heydelberg, Johann Freinsheim, (p) wie auch mit dem dasigen

gen Canonico und Prof. der Historie und Beredsamkeit, Matthias Bernegger. (q) Ueberdem bekam er auch an Rheinhard Wiedt (r) und David Fleckhammer (s) gute Freunde. Nachdem Otter solchergestalt zu Strasburg sich einige Monathe aufgehalten hatte, so schritte er zu seinem gefaßten Vornehmen, und durchzog in kurzer Zeit im Jahr 1632. mit Fabian Truchses und Freyherren von Waldpurg (t) und andern seinen Schülern den obern Theil von Italien. Er gieng nemlich über Siena und andere sehenswürdige Plätze nach Rom; und kam daselbsten zu Anfange des Monaths Septemb. im gedachten Jahr 1632. glücklich an. Ausser einen Märker, Erasmum Scultetum (t) und einen Liefländer, Joh. Flügel, (u) traf er niemanden, der ihn hätte überreden können, an diesem Ort sich lange aufzuhalten. Er reisete also von Rom bald weg, und kam zu Anfange des Monath Novembers in Venedig gesund an. Hier fand er einen Landsmann und großen Verehrer der Gelehrsamkeit, den Robert Robertini, (v) mit welchem er sich nicht allein alsbald bekannt machte, sondern auch den Grund einer solchen Freundschaft legte, welche zwischen beyden bis ans Ende nachhero ohnunterbrochen gewähret hat. Nach einigen Monathen verließ unser Otter diesen ihm angenehm gewesenen Ort, und gieng weiter nach Mayland. Hier kam er zwar zu Anfange des Monaths April im Jahr 1633. mit seinem Schüler, Jacob Schlein, (w) an; allein, es waren noch nicht volle zwey Monath verflossen, so

verließ

verließ er wieder Italien, und sezte seine Reise nach Frankreich fort. Kaum hatte der Monath Junius seinen Anfang genommen, so befand er sich bereits wieder zu Paris. Dieser Ort, welcher ihn vormals genug vergnüget hatte, wurde ihm vor jezo noch schäzbarer, da er nebst Adam Remold, (x) Friedrich Ruttschritter, (y) und andern Ausländern, verschiedene Landsleute, nemlich Wolff Friedrich Truchses von Wezhausen, (z) Andreas Adersbach, (a) Matthias Rüdiger, (b) George Reimann, (c) und besonders seinen alten aus Leyden her ihm bekannt gewesenen Freund, Adam Freitag, (d) welcher damals zu Paris als Doctor der Philosophie und Medicin, wie auch Leib-Medicus des Fürsten Radzivill sich aufhielte, unvermuthet antraf. Als er mit diesen Männern gegen zwey Monathe einen angenehmen Umgang gepflogen hatte, so wurde ihm wieder auch Paris zu enge, und er faßte den Entschluß, mit ehesten aus Frankreich wegzureisen. Am Ende des Monath Junius verließ er also dieses Land und sezte seine Reise weiter nach Cölln fort. Hier langete er im Anfange des Monaths September zu Rheinberg an, allwo er unerwartet einen Landsmann, den damals designirten Prof. der Mathematik auf der Königsbergischen Universität, Albrecht Linemann (e) antraf. Dieser Mann, den er sonsten schon kannte, war ihm an diesem Orte desto angenehmer, da er bey ihm nicht allein eine übereinstimmende Denkungs-Art und Wissenschaft fand, sondern auch deutlich bemerkete, daß er

ihn

ihn wegen seiner Gelehrsamkeit würklich hochschätzte, und vor andern ausnehmend liebete. Indessen, auch hier blieb Otter nicht lange; er verließ bald dieses Land, und gieng eilend wieder nach Holland über. Kaum hatte sich der Monath Sept. im besagten Jahr 1633. angefangen, so erschien er schon zu Leyden. Hier fand er an Friedrich Nauwergk (f) einen Landsmann, und guten Bekannten. Und ausser diesem traf er noch mehrere Freunde an, da er an diesem Ort fast ein Jahr verblieb, und solchergestallt die Gelegenheit hatte, sich nicht allein mit seinen alten Freunden zu unterhalten, sondern auch neue Freunde hinzu zu erwerben. Nach Verfließung dieser Zeit, nöthigten unsern Otter einige häusliche Umstände an sein geliebtes Vaterland wieder zu gedenken, und eine abermalige Hinreise zu unternehmen. Er verließ also in dieser Absicht sein Holland, und kam im Monath April des Jahres 1634. zu Königsberg in Preussen glücklich wieder an. Ob er nun gleich allhier seine alte Lehrer, den von Geldern, Straußen und andere gute Freunde nicht mehr beym Leben fand, so hatte er doch das Vergnügen, seinen ersten Lehrer in der Mathematik, den alten Professor Weier, (ff) seinen aus der Fremde vor kurzen angekommenen Freund, und damaligen Hofgerichts- und nachher zeitigen Ober-Secretarium bey der Preußischen Regierung, Robert Robertini, (g) seinen alten Landsmann, Joachim Löbel, (h) und noch einen andern ehrlichen Bekannten, Bridius Getkanns, (i) gesund und munter zu sprechen. Ausser fer dem wurde er auch mit dem damals aus Holland angekommenen und eben designirten Professor der Beredsamkeit, Valentin Thilo, (k) und dem damaligen Collega bey der Cathedral Schule, und nachhero berühmten Professor der Poesie, Simon Dach, (l) besonders bekannt. Von diesen alten und auch den übrigen neu erworbenen Freunden, wurde er nicht allein überall höflich begegnet, sondern auch mit einer solchen Hochachtung aufgenommen, daß er verschiedene Monathe allhier sich aufzuhalten, kein Bedenken trug. Als nun unser Otter alle diese Höflichkeiten überflüßig genoßen, und seine häusliche Geschäfte in Richtigkeit gebracht hatte, so nahm er im gedachten Jahr 1634. zum vierten mal von seinem Vaterlande Abschied, und reisete mit seinem Halbbruder, Joh. Jacob Lock, (m) wiederum nach Holland.

i) Siehe im Otterschen Stammbuch die Seite 215: Prudentiæ est præteritorum meminisse, præsentis agere, & futura præcavere. — — Præstantissimo Domino Possessori exiguis hisce studia & officia sua pollicetur Parisiis, 1. Octob. 1629. Adam von Schliewitz.

k) Siehe im Otterschen Stammbuch die Seite 216: Jesus Vitæ scopus. — — Hisce Literatissimo Dno. Possessori memoriam & amicitiam suam commendare voluit Cal. Octobr. Ao. 1629. Lutetiæ Parisiorum. Johann von Schweinichen.

l) Siehe im Otterschen Stammbuch die Seite 216: Sat habet favitorum semper, qui recte fecit. — — Plus tost mourir, que changer. — Dieses schrieb
zum

zum Vermehrten Angehörigen in Paris den 1. Oct. im Jahr 1629. Heinrich von Schweinitz. Sil.

m) Siehe im Otterſchen Stammbuch die Seite 248:
Dieu aime les adverbes, & ne ſe ſoucie combien bon, mais combien bien. — Præſtantiſſimo atque eruditiſſimo Dno. Poſſeſſori, amico colendo benevolentiam & ſtudia pollicetur hac manu Pariſiis 27. Sept. Ao. 1629. Johannes Freudenberg. Vratisl.

n) Siehe im Otterſchen Stammbuch die Seite 228:
Deo Reipub. & Amicis. — — Wer ſich erfreut im Leiden, iſt frölich zu allen Zeiten. — — Præſtantiſſimo D. Poſſeſſori hoc ſui μνημόσυνον relinquebat Samuel Weiſſius a Schalen. Londini 4. Aprilis 1630.

o) Siehe im Otterſchen Stammbuch die Seite 176:
Vive ut vivas. — — O quam oportune. — — Lubens hæc paucula amico poſſeſſori reliqui Oxon. Ao. 1630. 26 May. Georgius Roſencrandtz. Nob. Dan.

p) Siehe im Otterſchen Stammbuch die Seite 177:
In Deo nunquam eſt exul, qui in mundo ſemper eſt peregrinus. Auguſt. — — In ſui memoriam lubens & volens hæc paucula appoſuit Oxoniæ Anno 1630. 26 May. Ericus Oligerides Roſæcrantzius. Nob. Danus.

q) Siehe im Otterſchen Stammbuch die Seite 242:
Felices animæ, quibus hæc cognoſcere primis inque domus ſuperas ſcandere cura fuit. — — Virtute rerumque mathematicarum ſcientia præſtantiſſimo, Viro Dno. Chriſtiano Ottero, amico ſuo æternum colendo, hanc amicitiæ nunquam intermorituræ arrham reliqui Oxoniæ 26 May 1630. Fridericus Andreas. Danus.

r) Siehe im Otterſchen Stammbuch die Seite 241:
Peregrinari in terris commodum. Peregrinari in ſtudiis ſtultum. Peregrinari a ſalute peſſimum. — — Utere medicina Sirachi: Quoſidie Precantor. — —

Joan-

Joannes Bultellus, Pastor Ecclesiæ Gallicæ Cantuarienſis ſcribebat Cantuar. 3 Junii 1630.

s) Siehe im Otterſchen Stammbuch die Seite 227: Le pouvoir empeſche le vouloir. — Dieſes ſchrieb zu ſtehts wehrend gedechtnis Monſ. Chriſtian Otter in Bruxel den 24. Jun. 1630. Henry Jul. Weinrehm.

t) Siehe im Otterſchen Stammbuch die Seite 192: Vitam niſi honeſtate definiam, caligo & calamitas erit. Honeſtas virtutis comes eſt, Virtus hominis vita eſt, hominemque felicem facit. — Scripſi Loyanii in Arce. IX. Kal. Jul. 1630. Erycius Puteanus.

t) Siehe im Otterſchen Stammbuch die Seite 204: Vive vacans ſtudio, quaſi nunquam ſit moriturus, vive carens vitio quaſi cras moriturus. — — Hæc ſcripſi Aureliæ die 1. Septemb. 1630. in amicitiæ teſtimonium præſtantiſſimi Dn. Otteri J. N. Drauzelles.

u) Siehe im Otterſchen Stammbuch die Seite 254: Ad normam & perpendiculum. — — In ſui memoriam reliquit Andegati 4. Iduum Septemb. Ao. 1630. Matthias Dægen. Dramburgo Marchicus.

v) Siehe im Otterſchen Stammbuch die Seite 152: La guerre, les armes, & l'amour me rendront bien content un jour. — — Recordationis ergo hæc apponebat Rupellæ die 18. Septembr. Anno 1630. Hans Sigmund Fünffircher. Freyher.

w) Siehe im Otterſchen Stamm b. die Seite 229: Craindre Dieu pour ne rien craindre. —— Hoc in memoriæ ſignum ponebat Rupellæ Dn. Poſſeſſori Chriſtophorus de Wobersnow. Ao. 1630. 17 Sept.

x) Siehe im Otterſchen Stammbuch die Seite 254: Ad alta adſpirare virtutis eſt, pervenire felicitatis — Præſtantiſſime Dne. Ottere, ecce calamum, ſinceri amoris indicem, quo te ſemper complexus eſt, &

dum

dum vivet complectetur tuus in Mathesi æmulus, in peregrinatione comes. Thomas Hesius. Borussus. Pictavii d. 24. Sept. 1630.

y) Siehe im Ottersch. Stammbuch die Seite 251:
Non est placandi spes mihi nulla Dei,
Vel quin nil ingens ad finem Solis ab ortu
 Ille cui paret mitius orbis habet
Scilicet ut per vim non est superabilis ulli
 Molle cor ad timidas sic habet ille preces. —
Viro juveni Virtute & eruditione præstantissimo. Mathematicarum scientiarum peritissimo Dn. Christiano Ottero, amico meo conjunctissimo, in memoriam jucundæ meæ conversationis & institutæ simul peregrinationis hæc apponere volui, omnia fausta ac felicia ipsi apprecans Henr. Ickingius Asloa — Norvegus. Burdegalæ 25 Sept. 1630.

z) Siehe im Otterschen Stammb. die Seite 154:
Vera virtute nulla est solidior possessio. — — Doctissimo ac præstantissimo Dno. Possessori benevolæ recordationis ergo scribebat Christophorus Slupecki L. B. de Conari.

a) Siehe auf derselben Seite: Optimus animus, pulcherrimus Dei cultus est. — Georgius de Conari Slupecki. L. B. scripsit Lutetiæ. die 23. Octob. 1630.

b) Siehe im Otterschen Stammbuch die Seite 195:
Διπλᾶν ὁρῶσιν οἱ μαθόντες γράμματα - - -
V. C. Christiano Ottero in mathematicis studiis eminenti scribebam L. M. Lutetiæ 1633. Oct. die 25. Hugo Grotius.

c) Siehe im Otterschen Stammbuch die Seite 198:
τὰ τῶν φίλων κοινά - - - Gratitudinis & benevolentiæ ergo scribebam Viro Doctissimo Christiano Ottero, Lithuano-Borusso in Mathematicis præceptori

tori meo colendiſſimo Lutetiæ 25 Octobr. 1630. C.
Mercerus, linguarum vulgarium Profeſſor.

d) Siehe im Otterſchen Stammbuch die Seite 92.
Accidit in puncto, quod non ſperatur in anno. —
Dieſes ſchreibe ich zu ſtetswerender gutter Freund=
ſchaft und Gedächtniß in Orange, den 8. April 1631.
Jacob Holſt. Mar. B. Ingen.

e) Siehe im Otterſchen Stammbuch die Seite 93:
Semper ad novos caſus temporum, novorum conſi-
liorum rationes accommodandæ. — Præſtantiſſimo
& ingenioſiſſimo Viro, Dno. Chriſtiano Ottero, amico & Sympatriotæ honorando in Gallica perigrina-
tione Comiti fideliſſimo hanc ſui memoriam l. m. reliquit Nemauſi Languedoc. Thomas Heſius. Boruſſus. A Nismes l'an 1631. Feſt. Paſchat.

f) Siehe im Otterſchen Stammbuch die Seite 69:
Fortuna nec per ambitionem invitanda, nec ut aſſecla
virtutis ac diſcriminum aſpernanda. — Præſtantiſſimo ac Litteratiſſimo Dno. Poſſeſſori hiſce memoriam
dulciſſimæ converſationis in itinere Gallico &c. L. m. q.
commendabat Gerhardus Proenen. Marſiliæ 13 Aprilis ao. 1631.

ff) Siehe im Otterſchen Stammbuch die Seite 52:
Altri tempi, Altre cure. — Geſchrieben zu freund=
lichem und ſtetswerendem Angedenken in Leon den
7. May Anno 1631. Hans Rudolf von Greiffen=
berg, Freyherr.

fg) Siehe im Otterſchen Stammbuch die Seite 90:
Nelle battaglie piu giova, il ferro, che l'oro per di-
fenderſi, & in vita più val la dottrina, che le ricchez-
ze per ben vivere. Jehova auxiliante — Hoc benevoli animi ſymbolum qualequale ingenioſiſſimæ mentis Dn. Poſſeſſori amica dextra inſerebat Genevæ, 2.
Jun. 1631. Johannes Ammonius. Sil.

g) Siehe im Otterſchen Stammbuch die Seite 66:
Conſtanter ac Sapienter. — Zu freundlichem gu=
tem

tem andenken schrieb dieß den 2. Junii 1631. in
Genf Caspar von Stosch Eqv. Sil.

h) Siehe im Otterschen Stammbuch die Seite 67:
Se ipsum vincere, & bene de se meritum victoria est
supra laudem. — Zu stetswerender gedächtniß
verließ dieses in Genf den 4. Jun. 1631. Leonhardt
von Nostitz. Eq. Sil.

i) Siehe im Otterschen Stammbuch die Seite 68:
Simul parta, ac sperata decora, unius horæ fortuna
evertere potest. Liv. — Zu immerwehrender Gedächtniß verließ dieses in Genf den 4. Junii, Anno
1631. Georg von Kottwitz. Eq. Sil.

k) Siehe im Otterschen Stammbuch die Seite 94:
Qui sapit ille animum peregrino obdurat in orbe.
Coralium entia undas sic abit in lapidem. — Pauca
hæc præstantissimo ac doctissimo Dno. Possessori Amico ac Fautori suo colendo in ulteriorem sui commen-
dationem inserere voluit, debuit. Petrus Lutkens,
Hamb. Bernæ. Anno 1631. Jun. 13.

l) Siehe im Otterschen Stammbuch die Seite 95:
O mortalium mentis plerumque timentium gaudia
sua & calamitates amantium — Hæc qualia qualia
Præstantissimo ac Litteratissimo Viro Dno. Possessori
Amico ac Fautori suo suspiciendo in benevolam ac
amicam sui recordationem reliquerunt Basileæ Anno
1671. Jul. 13. Vincent. Müller. Hamb. & Hermann
Müller. Hamb.

ll) Um diese Zeit, und in diesem Lande (vielleicht
entweder im Canton Unterwalden oder Uri)
muß Otter einen Grafen von Dohna kennen
zu lernen Gelegenheit gehabt haben; inmassen in
seinem St. B. auf der Seite 36. folgende Inschrift
sich befindet: 16. U. 31. Ad optima nitenti, non deest Christi auxilium. — Christoph, Burggraf und
Graf von und zu Dohna.

m) Siehe im Otterschen Stammbuch die Seite 65.
Non è modo megliore per vincer la sorte, che disposi
a vuo-

a vuoler cio, ch' ella vuole. — Zu dienſtfreundlichem und ſtethem Andenken recommendiret ſich mit dieſem Seinem Hochgeehrt und werten Freund in Straßburg, den 28. Febr. Anno 1632. Carol. von Stolß. Eq. Sil.

n) Siehe im Otterſchen Stammbuch die Seite 65: Trois choſes ſe cognoiſſent bien en trois lieux ſeulement, le hardi dans le danger, le ſage en la colere & l'ami au beſoin. — Zu dienſtfreundlichem Angedenken verließ dieſes wenige ſeinem Hochwehrten und ſehr werthen Freunde, ſich in deſſelben beharlichen Gunſt recommendirend, in Straßburg 8ten April Anno 1632. Zarislaus a Strzela. Eqv. Sil.

o) Siehe im Otterſchen Stammbuch die Seite 84: Geometria & Aſtrologia circa magnitudinem verſantur; et alio atque alio modo ut & Arithmetica, ac Muſica circa numeros ſtudium ſuum exerceant. Euſtathius. — Hiſce clariſſimo & Ingenuo Viro Domino, Chriſtiano Ottero, Fautori ætatem colendo, qualecunque literarum monimentum officioſe commendab. Arg. 4. Calend. April, æræ Chriſt. 1632. Georg. Paſſel. Sileſius.

p) Siehe im Otterſchen Stammbuch die Seite 80: Geographia docet, quantulum differant, qui nihil, & qui regna poſſident. — Vere amico, nempe natura Chriſtiano Ottero Joannes Freinshemius, Argentor. Anno 1632. 15 April.

q) Siehe im Otterſchen Stammbuch die Seite 75: Inæſtimabile bonum eſt, ſuum fieri. Senec. — Clariſſimo Dno. Chriſtiano Ottero, Mathematico excellenti, viro optimo, affectus amici fidem hac mea manu adfirmo Matthias Berneggerus. Prof. Argentorati, die 23. Aprilis, anno Chr. 1632.

r) Siehe im Otterſchen Stammbuch die Seite 97: C'eſt plus malaiſé d'eſtre ſage en proſperité qu'en adverſi-

adversitē. — Zu nächstem Schreiben begegnen
geschrieben in Straßburg den 23. April 1632.
Reinhardt Bidt.

s) Siehe im Otterschen Stammbuch die Seite 127:
Plus penser que Dieu. — Recordationes amica ergo
David Fleckhammer. Argentorati 23. April 1632.

ff) Siehe im Otterschen Stammbuch die mit dem
sauber gezeichneten Waltpurgischen Wapen aus-
gezierte Seite 45: Sæpe sub lacerato pallio Erasmi
sapientia latet. — Hæcce amico ac præceptori suo
fidelissimo relinquebat Senis die 15. Jul. 1632. Fa-
bius S. R. Imp. Dapifer hæreditarius, & L. B. in
Waltpurg.

t) Siehe im Otterschen Stammbuch die Seite 251:
Præteritorum malorum jucunda est recordatio. —
Clariss. ac Literatiss. Dn. Christiano Ottero se ma-
numque suam, amicitiæ non intermoritura signum
mancipat Romæ, 27. Sept. ao. 1632. Erasmus Scul-
tetus. Soltquellensis Marchiacus.

u) Siehe im Otterschen Stammbuch die Seite 122:
Spe labores fefelli. — Hisce Viro Mathematum pe-
ritissim. Dn. Christiano Ottero fautori suo plurimum
colendo sui memoriam ex animo commendat Johannes Flügel. Livonus. ao. 1632. 15 Sept.

v) Siehe im Otterschen Stammbuch die Seite 81:
— — — — — — integra
cum mento, nec turpem Senectam
    Degere, nec cythara carentem. Horat.
Sympatriotæ & amico candidiss. Christiano Ottero
scripsit Venetiis. Mense Novembri 1632. Robertus
Robertinus.

w) Siehe im Otterschen Stammbuch die Seite 82:
    Rebus in angustis, animosus atque
    Fortis appare, sapienter idem
    Contra res vento nimium secundo
        Turgida vela. Horat.
                Amico

Amico & præceptori suo eberiss. Christiano Ottero exaravit Mediolani, mense Aprilis die 12. Ao. 1633. Jacobus Schlein.

x) Siehe im Otterschen Stammbuch die Seite 88: Animus concentricus universo, in perfectionis centro est. —— Hanc recentis, sed æternum perennaturi affectus symbolam Doctiss. Dno. Possessori L. M. Q. reliquit Adamus Remold. Palatinus. Parisiis 1633. 9. Junii.

y) Siehe im Otterschen Stammbuch die Seite 73: Pie. Caste. Sobrie. Nam ad omnia momenta stamus ad ostium Æternitatis —— Fridericus Kuttschritter. Bresl. Silesius. Paris den 10. Jun. 1633.

z) Siehe im Otterschen Stammbuch die Seite 55: Satis est potuisse videri. —— Gegenwertiges weniges ich Mr. Ottern zum frl. angedenken hinterlassen, und Jhm darbey versichern wollen daß ich alleweg sein dienstwilliger Freund verbleibe Wolff Friederich Truchseß von Wetzhausen. A Paris le 13. de Juin. anno 1633.

a) Siehe im Otterschen Stammbuch die Seite 70: Je ne m'estonne pas, que les meschants ayent sivivy leur evustume de mesdire, & faire mal, mais je trouve estrange & m'offence trop, qu'ils sont creus des gens de bien. —— Viro Doctissimo Dno. Christiano Ottero amico & sympatriotæ meo amicorum intimis l. mque apposui Andreas Adersbach. Parisiis 7. Jun. 1633.

b) Siehe im Otterschen Stammbuch die Seite 71: Hic est magnus animus, qui se Deo tradidit. —— Clariss. Doctiss. Dno. Christiano Ottero veteris amicitiæ, ac nunquam intermoituræ fidem signabat Parisiis 10 Jun, Ao. 1633. Matthias Rüdiger.

c) Siehe im Otterschen Stammbuch die Seite 82: Quam cæcis homines in vita mentibus errant!

Amico perveteri, & benevolentissimo D. Christiano Ottero, Mathematico Excellentissimo & populari honoratissimo magni adfectus exiguum monumentum statuebam Georgius Reimannus, Jur. Lic. Parisiis, Mense Junio 1633.

d) Siehe im Otterschen Stammbuch die Seite 74: Omne nimium Naturæ inimicum Hip. — Clarissimo & Excellentissimo Viro Dno. Christiano Ottero hanc jucundæ & amicæ conversationis brevioris quidem sed exoptatissimæ tesseram relinquebat, Parisiis die 10 Junii Anni 1633. Adamus Freitag, Thor. Boruss. Phil. & Med. D. Illustriss. Principis Radziviliii Medicus.

e) Siehe im Otterschen Stammbuch die Seite 120: Regula non quam formosa, sed quam recta sit quæritur. Seneca —— En Dilecte amice atque Candide Sympatriota Dne. Christiane Ottere cum mann animum Tui Alberti Linemanni. Prusso-Fischhusini. Rhegoburgi 1633. 3 Septemb.

f) Siehe im Otterschen Stammbuch die Seite 119: Nescit succumbere virtus. — Sympatriotæ suo amicissimo Christiano Ottero manum ac mentem in sui memoriam relinquere voluit Lugduni Batav. Fridericus Nauwergk. Prusso-Regiomontanus. An. 1633. 7. Septemb.

ff) Siehe im Otterschen Stammbuch die Seite 77: Pietas & humilitas bonorum ingeni abe — Hisce cum tuis-nostris, quas omnium optime nosti, te C. L. Ottere, tertium patria natali relicta, quamvis tuam — non tuum petentem, dimitto & persequor Sigismundus Weier Senior. VI. Eid. Jun. A. Dionys. 1634. Regiomonti. Boruss.

g) Siehe die Intimat. Funebrem auf den Robert Robertini, und des Herrn Kriegsrath von Werners Nachrichten zur Preußisch-Märkisch- aut Pol-
nisch-

nischen Geschichte Th. l. S. 188. ꝛc. darinnen sein Leben vom Herrn Magister Pißansti umständlicher beschrieben, zu lesen ist.

h) Siehe die Intimat. Funebrem auf den Joachim Löbel.

i) Siehe im Otterschen Stammbuch die Seite 130: Nowissi medici Artgenis piiduti. — Bridius Getkents. Anno 1634. 1 Jun. Regiomonti.

k) Siehe im Otterschen Stammbuch die Seite 197: Turpiter desperatur, quicquid fieri potest. — Ergo Clarissimum & litteratissimum Virum Dn. Christianum Oterum Mathematicum insignem affectum officiolum cum pio felicis itineris voto paucuilis hisce signabat M. Valentinus Thilo Designatus Eloqu. Professor. Regiom. Boruss. Anno 1634. ipso Ascensionis C. Dominicæ festo.

l) Siehe die Anmerkung k. im §. 9.

m) Siehe die Intim. Funebrem des Joh. Jacob Oerks, allwo es unter andern also heißt: Præstabat id (Oerkius) primo quidem schola Electoralis, quæ Tilsæ tum florebat, — tum vero — in Palæopolitana, quæ hic Regiomonti est, ad annum 1634. studia continuavit, usque dum confirmationem laudatissimæ factorum fundamentorum petiturus — sub ductu Celeberrimi Mathematici, Christiani Oteri, Uterini sui, in Bataviam transfretaret.

§. 7.

Oters Abreise aus Preußen, und abermalige Hinreise nach Holland, Deutschland, Dännemark, und wieder nach Holland, nebst seiner vierten Zurückkunft nach Preußen.

Als unser Oter im Jahr 1634. in Holland wieder angekommen war, so gingen seine Absichten

ten lediglich dahin, die hin und wieder sich aufhaltende studirende Jugend in denen mathematischen Wissenschaften nicht allein theoretisch, sondern auch vornemlich practisch zu unterrichten. Um also unter diesen Leuten einen vortheilhaften Ruf zu bekommen, und desto leichter seine vorgefaßte Absichten zu erhalten, so blieb er vom Jahr 1634. bis 1638. nicht beständig an einem Ort, sondern reisete in Holland bald hie, bald da herum, machte sich überall Gönner, die ihm in seinen Absichten behülflich seyn konnten, und ertheilte dehjenigen Freunden, welche ihn an solchen Orten ersuchten, eine gelehrte und treue Unterrichtung in den mathematischen Wissenschaften. Also hielte er sich im Jahr 1634. den 23. December zu Leyden auf, allwo er Christoph Sinck (n) kennen lernte. Im Jahr 1635. brachte er fast die Monathe April und May zu Leyden zu, und wurde allda mit Friedrich Houlten, (o) Christoph Tinctorius (p) und Joh. George Reinhardt (q) bekannt. Am 27. October desselben Jahres befand er sich in Löwarden und lernete einen dasigen Doctorem Medicinä, Nathanael Sullenium (r) kennen. (rs) Im folgenden Jahr 1636. brachte er den ganzen Monath März und den Anfang des Aprils zu Franecker zu. Hier wurde er theils mit seinem Landsmann, Alexander Eßken, (s) mit dem dasigen Prediger, Bernhard Sullenius (dem älteren,) (ſſ) und mit dem dasigen Prof. der Historie und Beredsamkeit, Henrich Rhala, (t) theils mit dem dasigen D. und ordentlichen Prof. des Rechts,

Martin

Martin Wybyngha, (u) ferner mit dem dasigen
D. und Prof. Medicinä, M. Winsemius, (v) und
dessen Bruder dem Rechtsgelahrten und Historico,
Pierius Winsemius, (w) iingleichen mit dem
dasigen Prof. der griechischen Sprache, George
Pasor, (x) und seinem Sohn dem Prof. der practischen Philosophie und Mathematick auf der Grö-
ningschen Akademie, Matthias Pasor, (y) wie
auch mit dem dasigen Professor der hebräischen
Sprache, Bernhard Fullenius, (dem jüngeren) (z) und besonders mit dem Doctore der Rechten, Profess. der Philosophie und damals zeitigem
Rector der Franeckerschen Akademie, Arnold Ver-
helen (a) bekannt. Ueberdem besprach er sich auch
hieselbsten mit zween Landsleuten, Heinrich von
Böthlen, (b) und Paul Gericius, (c) imgleichen
mit Daniel Dammius, (d) und D. Fogelsang. (e)
Am 4. April befand er sich zu Leyden, alwo er
Ernst Bogislaus, Herzog von Croy und
Archott, (f) seinen unterthänigsten Respect bezei-
gete. Am Ende desselben Monath Aprils und
Anfange des Monaths May war er im Haag, al-
wo er die Gnade des allda sich befindlichen Königlichen Polnischen und Schwedischen, wie auch
Fürstlich-Hollsteinschen Rath, und ordentlichen
Holländischen Gesandten, Nicolaus von By, (ff)
erhielte, und zugleich die unerwartete Ehre genoß,
mit dem geheimen Rath des Fürsten von Orange,
Constantinus Hugenius, (g) [dem Vater des berühmten Mathematici, Christian Hugenii,] in
Bekanntschafft zu kommen. Den übrigen Theil

des

des Monaths May brachte er in Franecker zu, allwo er Franciscum de Traytorrns, (h) und Peter Staackmanns (i) kennen lernte. Im Anfang des folgenden Jahres 1637. befand er sich zu Leyden und unterhielte die Freundschaft mit Olaus Folchoovius, (k) Adam von Neudörffer (l) und Rudolph Haubolt von Einsiedel. (m) Gegen die Mitte des Monaths März war er zu Lowarden, wo er den Rath und Curator der Franeckerschen Akademie, Joh. Saakma, (n) zu seinem Gönner bekam. In demselben Jahr verweilte er sich den grösten Theil des Monaths März und April zu Leyden, allwo er mit Paul v. Steinwehr, (o) Hans George Döring, (p) Gottfried Döring, (q) Christian Döringk, (qq) Haubolt v. Miltiz, (r) Andreas Riesling, (s) Paul von Denniz, (ſſ) Joachim Ernst. Dabdo, (t) und andern mehrern in Bekanntschaft gerieth. Gegen das Ende des Monaths April im besagten Jahr 1637. und im Monath December des folgenden Jahres 1638. war er in Utrecht, allwo er anfänglich dem Christian Albrecht, Burggraf von und zu Dohna (u) seine persönliche Ergebenheit bezeigte, und hierauf mit dem gelehrten Giebert van der Hoolck, (v) wie auch mit dem dasigen Prof. der Philosophie, Heinrich Renteri, (w) bekannt wurde. Am Ende des angeführten Jahres befand er sich zu Amsterdam, allwo er den damaligen berühmten Prof. der Mathematik, Martin Hortensius, (x) und Joh. E. Morian (y) zu sprechen bekam. Endlich, da zu diesen Zeiten

der

der große Cartesius (z) in Holland lebte, und an seinen bekandten Werken arbeitete, so wurde er auch mit demselben bekandt, und mit einer vorzüglichen, und diesem großen Gelehrten ungewöhnlichen Achtung aufgenommen. Durch diese Gönner und Freunde, welche unser Otter an so verschiedenen Orten durch seine Geschicklichkeit mit vieler Mühe sich erworben hatte, geschahe es nun, daß er in diesen 4. Jahren nicht allein in Holland berühmt wurde, sondern auch zureichende Gelegenheit überkam, allda der studirenden Jugend mit seiner gründlichen Wissenschaft ersprießliche Dienste zu leisten. Also las er im Jahr 1636. zu Franecker über die Fortification ein Collegium, welches ein Hollsteiner, Johannes Masius, (a) und verschiedene andere (ab) bey ihm höreten. Im Jahr 1637. hielte er zu Leyden vom 13. August bis 30. October über dieselbe Wissenschaft eine Vorlesung, welcher die Herren, Caspar von Waldow, Botho Christian von Trotten, Johann Daniel von und zu Cronberg, Christoff Witzthumb von Eickstedt, Heinrich von Hagen, Christianus Witzthumb von Eickstedt, Hartmuth von und zu Cronberg, Reinhold Lits, Conrad Upküll, und Bernhard Bruch, beywohnten. (b) In demselben Jahr und an demselben Ort, gab er auch eine Anweisung zur Perspectiv solchen Zuhörern, deren Name die Länge der Zeit verloschen hat. (c) Und ausser diesen ist gewiß zu vermuthen, daß er noch mehrere dergleichen Vorlesungen gehalten, von denen aber sowohl seine

Hand-

Handschriften, als auch die Namen derjenigen, so solche gehört haben, unter seinen vorhandenen Sachen nicht mehr anzutreffen sind. (cd) Bey diesem Unterricht, den Otter in der Mathematik gab, bediente er sich hauptsächlich der rühmlichen Methode, daß er allemal die Theorie mit der Praxi verknüpfte. Ich sage, er brachte ihnen nicht allein die nöthigen Hauptbegriffe und unentbehrliche Grundsätze von den Wissenschaften bey, (d) sondern gab ihnen zugleich Anweisung, wie und wo sie dergleichen gründliche Lehren auf eine vortheilhafte Art anbringen konnten. (e) Besonders in der Geometrie, Fortification und Baukunst, welche sein Hauptwerk ausmachten, hielte er seine Schüler an, daß sie allerhand Riße willkührlich entwerfen, (f) auf denen Reisen, die er mit ihnen zusammen vornahm, die vorkommende Städte, Gegenden, Festungen und Gebäude aufs genaueste verzeichnen, (ff) verschiedene hieher gehörige Riße, welche von andern verfertiget waren, aufs sauberste abcopiren, und alle diese Arbeiten seiner Durchsicht oder Verbesserung gehorsamst unterwerfen musten. (g) Da unser Otter durch diesen seinen gelehrten Unterricht in ganz Holland genug bekandt geworden war, so verbreiteten sich auch hernach seine rühmliche Verdienste durch andere weit entlegenere Länder, dergestalt, daß er selbsten dieses mit der Zeit vernahm, und um solche Gelegenheit sich zu Nutze zu machen, den Entschluß faßte, aus Holland sich wegzubegeben, und vornemlich nach dem weiter ablegenden Deutschland zu ziehen.

Nach-

Nachdem also Otter vor diesesmal über vier Jahre in Holland sich mit Nutzen verweilet hatte, so verließ er gegen das Ende des Jahres 1639. dieses Land, und reisete nach Deutschland auf Verden zu. Rotenburg war der erste Ort, wo er zwar im Monath November des besagten Jahres 1639. ankam; allein, den ganzen Winter durch, bis zu der Mitte des folgenden Jahres 1640. verblieb. Ob er in dieser geraumen Zeit allhier einigen Wißbegierigen nützlich gewesen, oder vor sich in der Stille einige Schriften ausgearbeitet hat, um durch dieselbe noch weiter seinen gelehrten Namen sowol in dieser Provinz, als auch in den umliegenden deutschen Ländern bekannt zu machen, läßet sich mit einer untrüglichen Gewißheit nicht entscheiden; allein, dieses ist ausgemacht, daß er in dem erwehnten Rotenburg an dem Magister, Franciscum Müller, (h) und an den Rentmeister bey dem dasigen Schloß, Johann Badenhopp (i) gute und dienstfertige Freunde gehabt. Nach einer so beträchtlichen Zeit, welche er in Rotenburg zugebracht, wandte er sich darauf nach Verden. Hier kam er im Jahr 1640. im Anfange des Monath Sept. an, und fand alsbald an Casper Schulte (k) einen guten Freund. Da er an den Bremischen und Verdischen Canzler, Dietrich Reinkingk (l) eine Recommendation mitbrachte, wurde er gleichfalls von demselben sehr höflich aufgenommen, und sowohl seine Person, als auch seine bekannte Geschicklichkeit mit einer vorzüglichen Achtung geschätzet. Ueberdem erhielte er noch die Bekannt-

schafft

schafft mit einem Magister, Laurentz Bobock (m)
und einem anderen, Christoph Gabell. (n) Bey
allen diesen günstigen Umständen, darinnen sich
damals Otter befand, blieb er dem ohngeachtet
hieselbsten nicht lange, sondern, nachdem noch nicht
vier volle Monathe verstrichen waren, so reisete er
von Verden ab, und kam zu Anfange des folgenden Jahres 1641. zu Hamburg an. Hier traf er
verschiedene Gelehrte, und besonders hielte er eine
vertraute Freundschafft mit dem dasigen Professor
der Mathematik, Joh. Adolph Tassius (o) Im
folgenden Jahr 1642. verließ er auch das schöne
Hamburg, und gieng weiter ins Hollsteinische nach
Eutin. Hier bekam unser Otter nicht allein zu
Anfange dieses Jahres mit Christian Cassius, (p)
eine Bekanntschafft, sondern in der Mitte desselben
erhielte er sogar eine Adresse an den Bischof zu Lübeck, Johann. (q) Von diesem gelehrten Herren
wurde er besonders begegnet, und zuletzt gar ersuchet, mit einer jährlichen Besoldung beständig bey
Hofe zu bleiben, um alle seine mathematische Erfindungen in einem Werk zusammen genommen,
ans Licht zu stellen. Otter verbath aber diesen
gnädigen Antrag, und ergriff eine Gelegenheit, sich
weiter durch seine Gelehrsamkeit fortzuschaffen, und
vornemlich bey dem Herzog zu Schleswig-Holstein, Friedrich, (r) und dessen Gemahlin, Maria Elisabeth, (s) Herzogin zu Schleswig Holstein, in Gnade zu setzen. Dieses geschahe auch
vollkommen, und zog die vortheilhafte Veränderung nach sich, daß er nach Dännemark übergesetzt

und

und allda sein ferneres Glück zu machen, einen Versuch wagen konnte. Als unser Otter im Jahr 1643. nach diesem Reich, sich begab, so kam er zuerst nach Sora, allwo er auf der dasigen Königlichen Ritter Akademie, Heinrich Ramell, (T) kennen lernete. (t) Von Sora wandte er sich bald darauf nach Inchopolis. Hier wurde er mit dem Leibmedico des erwehlten Prinzen von Dännemark und Norwegen, Helvico Dicterico (u) besonders bekannt. Dieser präsentirete ihn nicht allein seinem Herren, dem besagten Prinzen, Christian, (u) sondern er fand auch ein Mittel, daß er weiter seinem Vater, dem damaligen Könige in Dännemark, Christian dem Vierten, (v) vorgestellet wurde. Da unser Otter gegen diesen Monarchen seine Gelehrsamkeit bald blicken ließ, und unter andern ein besonderes und von ihm neu erfundenes musikalisches Instrument, welches er Tubam harcotectonicam (w) nannte, ihm überreichte, so wurde er von dem besagten Könige wegen dieses gemacheten Kunstwerkes nicht allein seiner hohen Gnade gewürdiget, sondern, da er hierüber ein iniges Vergnügen empfand, und deswegen einen neuen Schlag Thaler prägen ließ, mit zwey hundert Stücken davon beschenket. Obgleich diese Gnadenbezeugungen unsern Ottern leichtlich auf eine Zeitlang hätte fesseln, oder wohl gar auf die Gedanken bringen können, in Dännemark seine beständige Wohnstäte aufzuschlagen, so bezeugete er doch nach einigen Wochen gegen alle diese günstig scheinende Vorfälle eine mathematische Gleichgültigkeit,

gültigkeit, und faßte den Entschluß, aus diesem Lande sich weiter wegzubegeben. Er reisete also gegen das Ende des Jahres 1643. aus diesem Reiche ab, und kehrete wieder nach Holstein zurück, allwo er zu Glückstadt gegen die Mitte des Monath Octobers ankam, und mit Canut von Ahlefeldt (x) bekannt wurde. Ob Otter hierauf gesonnen gewesen, an den Hof des Bischofs zu Lübeck sich zu begeben, oder, ob er sich wirklich einige Monathe zu Eutin, oder einem anderen Ort in Holstein aufgehalten, lässet sich, aus Mangel nöthiger Nachrichten, auf keine Weise zuverläßig bestimmen. Doch kommt es mir immer sehr wahrscheinlich vor, daß er noch in demselben oder wenigstens folgendem Jahr 1645. wieder nach sein, ihm mehr bekanntes, und beständig angenehm gewesenes Holland zurück gegangen. Denn einmal gab Otter zu Amsterdam im Jahr 1646. einen gedruckten Tractat heraus, unter dem Tittul: O. O. Ragnetani Specimen Problematum Hercotectonico-Geometricorum, quo ut Fortificationis (vulgo ita dictæ) modi universalis ita sectionis rationalis linearum vestigium exhibetur. Amsterodami excudebat Johannes Fabel An. MDCXLVI. (y) Ob es nun gleich keine Folge ist, daß derjenige, welcher zu einer gewissen Zeit an einem Ort eine Schrifft drucken lässet, bey dieser Arbeit gegenwärtig seyn muß, so vermuthe ich doch, daß unser Otter diesen Tractat, da er mit verschiedenen Buchstaben angefüllet, und sehr richtigen Kupferstichen gezieret ist, durch keinen Frembden hat besorgen lassen,

son-

sondern vielmehr ihn selbsten geschrieben und gezeichnet, folglich in diesem oder gar dem vorigen Jahr 1645. in Amsterdam sich befunden, und allda mit der Besorgung des richtigen Druckes, und des accuraten Stechens der Kupferplatte beschäfftiget gewesen. Ferner finde ich, daß Otter in des bekannten Cellarii Fortification, (welche vorzeiten ihm zugehöret hat, und vorjetzo auf der hiesigen Stadtbibliothec befindlich ist) mit eigner Hand hinten eingeschrieben: Emebam Leowardiæ Anno 1647. - - -; woraus ich gleichfalls schließe, daß er in diesem Jahr in Holland seinen Aufenthalt gehabt. Kurz! unser Otter mag diese beyde Jahre an einem Ort, oder nach und nach an verschiedenen Orten in der Welt zugebracht haben, so ist immer zu vermuthen, daß er keine Gelegenheit verabgesäumet, seinen großen Namen und seine seltene Geschicklichkeit unter den Leuten weiter zu verbreiten. In der Weile, daß Otter sich bemühet hatte, ausserhalb den Grenzen seines Vaterlandes einen ansehnlichen Ruhm zu erhalten, so geschahe es, daß auch dieser merkwürdige Ruf bis nach Königsberg an den Hof des Churfürsten, Friedrich Wilhelm des Großen erscholl. Da dieser Herr vor sich eine große Liebe gegen die Gelehrte hegete, und überdem von den seltenen Gaben, und ausserordentlichen Geschicklichkeit unseres Ottern auf eine gerechte Art überzeuget war; so trug er ein Verlangen, ihn als seinen Mathematicum bey Hof beständig zu halten. Der treue Obersecretarius, Robert Robertini, welcher bereits zu Venedig (z) im Jahr 1632.

1632. mit ihm eine gute Freundschaft angefangen, und dieselbe hernach zu Königsberg (a) im Jahr 1634. wieder erneuert hatte, eröffnete ihm nicht allein diesen hohen Landesväterlichen Willen, sondern bewürkete auch durch sein unterthänigstes Bitten, daß er von dem Churfürsten durch ein besonderes Rescript im Jahr 1647. am Tage St. Johannis des Täuffers zum Hofmathematico desselben mit einer zu den damaligen Zeiten sehr ansehnlichen Besoldung von Ein Tausend Thaler bestellet wurde. (b) Als unser Otter diesen Churfürstl. Befehl in Holland empfing, so hielte er als ein Preußisches Landeskind vor seine Schuldigkeit, demselben den gebührenden Gehorsam zu leisten, und je eher, je lieber, zu seiner Abreise sich anzuschicken. In dem folgenden Jahr 1648. verließ also unser Otter sein angenehmes Holland, und traf gegen den Monath Julius allhier zu Königsberg in Preußen an.

n) Siehe im Otterschen Stammbuch die Seite 64: Quod velis homines nescire, ne feceris; quod Deum, ne cogitaveris. Res tuas quas possis ipse curato alteri ne mandato. Profesſe velis semper, præesſe raro, obesse nunquam. Rerum amissarum summa sapientia oblivio. — Dieses schrieb ich zu Leiden den 23. December 1634. mich in Monſ. Ottern, vornehmlich Mathematici, und meines gutten Freundes Gedächtniß zu erhalten. Christoph Finck.

o) Siehe im Otterschen Stammbuch die Seite 64: Si aliquem amicum existimas cui non tantum credes quantum tibi vehementer eras & non satis noſti vivere amicitiæ. Sen. Epiſt. — Zu freundlichen Angedengedenken schrieb dieses seinem sehr werthen und hochgeehrten Freundt in Leyden den 29 April Anno 1635. Friedrich von Houlten.

p) Siehe im Otterschen Stammbuch die Seite 99: Nulli fidem præstat fortuna velox. — Clarissimo ac litteratissimo Viro Dn. Christiano Ottero, Mathematico excellenti atque ingenioso populari ac amico suo honorando hoc sinceri affectus lubens deposuit testimonium Leidæ Christoph. Tinctorius. Dreng. B. die 1. May Anno 1635.

q) Siehe im Otterschen Stammbuch die Seite 261: Toutes choses aident ensemble en bien a ceux qui aiment Dieu. Röm. VIII, 27. — Pour obeir a Monsieur Otter, mon très cher & très affidé Amy comme frere, je n'ai pas voulu manquer de lui donner ce petit gage de mon sincer amitié. De Leyden ce 29. Moi de May.

r) Siehe im Otterschen Stammbuch die Seite 231: Cum justitiæ sit, dare cuique quod suum est, Tria hæc redde Deo, Honorem Creatori, Amorem Redemtori, Timorem judici. Tria hæc proximo, Obedientiam superiori, Concordiam pari, Beneficentiam inferiori. Totidem tibi ipsi; Munditiem cordi, Custodiam ori, Disciplinam corpori. — Non minus docto quam probe morato, omniumque virtutum ornamentis præstantissimo Juveni Dno. Christiano Ottero in sinceræ amicitiæ testimonium lubens adscripsit Nathanael Fullenius. M. D. Leowardiæ Frisiorum Anno 1635. Die Octob. 27. St. Vet.

s) Vielleicht hat um diese Zeit Otter auch denjenigen kennen gelernt, der in seinem Stammbuch auf der Seite 189. folgendes eingeschrieben: Humiles & plebejæ animæ domi resident, & affixæ sunt suæ terræ; illa divinior est, quæ cœlum imitatur & gaudet motu — Doctissimo ac ornatissimo viro Christiano Ottero

Ottero, Mathematico insigni, memoriæ & benevolentiæ ergo scripsi lubens Leoverdiæ Frisiorum Sebastianus à Pruyſzen, supremæ Curiæ Graphiarius, & Academiæ Franekerensis Curator.

s) Siehe im Otterschen Stammbuch die Seite 100: Fructus laboris est, placere melioribus, & pro industria atque humanitate palmam judicii promereri. – – Clarissimo atque Excellentiss. Viro Dno. Christiano Ottero, Mathematico insigni in fidem melioris adfectus L. M. Q. amica exarabat dextra Alexandri Eskenn, Boruss. Franeq. Fris. Ao. 1636. die 20. Mart.

t] Siehe im Otterschen Stammbuch die Seite 190: Cunctis esto benignus, nemini blandus, paucis familiaris, omnibus æquus, ad iram tardus, ad misericordiam pronus, in adversis firmus, in prosperis cautus & humilis. Senec. – – Clarissimo Viro & Mathematico præstantissimo, Dno. Christiano Ottero in amicitiæ nunquam intermorituræ tesseram apposuit Bernhardus Fullenius. S. Ecclesiastes Leowardiensis. Ao. æræ Christianæ 1636. 22 Martii.

t) Siehe im Otterschen Stammbuch die Seite 193: Proprium humani ingenii est odisse, quem læseris. Tacitus. – – Benevolentiæ testandæ gratia scripsi Eruditiss. & Clariss. Mathematico Præstantiss. 1 Aprilis 1636. Franeq. Frisior. Henricus Rhala, JC. Eloq. & Histor. Prof.

u) Siehe im Otterschen Stammbuch die Seite 192: Sperandum dubiis currant si vela procellis, aspera spe citius cedere fata solent. – – Christiano Ottero Mathematico summo æternæ memoriæ ac benevolentiæ ergo ad aram amicitiæ posui quarto Nonarum Aprilis 1636. Franeq. Frisior. Martinus Wybyngha J. U. D. & Prof. Ordinar.

v) Siehe im Otterschen Stammbuch die Seite 195: Tandem grata superveniet, quæ non sperabitur, hora.

rá. — — Quam tibi Celeberrimo & Præclarissimo Mathematico Chr. Ottero animitus adprecor die 29. Mart. 1636. M. Winſemius. D. & Med. Profeſſ. in Acad. Franekerana.

w) Siehe im Otterſchen Stammb. die Seite 196+
    Licet remotis Gadibus jungas Padum
    Tanainque & Iſtrum fonte detecto bibas,
    Ni te ſubactæ mentis occupet quies
    Eris perenni proxumus ſemper fugæ.
    Circumfer orbem pectoris clauſum ſinu
    Fies colonus omnium, Dominus tui. — —
Cl. & Præſtantiſſ. V. D. Chriſtiano Ottero teſt. Mem. & ſing. affect. P. C. Franeq. IV. Kal. April. Ao. 1636. Pierius Winſemius. IC. & Illuſtr. Ord. Hiſtoricus.

x) Siehe im Otterſchen Stammbuch die Seite 197: Neſcire velle, quæ Magiſter maximus celare voluit, erudita inſcitia eſt. — Clariſſimo viro Reip. litterariæ lumini, Mathematico inſigni, D. Chriſtiano Ottero, amico ſuo hæc in ſui memoriam ſcripſit Franeq. Cal. April 1636. Georgius Paſor. G. L. Profeſſor.

y) Siehe im Otterſchen Stammbuch die Seite 201: Dominus providebit. — Mathematico eximio & integerrimo Viro Dno. Chriſtiano Ottero, in ſignum affectus ſinceri ac conſtantis L. M. Q. pauca hæc adſcripſit Franec. 4. April 1636. Matthias Paſor. Phil. Pract. & Math. Prof. in Acad. Groningiana.

z) Siehe im Otterſchen Stammbuch die Seite 191: Præcedit gloriam humilitas. — inſignem attenuat Deus obſcura promens. — Clariſſ. atque ornatiſſimo Viro D. Chriſtiano Ottero rerum Mathematicarum indagatori indefeſſo ſolertiſſimoque, amico multis nominibus ſibi chariſſimo in ſui recordationem lubens appoſuit Franck. Friſior. Bernhardus Fullenius Junior Hebr. L. Profeſſor. Ao. 1636. 7 Id. Aprilis.

a) Siehe im Otterſchen Stammbuch die Seite 188: Optimus erranti portus mutatio conſilii in melius. —

Emi-

Eminentiſſ. & Celebertimo Mathematico Dno. Chriſtiano Ottero hæc amica mente & manu conſignavit Franequeræ Friſiorum prid. Kal. Aprilis Ao. 1636. Arnoldus Verhel. J. U. D. Phil. Profeſſ. Acad. Rector. p. t.

b) Siehe im Otterſchen Stammbuch die Seite 128: Non omnibus placere, virtutis ſignum eſt. Principibus placuiſſe Viris, non ultima laus eſt. — His Excellentiſſ. Dn. Poſſeſſori, Populari, & Favitori ſuo, ſui memoriam commendabat Franequeræ M. Aprili Ao. 1636. Heinricus a Boemelln. Boruſſus.

c) Siehe im Otterſchen Stammbuch die Seite 126: Quæ excellunt in ſublimi ſunt, huc autem ſine periculo nemo ſcandit. — His Clariſſimo ac Spectatiſſimo Viro Dn. Chriſtiano Ottero, Mathematico inſigni populari ac fautori colendiſſ. ſui memoriam commendabat Franeckeræ Friſiorum d. 2. M. April, Anno 1636. Paulus Gericius. Boruſſus.

d) Siehe im Otterſchen Stammbuch die Seite 196: Deſtinans finem deſtinat media. — Doctiſſ. Clariſſimoque Viro Dno. Chriſtiano Ottero Mathematico longe excellentiſſimo lubens in omnis benevolentiæ ſignum adſcripſi Franequeræ Kalendis Aprilis 1636. Daniel Dammius.

e) Siehe im Otterſchen Stammbuch die Seite 205: Omnibus una via. — Exiguum hocce manus ac mentis ſuæ monumentum Ex. & Præſtantiſſ. Viro D. Chriſtiano Ottero Mathematico inſigni, ad amicitiæ aram L. M. P. D. Fogelſang. Franeq. 28. Mart. 1636.

f) Siehe im Otterſchen Stammbuch die Seite 19: Tandem — Erneſtus Bogislaus. D. C. & A. a Leyden, ce 4. d'Avril l'an 1636.

ff) Siehe im Otterſchen Stammbuch die Seite 171: Nulli inimicus ero, ſed nec bis amicus amico; Nam cuicunque ſemel, ſemper amicus ero — Zu erzeigung

gung und bekräftigung aller freundtwilligen dienste
hinterließ seinem Freunde ins Graffenhagen den
29. April 1636. Nicolaus de By. S. R. M. Pol.
Sveci æque nec non Illust. Hulsatiæ Ducis Consil. &
Residens Ordinarius apud Batavos.

g) Siehe im Otterschen Stammbuch die Seite 191:
Pie & constanter — Scripsi Hag. Com. Prid. Non.
May 1636. Constantinus Hugenius.

h) Siehe im Otterschen Stammbuch die Seite 42:
Constat in hoc nervo sapientia fidere nulli. Aut si vis
ulli fidere fide pari — Hæc pauca scripsit Hagæ Comitis Franciscus de Traytorrens d. 3. May 1636.

i) Siehe im Otterschen Stammbuch die Seite 155:
Nitendum virtute, una virtute nitendum — Amicitiæ veteri litabat L. M. Q. P. Staackmans. Hagæ Comit. 4 Kal. Maj. 1636.

k) Siehe im Otterschen Stammbuch die Seite 125:
Dies diem docet. — Viro præstantiss. ac Clariss.
Dn. Christiano Ottero Borusso mathematicarum disciplinarum peritissimo, fautori & amico suo plurimum colendo, hæc paucula in amicam sui recordationem apposuit Lugduni Batavorum 1637, 9. Jan.
Olaus Folchovius. Svecus.

l) Siehe im Otterschen Stammbuch die Seite 218:
Ut fert divina voluntas. — Clarissimo Domino Ottero amicam hanc sui memoriam inserebat Lugduni Batav. 22. Mart. 1637. Adam a Newdorfer.

m) Siehe im Otterschen Stammbuch die Seite 218:
Nihil tam altum natura constituit, quo virtus non
possit eniti. — Paucula hæc Clarissimo & Excellentissimo Viro Dn. Christiano Ottero, Præceptori suo
fidelissimo adscripsit Lugd. Bat. 22 Mart. 1637. Rudolph. Haubold von Einsiedel.

n) Siehe im Otterschen Stammbuch die Seite 186:
Læsionis genus est profutura tardare. — Memoriæ

& benevolentiæ ergo lubens scripsi Leovardiæ Frisiorum Joannes Saakma, Suprem. Curiæ Senator & academiæ Franekerensis Curator. 10 Calend. April 1637.

o) Siehe im Otterschen Stammbuch die Seite 40: Omnia cum Deo — Meinem vielgeehrten Freunde Herrn Christophoro Otter schrieb dies zum angedenken in Leiden 1637. 25. Martii. Paul von Steinwehr.

p) Siehe im Otterschen Stammbuch die Seite 60: Colui e mio zio, che vuole il ben mio. — Zu immerwehrender Gedächtniß schrieb dieses seinem werthen Freunde Monſ. Ottern in Leyden den 28 Mart. Anno 1637. Hans George Döring.

q) Siehe im Otterschen Stammbuch die Seite 61: Qui rien ne hazarde, rien ne gaigne — Pour tesmoigner l'affection que je porte a Monſ. le possesseur de ce livre j'ay escrit cy le 28. de Mart. l'an 1637. A Leiden Godefroy Doering.

qq) Siehe im Otterschen Stammbuch die Seite 60: Quatro madri buone generan figlimoli cattini La verità l'odio: la prosperità il fasto: La sicurtà il pericolo: La famigliarita il dispreggio. — Zu stets wehrenden gedechtniß verließ dieses in Leyden den 28 Mart. Anno 1637. Christianus Döringk.

r) Siehe im Otterschen Stammbuch die Seite 66: In silentio & spe. — Hoc quicquid est L. M. Q. in gratiam eximii Viri Dn. Possessoris amici sui plur. honorandi adjicere voluit, debuit Hauboldus de Miltitz. Eq. Misn. Lugd. Batav. m. Mart. 1637.

s) Siehe im Otterschen Stammbuch die Seite 118: Qui tulit auxilium fertque feretque Deus — Id quo Viro Doctissimo, rerumque mathematicarum peritissimo Domino Christiano Ottero Fautori suo colendo sui memoriam suaque officia commendabat Andreas Kieslingk Budissinus Lusatus. Lugduni Batavor. die 29. Martii 1637.

t) Siehe

s) Siehe im Otterschen Stammbuch die Seite 72:
Vertu surpasse richesse. — Dieses wenige habe ich
meinem Vielgeehrten werten Freunde Hrn. Christiano Ottern zur freundlich Gedächtnüß hinterlassen. Leiden, den 3. April, Anno 1637. Paul von
Demitz.

t) Siehe im Otterschen Stammbuch die Seite 107:
Amicitia utendum est, non ut floribus tam diu gra-
tis, quam recentibus, sed amicitia immortalis esse
debet; inimicitia mortalis. Nazanzenus. — Viro
clarissimo Domino Christiano Ottero amico plurimum
colendo & præceptori fidelissimo in veræ & nunquam
interituræ amicitiæ monumentum hæc pauca adscri-
bere voluit. Joachimus Ernestus Waldo. N. Neo-
Mar. Lugd Batavor. die 3. Aprilis An. 1637.

u) Siehe im Otterschen Stammbuch die Seite 38:
Firmat mea Gaudia Christus. — Christi an. Albert.
BG. de Dona. Utrecht $\frac{21}{7}$ April Ao. 1637.

v) Siehe im Otterschen Stammbuch die Seite 233:
Nil conscire sibi, nulla pallescere culpa. —
G. van der Hoolck. Ultrajecti XIV. Kal. Jun. 1638.

w) Siehe im Otterschen Stammbuch die Seite 124:

Unicus esto scopus $\begin{cases} \text{cunctis prodesse} \\ \text{nocere nemini} \\ \text{amore bonos} \\ \text{\& tolerare malos.} \end{cases}$ ——

Matheseos cultori summo Dno. Christiano Ottero,
Borusso, amicitiæ initæ & porro ulterius colendæ ergo L. M. Q. hæc adscripsit Henricus Reneri. Philosophiæ Professor. Ultrajecti 20 Decemb. 1638.

x) Siehe im Otterschen Stammbuch die Seite 262:
Pleraque mala nostra ex nobis ipsis. — Paucula
hæc Ornatissimo ac Doctissimo Dno. Possessori benevolentiæ testandæ ergo adscribebam Martinus Hortensius. Amstelodami, die 31. Decemb. 1638.

R 4   y) Siehe

y) Siehe im Ottersch. Stammbuch die Seite 240:
Tempora quæ restant nescimus; læta futura non est
quod speres; deteriora time. — Eruditissimo Dno.
possessori sui commendat memoriam Jo. E. Morian.
Amstel. prid. Cal. Jan. 1638.

z) Siehe im Otterschen Stammb. die Seite 124:
Gradatim. — Domino Ottero solertissimo & studio-
sissimo cultori Matheseos memoriæ & benevolentiæ
ergo scripsit Renatus Des Cartes.

a) Daß unser Otter dem Johann Masius im angeführten Jahr die Fortification vorgelesen, erhellet
offenbahr aus einem unter denen Otterschen annoch
vorhandenen Sachen befindlichen Festungriß, welcher ein irregulaires holländisches Zwölffeck vorstellet, und ausser dem Glacis verschiedene Hornwerke und Cronwerke hat, auch zur Seiten mit folgender Beyschrift ausgezieret ist: Clarissimo Huma-
nissimoque Viro Dno. Christiano Ottero, Præceptori
suo sempiternum colendo hasce studii sui Fortificatorii primitias jucundæ recordationis ergo L. M. Q. relinquere voluit Franeq. Frisiorum Ao. 1636. die 7.
Aprilis. Johannes Masius. Holsatus. Siehe in dieser
ersten Abtheil. den §. 7. Anmerk. x.

ab) Unter den Otterschen Sachen ist ein Riß vorhanden, welcher eine holländische sechseckigte Festung
mit 5 Ravelinen, 5 halben Monden, 1 Hornwerk,
1 Cronwerk, und einem Glacis vorstellet. Zur
Seiten befinden sich zwey Maßstäbe, und zwey
Profile sowohl vom Hauptwalle, als aus den Auf-
senwerken gezeichnet. Der Verfasser, welcher sich
gleichfalls beygeschrieben, heißt Johannes Heinricus
Lovaterus. — Ob dieser Schüler unsers Otters im
Jahr 1636. oder 1637. oder zu einer anderen Zeit,
die Fortification gelernet, und gegenwärtigen Riß
gemachet, kann ich, aus Mangel der Jahrzahl, nicht
ausmachen.

b] Eine

b) Eine von den angeführten Herren eigenhändig verfertigte Abschrift dieses Collegii ist auf der hiesigen Stadtbibliothek in Folio annoch vorhanden, und hat folgende Auffschrifft: *Collegium Fortificationis*, gehalten zu Leiden, unter dem Ehrenfesten und wolgelahrten Herrn, *Christiano Ottero*, *An.* 1637. Angefangen den 13. Aug. und den Tag nach angefangener Belagerung Breda geendet den 30. Octob. den Tag nach Eroberung Breda. Abgehandelt, und vorgestellet in 24. Lectionibus. Aus welchen wir folgende Benandte soviel als anfahenten und ungeübten in solcher kurzen Zeit zu begreiffen und zu erlernen möglich gewest, in dieses Buch zusammen getragen, mit eignen Händen geschrieben, und verzeichnet haben, und darauf solches als unser sämtlichen Arbeit erste Frucht, dem Herren Präsidi dieses Collegii zu Bezeugung unseren geneigten Willens unnd stäter Gedächtniß geschenket, unnd hinterlassen haben.

c) Unter den gedachten Otterschen Sachen, befindet sich gleichfalls dieses Collegium mit folgender Auffschrifft: *Collegium Perspectivæ*, gehalten von C. O. zu Leiden in Hollandt, 1637.

cd) Also ist unter den Otterschen Papieren eine Anleitung zur Fortification, unter dem Tittul: *Cursus Fortificationis:* Angefangen zu Leiden in Hollandt, im Jahr 1637. den 23. Januar. St. v. vorhanden, davon die Nahmen der Zuhörer, die Länge der Zeit verloschen hat.

d) Dieses bezeuget unter anderen, die unten beygefügte Anleitung zur Fortification, welche er eigenhändig geschrieben.

e) Man vergleiche hiemit alle seine auf der hiesigen Stadtbibliothek vorhandene Schrifften und Zeichnungen.

f) Anf] Ausser denen in der obigen Anmerkung b. gedachten Rißen, bezeugen auch noch eben dasselbe einige andere vorhande, lose Zeichnungen. Also ist eine zehneckigte Holländische Vestung vorräthig, welche keine Aussenwerke, sondern nur ein blosses Glacis hat, und an dessen Seite folgende Worte stehen: Has collegii sui Fortificatorii primitias benevolæ recordationis ergo Dn. Christiano Ottero Præceptori suo plurimum honorando relinquere voluit Leidæ die 2. Sept. An. 1637. Christophorus Vitzthumb ab Eckstedt. Ferner ist unter den Otterschen Sachen ein schöner siebeneckigter Holländischer Vestungsriß zu sehen, welcher 7. Raveline, 6. halbe Monde, 2. Hornwerke, 1. Cronwerk, ein Glacis, und überdem folgende Ueberschrifft hat: Clarissimo ac Litteratissimo Viro Dno. Christiano Ottero, Præceptori suo summo honore prosequendo hasce artis fortificatoriæ primitias cum officiorum paratissimorum oblatione benevolæ recordationis ergo offert Leidæ 2. Sept. 1637. Henricus ab Hagen. Ferner ist eine andere Holländische sechseckigte Vestung vorhanden, welche mit 6. Ravelinen, 6. halben Monden, und einem Hornwerk versehen, und überhaupt besser, wie die erstere gezeichnet ist, auch zur Seiten folgende Beyschrifft hat: Hucce qualecunque Collegii sui Fortificatorii specimen in exemplum gratitudinis Cel. Viro Dno. Christiano Ottero relinquere voluit Conradus ab Urküll, Lugd. Bat. Ao. 1637. d. 18. Sept. Hienächst ist unter den Otterschen Papieren auch noch ein anderer Riß befindlich, welcher eine achteckigte Holländische Festung mit verschiedene Ravelins, Halbemonden, Hornwerken, einem einzigen Cronwerk, [welches sonsten Schwalbenschwanz genennet wird] und einem Glacis sehr schön vorstellet, und folgende Unterschrifft hat: Hasce collegii Fortificatorii primitias Clarissimo nec non litteratissimo Domino Christiano Ottero Præceptori suo summopere

pere honorando offert Christianus Vitzthumb ab Eckstedt.

1) Daß Otter mit verschiedenen seiner Schüler einige Reisen zusammen vorgenommen, ist deutlich aus einigen in diesem §. angezeigeten Stellen seines Stammbuches abzunehmen. Und daß sowohl er, als seine Schüler auf diesen Reisen, sich haben angelegen seyn lassen, allerley vorgekommene Merkwürdigkeiten in Grund zu legen, lässet sich gleichfalls aus denjenigen Zeichnungen offenbar schliessen, welche in zweyen grossen Folianten zusammen gebunden, auf der hiesigen Stadtbibliothek sich befinden. Also stehet man in diesen Bänden, nebst verschiedenen architectonischen, oder zur bürgerlichen Baukunst und Fortification gehörigen Zeichnungen, die Riße von den Festungen, Städten, und Gegenden von Wollin, Altstettin, Ravenstein, Ostende, Nimwegen, Livorno, Lingen, Groll, Geestendorff, Ruroort, Wageningen, Aerdinburg, Zwoll, Bommel, Gertrudenburg, Danzigermünde, Coevorden, Crevecour, Moers, Vignasse, Arnheim, Deevia und St. Andres, Grave, Camin, Bredhost, Danziger Höret Emmerich, Delffziel, Nienburg, und vielen anderen merkwürdigen Plätzen.

2) Unter denen gedachten Rißen unsers Otters, befinden sich einige, die er selbsten verfertiget, und andere, die seine Schüler verzeichnet haben. Bey denen letzteren hat Otter hin und wieder die Grössen der Winkel und Linien aufgeschrieben, und seine Verbesserungen offenherzig und eigenhändig hinzu gesetzet. Also stehet auf einem Riß: Bey dem halben Monde dieser Figur, ist der Graben mehr als das dritte Theil zu breit; auf einem anderen: Bey dem halben Monde dieser Figur soll der Graben ohngefehr das siebende Theil breiter seyn; noch auf einem anderen: 1] Sollte
dies

dieses Retranchement höher hinauf gesetzet seyn, daß der Wall ganz hätte können eingesetzet werden. 2] Sollten die ersten Linien ausser dem Centro näher zusammen gesetzet seyn; also wären die halben Bollwerke auf den Enden stumpfer, und den anderen an der Grösse gleicher worden; Und noch auf einem anderen: In diesem Retranchement hätten die Linien ausser dem Centro etwas enger sollen zusammen gezogen seyn, so wären die Bollwerke kleiner worden, und hätten bessere Defension bekommen.

h) Siehe im Otterschen Stammbuch die Seite 121: Sperat infestis, metuit secundis, alteram sortem bene præparatum pectus. — Viro clarissimo Dno. Christiano Ottero quem exacta Matheseos peritia Europæ, mihi ingenuus candor & jucunda conversatio, commendabat, hæc in perpetuam mei memoriam & non morituræ amicitiæ arrhabonem, offerebam M. Franciscus Müller, Ao. 1639. 20. Nov. tempore quo hyberna recepimus Rotenburgi Verdensium.

i) Siehe im Otterschen Stammbuch die Seite 239: Invidiam speravi. — Clarissimo & Excellentissimo Viro Dno. Christiano Ottero, Mathematico insigni, summo fautori colendo in recordationis memoriam scribebat Joan. Badenhop. Quæstor arcis Rotenburgensis, 14 April 1640.

k) Siehe im Otterschen Stammbuch die Seite 48: Respice finem. — Anno 1640. 27 Sept. scribebam Vordæ Caspar Schulte.

l) Siehe im Otterschen Stammbuch die Seite 51: Deo dirigente nihil est quod arceat. — In amicam sui recordationem, Clarissimo & Excellentissimo Viro Dno. Christiano Otter insigni Mathematico paucula hæc scribebat Verdæ, 28 Sept. Ao. 1640. Dietrich Reinkingd, Cancellarius Bremensis, & Verdensis.

m] Siehe

m) Siehe im Otterschen Stammbuch die Seite 117:
In utraque fortum memor esto fortunæ. — Viro
clarissimo ac Mathematico insigni Dno. Christiano
Ottero, Amico & Fautori in ipsissimum amoris simu-
lacrum hæc paucula apposuit. Werdæ, 16. Novem.
A. D. 1640. M. Laurentius Bodoek. Posna Polonus.

n) Siehe im Otterschen Stammbuch die Seite 250:
Spes mea in Domino. — Paucula hæc præstantissimo nec non doctissimo Dno. Christiano Ottero, favitori sed multis nominibus venerando relinquere voluit Christophorus Gabell. Vordæ, 22. Decembr. Ao.
1640.

o) Siehe im Otterschen Stammbuch die Seite 103:
Certa in incerta. — Doctrina & ingenio præstantissimo Viro, Dno. Christiano Ottero, Mathematico
eximio, amicam sui memoriam hisce paucis commendabat Hamburgi 6. Januar. Ao. 1641. Johann
Adolfus Tassius. M. P. P.

p) Siehe im Otterschen Stammbuch die Seite 80:
Si quot Democritus mundos ait esse, tot essent: in-
numerabilium pessimus hicce foret. — Christiano
Ottero τῷ πάνυ testando amori scribebam Christian
Cassius, 1642. Ipsis Idib. Quintil. Euthini.

q) Siehe im Otterschen Stammbuch die Seite 17:
Vertu surpasser richesse. — Jean Evesque de Lube-
cke Duc de Sl. & Holstein. a Eutin ce 15. Julien.
1642.

r) Siehe im Otterschen Stammbuch die Seite 14:
N. E. M. Q. O. Virtutis gloria merces. — Friederich, H. J. S. H. Anno 1642.

s) Siehe auf derselben Seite des Otterschen Stamm-
buchs: A. G. H. H. D. H. M. — Maria Elisabeth
Herzogin zu Schleswig-Holstein. Anno 1642.

t) Siehe im Otterschen Stammbuch die Seite 50:
Patientia Victrix Mali. — Henricus Ramell, Joræ
Regiæ

Regis — Nobili Academiæ Dan. Septembr. Anno 1643.

t) Um diese Zeit muß Otter in Dennemark den Dom-Dechant und Professor der Theologie zu Upsal, Ericum Olai zufällig angetroffen und ihn kennen gelernet haben. Denn auf der Seite 121. seines Stammbuches stehet folgende Inschrift: In media Tiburæ Sardinia est. — Clarissimo & Doctissimo Viro Dno. Christiano Ottero Domino & Amico honoratissimo hac manu sui memoriam commendat Ericus Olai, 3. Sept. 1643.

u) Siehe im Otterschen Stammbuch die Seite 79: Tutissimum corporis & cordis munimentum sobrietas. — Excellentissimo Dno. Possessori, Amico id memoriæ dabat Tychopoli intra Ferias Veneris ipsi Id. Octob. 1643. Helvicus Dietericus. D. Sereniss. El. Dan. & Norw. Princ. ac Prin. Holl. p. t. Medicus.

u) Siehe im Otterschen Stammbuch die Seite 3: Anno 1643. Pietate & Constantia. — Christianus D. G. electus Princeps Daniæ, Norvegiæ &c.

v) Siehe im Otterschen Stammbuch die Seite 1: Regna firmat pietas. — Christianus IIII. D. G. Rex Daniæ Norvegiæ &c. Anno 1643.

w) Unter denen auf der hiesigen Stadtbibliotheck vorhandenen Sachen des Otters befindet sich ein aus verschiedenen aus einander zu ziehenden blechernen Röhren verfertigtes, und sehr langes ansehnliches Sprachrohr. Ob dieses die gedachte Tuba hercotecktonica ist, oder diese in einem ganz andern musicalischen Instrument bestanden? kann ich mit Gewißheit nicht entscheiden.

x) Siehe im Otterschen Stammbuch die Seite 113: Ars est hæc Aulicorum, qui per malas artes se apud Principem promovere student, & ejus gratiam parare: Rimantur nempe, quibus sit infensus Princeps,
cos-

eosque postea variis criminationibus accusant. —
Canutus von Alfeldt. Glukstat, 10 Octob. Anno 1643.

y) Da die Dedication dieses Tractats einige interessante Stellen in unserem gegenwärtigen Paragrapho aufklären kann, und der Inhalt des ganzen Werkes selbsten zur jetzigen Zeit ziemlich unbekannt ist, so wollen wir uns angelegen seyn lassen, beydes mit unveränderten Worten kürzlich allhier anzuzeigen. Die Dedication des gedachten Tractates lautet also: Reverendissimo ac Celsissimo Domino Hansoni Electo Episcopo Lubecensi, Regni Norvegiæ, Hæredi Schlesvici & Holsatiæ Stormariæ & Dithmarsiæ Duci Oldenburgi & Delmenhorstii Comiti, Domino suo Clementissimo.

Celsissime Princeps.

Non unum tantum genus problematum, minus unius specimen exiguum parvumque spicilegium, ast multivarium illud, imo omnem proventum messis integræ segetis meæ Mathematicæ sub auspiciis C. T. in publicum proferre ut speraveram, ita dudum adaptaveram. Hanc enim ob causam, lautissimo stipendio largissimoque sumptuum promisso pridem ad aulam invitatus, clementer detentus, totis viribus omnique studio hoc ut exsequerer sedulo conatus sum. Verum cum institutum tanto principe dignum, privatis seu aulicis rationibus diutius dilatum, nuperimo autem tumultu bellico omnino turbatum voto amicorum ac exspectationi multorum nondum respondeat, illis urgentibus interea vel specimina quædam rerum concedere; usque dum necessariis
mediis

mediis inſtructus copiam omnem conceptuum & inventorum inprimis Architectonicorum ac Mechanicorum proferre queam. Talia namque ut unius ſolitaria opera, ita vulgaribus impenſis, nequaquam exequuntur & producuntur. Quid enim non tam materiarum nitidæ deſcriptiones, quam figurarum delineationes præcipue inſtrumentorum (quorum maxime metricorum graphicorum, conicorumque formæ magno numero, non ſolum lineis ſed & materia ante multos annos expreſſæ, ut amicorum ita partim T. C. objectæ ſunt) confectiones laboris & ſumptuum requirunt? Primum igitur hoc ſpeciminum, imo primum lucubrationum mearum Mathematicarum prælo commiſſarum libamentum, Auguſtisſimo nomini C. T. dicandum cenſui: utpote Heroi omnigenarum artium cultori maximo, primoque principum, qui proprio motu affectuque mero erga literas ac amore ſtudiorum Mathematicorum, rebus meis ſtudiisque fere ſuccumbentibus, ſubſidium ſponte obtulit. Quo tandem præſtito & boni publici rei literariæ promoti, & tot inventorum ex latebris productorum laudem jure optimo ſibi vindicabit, hocque inſuper monumento perpetuo gloriæ ſuæ ſplendorem porro illuſtrabit, laudumque acervum magis magisque cumulabit, ſimulque ad majora tentanda ac capeſſenda inſtigabit, ac apparabit

  Celſitudo Tua
   ſuum ſibi devotisſimum Mathematicum
    C. O. Ragnetanum.

Die in diesem Tractat vorkommende Aufgaben, ohne ihren Auflösungen, sind folgende:

Problema 1. Dato angulo recto vel quocunque majore cum latere figuræ munimento debito propugnaculum ordinatum construere.

Problema 2. Dato circulo vel arcu circuli æqualibus subtensis determinato, polygonon sub illis propugnaculis ordinatis instruere.

Probl. 3. Data distributiva propugnaculum plani describere.

Probl. 4. Diagramma ortographicum cuivis figuræ, modo principali munitæ conveniens, constituere.

Probl. 5. Dato copulante locantem invenire.

Probl. 6. Dato locante distributivam invenire.

Probl. 7. Dato aggregato distributivæ & copulantis, variantem invenire.

Probl. 8. Dato aggregato & variantis eadem separatim invenire.

Probl. 9. Dato subduplo aggregati distributivæ & variantis defensivam invenire.

Probl. 10. Dato aggregato variantis & defensivæ locantem invenire.

Probl. 11. Dato aggregato distributivæ copulantis & variantis locantem invenire.

Probl. 12. Dato aggregato distributivæ copulantis.

Probl. 13. Dato aggregato copulantis, locantis & defensivæ distributivam invenire.

Probl. 14. Dato aggregato variantis locantis & defensivæ invenire defensivam.

S *Probl.*

Probl. 15. Dato aggregato diſtributivæ, copulantis locantis & defenſivæ, copulantem invenire.

Probl. 16. Dato aggregato diſtributivæ, variantis, locantis & defenſivæ invenire locantem.

Probl. 17. Dato anguli polygoni ſubduplo invenire angulum propugnaculi.

Probl. 18. Dato angulo propugnaculi ſubduplo invenire ſubduplum anguli centri.

Probl. 19. Dato aggregato angulorum radentis & ſubdupli centri invenire angulum propugnaculi.

Probl. 20. Datis tum aggregato ex angulo propugnaculi cujuspiam ordinati & ex ſemidifferentia angulorum, propugnaculi ac polygoni, cum ratione linearum, variantis locantis & defenſivæ ex præmiſſis cognito, invenire angulum propugnaculi & polygoni ſeparatim.

z) Siehe in dieſer Abtheil. die Anmerk. v. des §. 6.

a) S. in dieſer Abtheil. die Anmerk. g. des §. 6.

b) Dieſes Reſcript des großen Churfürſten, Friedrich Willhelm, lautet alſo:

Von Gottes Gnaden, Wir Friederich Wilhelm, Marggraf zu Brandenburg, des heil. Röm. Reichs Cämmerer, und Churfürſt in Preußen, zu Jülich, Cleve, Berge, Stettin, Pommern, der Caſſuben und Wenden, auch in Schleſien zu Croſſen und Jägerndorff Herzog, Landgraf zu Nürnberg, und Fürſt zu Rügen, Graf zu der Marck und Ravensberg, Herr zu Ravenſtein ꝛc. ꝛc. Uhrkunden und bekennen hiemit, welchergeſtalt Wir aus ſonderlicher,

licher, zu dem Studio Mathematico tragender Lust, und Liebe, bewogen worden, Unsern gebohrnen Unterthanen im Herzogthum Preußen von Ragnit, Christian Ottern, vor Unsern Mathematicum gnädigst anzunehmen und zu bestellen, thun auch solches hiemit und in Krafft dieses, dergestalt, und also, daß er Uns getreu und gehorsam seyn, Unser Bestes überall suchen und befördern, Schaden und Nachtheil aber abwenden und verhüten, insonderheit dasjenige, so er in Mathematis, und vornemlich in der Fortification mit Verfertigung allerhand neuen Mathematischen Instrumenten, zu seiner Wissenschafft gebraucht, und etwan andern hiebevorn noch niemals kund gewesen, in lucem ediren, (jedoch, daß solches vorhero mit Uns in Unterthänigkeit communiciret werde) und also sein, ihm von Gott verliehenes Talentum zu seines Nächsten Nutz, und selbiger Kunst Liebhabern Besten, employren und anwenden soll. Vor solche seine Dienste, haben Wir ihm jährlich zur Besoldung, eines vor alles, Ein Tausend Rthlr. (davor er auch die berührte mathematische Instrumenta verfertigen lassen; und zugleich sein Gesinde halten soll) in Gnaden versprochen und zugesaget, also, daß er den halben Theil, nemlich fünfhundert Rthlr. von unserm Preußischen Zoll-Einwohnern, Christoff Melchiorn, und den andern halben Theil davon, auch Fünfhundert Reichsthaler, von Unserm Preußischen Holzschreibern, Jonas Ulrichen, jährlich haben und empfangen soll. Allermassen Wir den gedachten Unsern jetzigen, wie auch künftigen Zoll-Einwohnern und Holzschreibern zu Königsberg in Preußen, daselbst sich er, Otter, allezeit aufzuhalten haben wird, hiemit gnädigst anbefohlen, sich hernach solcher Auszahlung halber, Quartaliter an zwey hundert und funfzig Rthlr. gebührlich zu achten. Des zu Uhrkund haben Wir diese Bestallung eigenhändlich unterschrieben, und mit Unsern Cammer-Secret zu bekräfftigen, wohlwissend anbefohlen. So gegeben und geschehen in Unser Residenz Cleve, am Tage S. Johannis Baptistæ des Ein Tausend, Sechs Hundert, und Sieben und vierzigsten Jahres.

Friederich Wilhelm.

§. 8.

Otters zehenjähriger Aufenthalt, und Verrichtung in Königsberg.

Als unser Otter zur besagten Zeit in Königsberg angekommen war, fand er zwar die große Stütze seines Glücks, den treuen Robertin (c) nicht mehr beym Leben; indessen erwarb er sich bald andere Gönner und Freunde, welche seine Person dem großen Churfürsten vorstellten, und seine ruhmwürdige Verdienste der ferneren Gnade desselben empfohlen. Der Churfürst, von den seltenen Geschicklichkeiten des Otters eingenommen, begegnete ihm mit einer besondern Achtung, und nahm ihn, laut seinem gnädigen Versprechen, als seinen Hof-Mathematicum, willigst auf. Von dieser Zeit an, muste er bey Hofe oftermalen erscheinen, und manche Unterredungen unternehmen. Da aber der Churfürst hiebey je länger, je mehr, seine vorzügliche Einsichten in die Mathematische Wissenschaften wahrnahm, so erhielte er nach einiger Zeit von ihm die Erlaubniß, daß er nicht anders vor ihn kommen dörfte, als wenn es ihm gelegen war, der Churfürst seine Hofdame, oder anderes Frauenzimmer bey sich hatte, und mit so vielen Personen umgeben war, wie er sich von ihm vorher ausgebetten hatte. (d) In dieser Verfassung blieb nun unser Otter, als Hof-Mathematicus des Churfürsten, Friedrich Wilhelm des Großen, in Königsberg zehn Jahre nacheinander. Was er in dieser geraumen Zeit besonders verrichtet, ich meyne, zum Besten des Hofes, oder des Vaterlandes ausgeführet hat, kann ich zwar mit Gewißheit nicht benachrichtigen; doch behaupte ich mit einer nicht geringen Wahrscheinlichkeit, daß er keinesweges müßig gewesen, sondern unter andern folgende Proben seines eyfervollen Dienstes allhier abgeleget hat. Einmal ist ausgemacht, daß er die besagte lange Zeit zur Erfindung und Verfertigung nutzbarer mathematischen Instrumenten angewandt. Er war von dem Churfürsten einestheils zu dieser Absicht nicht allein bestellt, (e) sondern es befinden sich unter seinen annoch vorhandenen Sachen auch würklich verschiedene neue Instrumenten, deren einige ganz ausgearbeitet, andere aber noch nicht zur hinlänglichen Vollständigkeit gebracht sind. (f) Ferner ist bekannt, daß er in diesen Jahren die hiesige

S 3

Neu-

Neu-Roßgärtische Kirche angegeben, und sie ohne allen sichtbaren Mittelpfeilern aufzubauen, angewiesen. Der Grund zu diesem Gebäude, war zwar bey seiner Abwesenheit im Jahr 1644. geleget;(ff) allein, die völlige Ausführung, und die besagte merkwürdige Einrichtung derselben, wurde von unserm Otter mit aller Geschicklichkeit und Kunst besorget. (g) Endlich vermuthe ich, daß er die hiesige Vestung Friedrichsburg angelegt und aufgebauet. Denn, da dieses Werk auf Befehl des Churfürsten, Friedrich Wilhelm, im Jahr 1657. unternommen, (h) mithin zu einer solchen Zeit ausgeführet wurde, da Otter zu Königsberg gegenwärtig war, bey Hofe als Mathematicus diente, und bekanter massen die gröste Stärke in der Fortification besaß; so läßt sich hieraus nicht unwahrscheinlich abnehmen, daß er die besagte Vestung angegeben, und nach seinen Normen in der Fortification, nach denen sie würklich eingerichtet ist, angeordnet hat. (i) Ausser diesen Bemühungen, mag Otter noch mehrere Werke zu Stande gebracht haben, welche aber, weil sie uns unbekannt sind, gegenwärtig mit Stillschweigen übergangen werden müßen.

c) Aus der Intimatione Funebri, welche die hiesige Academie herausgegeben, und aus der Lebensbeschreibung, welche Herr M. Pißanski in den Nachrichten zur Preußisch-Märkisch- und Pohlnischen Geschichte Th. I. S. 188. ꝛc. bekannt gemacht, ist deutlich zu ersehen, daß der gedachte Robert Robertini bereits im Jahr 1648. den 7. Martii gestorben.

d) Siehe

d) Siehe Christ. Otters Leben im confirmirten Gelehrt. Preußen. Dritten Quartal 1725. S. 44.

e) Man vergleiche hiemit das obige Churfürstliche Rescript in der Anmerkung b. des S. 7.

f) Ich werde von denen auf der hiesigen Stadtbibliotheck befindlichen vollständigen und unvollständigen Instrumenten, Maschinen und Modellen unseres Otters bey einer anderen Gelegenheit eine weitläuftige Nachricht ertheilen.

g) Dieses bestätiget des Altenstädtischen Pfarrers M. Wolderi Fundations-Predigt der Neu-Roßgärtischen Kirche in der Altenstädtischen Kirche im Jahr 1644. gehalten — Siehe auch das Erläut. Preuß. Th. II. Seite 850.

g) Siehe die obige Anmerkung d.

h) Siehe das Erl. Preuß. loc. cit.

i) Es lässet sich dieses nicht allein aus den angeführten Gründen vermuthen, sondern auch aus den vorhandenen verschiedenen Rissen von der Vestung Friederichsburg unläugbahr schliessen, welche Otter nebst der umliegenden Gegend eigenhändig verfertiget, und wobey er angezeiget hat, wie sie nicht allein hernach aufgeführet worden, sondern wie sie noch mit verschiedenen Aussenwerken hat aufgeführet werden können.

§. 9.

Otters letzte Abreise aus Preußen, Ankunft und kurze Verrichtung zu Nimwegen in Holland, und bald darauf erfolgeter Todt.

Nachdem unser Otter solchergestalt zehn Jahr bey Hofe als Mathematicus zugebracht, und in dieser geräumen Zeit viele angenehme (k) und wiedrige Abwechselungen (l) erlebet hatte, so bekam er im Jahr 1657. unvermuthet eine Vocation nach Nimwegen, als erster Professor der Mathematik, auf der dasigen Universität. Unser Otker, welcher nicht lange an einem Orte verbleiben konnte, und doch so viele Jahre in Königsberg sich aufgehalten hatte, vielleicht auch die auswärtigen Gegenden höher als sein Vaterland zu schätzen geneigt war, zog diesen Ruf nicht in eine lange Erwägung, sondern nahm denselben mit hoher Bewilligung des Churfürsten ruhig an. Er verließ also, nachdem er dem Churfürsten vor alle erzeigte Gnade, den unterthänigsten Dank abgestattet, und von allen seinen Gönnern und Freunden den verpflichtesten Abschied genommen hatte, zum fünften und letzten mal sein Vaterland, und kam im Jahr 1658. zu Nimwegen, wohin er, wie gesagt, als erster Professor der Mathematik berufen war, im besten Jahr seines Alters, glücklich an. (lm) Ob nun gleich damals sein Vornehmen gewesen seyn mag, nach seiner beständig bewiesenen Gewohnheit der studirenden Jugend durch Lesen und Schreiben nützliche Dienste zu leisten, so wurde er doch durch die sich allmählich einstellende Krankheiten sehr gehindert, seinem Vorsatz nachzukommen. Da er nemlich in seinem Leben so viele Reisen gethan und hierdurch seine Leibes-Kräffte merklich angegriffen hatte; da er seit langer Zeit gewöhnt gewesen war, nicht eher das Fleisch zu speisen, als bis es faul geworden und von Würmern gewimmelt, folglich durch diese ungesunde Nahrungs-Art sein Blut beträchtlich

trächtlich verdorben hatte; da er endlich in seinem Leben viele Tage, wenn er besonders in einer Arbeit begriffen gewesen, ohne Eßen, Trinken, und Schlafen zugebracht, mithin durch ein solches anhaltendes und ohngestärktes Denken seine Seelen-Kräffte ansehnlich verzehret hatte; so wurde er allmählich so kränklich, daß er in den letzten Zeiten wenig arbeiten konnte, und an sein herannahendes Lebens Ende zu denken, sich bearbeiten muste. (m) Kaum hatte er also zwey Jahr auf der Nimwegischen Universität in großer Schwachheit sein Leben fortgesetzet, so starb er allda, zur großen Betrübniß der Universität und zum beklagenswürdigen Verlust der gelehrten Welt, am 9ten Aug. des Jahres 1660. im 62. Jahr seines Alters unverheyrathet und ohne Leibes Erben. Sobald dieser Todesfall geschehen war, berichtete (vermuthlich) die Nimwegische Universität diese Veränderung seinen hinterlassenen Verwandten in Preußen, und ersuchte dieselben, jemanden aus der Familie zu überschicken, um seine nachgebliebene schöne Sachen in Empfang zu nehmen. Da nun hierauf Otter standesmäßig in Nimwegen begraben wurde, und diese Nachricht seine Freunde in Preußen mit der Zeit erhielten, so war sein Schwestersohn, George Wilhelm Mühlkuntzel, (n) welcher dazu die nächste Anwartschaft hatte, derjenige, welcher sich entschloß, in besagter Absicht, nach Nimwegen herüber zu schiffen, auch wirklich allda in demselben Jahr 1660. glücklich eintraf. Als er bey der dasigen Universität sich gemeldet, und die besagte

schöne

schöne Ottersche Hinterlassenschafft, nehmlich seine Handschrifften, Stammbuch und übrige Bücher, ingleichen seine mathematische Instrumenten, Maschinen, und sein von einem vortrefflichen holländischen Meister auf einer kupfernen Platte gemahltes Bildniß, an sich erblich angenommen hatte, so ließ er, mit Bewilligung der Familie, über seine Ruhestätte in der Kirche ein prächtiges Monument aufrichten, und auf demselben nicht allein die vornehmste Proben seiner mathematischen Erfindungen, sondern auch über dieselbe folgende verdiente Grabschrifft einzeichnen:

CHRISTIANUS. OTTERUS
RAGNETA. IN. BORUSSIS. ORIUNDUS. HIC. SITUS. EST. QVI. INGENIO. ACUTISSIMUS. ET AGENDO. INDEFESSUS. RARISSIMI. EXEMPLI. INVENTIS. ARTEM. MATHEMATICAM. AUXIT. REGUMQ. AC. DINASTARUM. ADMIRATIONEM. AC. FAVOREM. MERUIT. TANDEM. SEXAGENARIUS. AD. HANC. PETRACHIAM. IN QVAM. ACADEMIAM. PRIMUS. MATHESEOS. PROFESSOR. VOCATUS. QUA. IN. STATIONE. POST. BIENNIUM. DIEM. JUNCTO. CUM. ANIMAM. COELO. SCRIPTA. ET. NOMEN. ORBI. CORPUS. HUIC. SEPULCHRO. REDDIDISSET. RELIQVISSET. HOCCE. MONUMENTUM. HAEREDES. FACIUNDUM. CURARE. OBIIT. V. EID. AUG. cIɔ Iɔ CLX.

In der Weile, da dieser Bau ausführet, und geendiget wurde, bey verweilete sich dieser Madebenzel nicht allein in Nimwegen, sondern besahe auch viele andere umliegende merkwürdige Plätze in
Holland.

Holland. Endlich reisete er mit allen diesen schönen Otterschen Kostbarkeiten im Jahr 1661. nach Königsberg, brauchte dieselbe viele Zeiten nacheinander nützlich bey seinem Studieren, und behielte sie so lange in seinem Hause verwahrlich, bis er zu allerley Bedienungen erhoben, und in allerley Weitläuftigkeiten eingeflochten wurde, da er sie dann an die hiesige Stadt-Bibliothec, an welcher er als damaliger Rathsherr mit Antheil nahm, großmüthig verschenkte, (o) allwo sie annoch insgesamt vorhanden sind, und von den Aufsehern derselben mit der besten Sorgfalt aufbehalten werden. (p)

k) Da unser Otter öfters bey Hofe erschienen, und sowohl bey den Großen als auch bey seinen Freunden und Verwandten in besonderen Ansehen gestanden, so ist nicht anders zu vermuthen, als daß er in diesen Umständen manche vergnügte Tage erlebet, und viele angenehme Abwechselungen genossen.

l) Zu den unangenehmen Begebenheiten, welche unserm Otter in den letzten Jahren seines Auffenthalts zu Königsberg wiederfahren, ist billig das Absterben seines Landsmanns und Freundes, des Jacob Löbels zu rechnen. Denn da er in Holland mit ihm auf einer Stube zusammen logiret, allda die mathematische Wissenschaften von ihm erlernet, und hierinnen durch seinen Unterricht eine ansehnliche Stärke ihm verschaffet hatte, dergestalt, daß die Königsbergische Akademie in der Intimat. Funebr. von ihm feyerlich bekennet: *Loevelius (Læbelius) aliquamdiu inter nos commorabatur, ac, quia Imprimis singulari, Divæ Matheseos, amore flagrabat*

bat, hanc ut accuratius tractaret, Hollandiam ingrediebatur. Excolendo vero ei studio, haud parum temporis, Lugduni Batavorum subsistens, impendebat, dum Viri Clarissimi ac Mathematici Excellentissimi, Dn. *Christiani Otteri*, Ragnetani, contubernio & informatione potissimum usus, juxta alia studia, Architecturam militarem quam vulgus Fortificatoriam dicit, a prænominato fratre Joachimo stimulatus, tanto cum fervore tantoque cum successu tractavit, ut nullo discentium posterior esset; cujus etiam nunc, nitida multiplicium figurarum, lineamenta, ac laboriosæ, propriorum conceptuum, designationes, luculenta supersunt, documenta. So lässet sich nicht anders vermuthen, als daß dieser Todt des Löbels, mit dem Otter noch überdem eine beständige vertraute Freundschaft gepflogen, ihm sehr zu Herzen gegangen, und vielleicht unter denen unangenehmen Vorfällen, welche ihm in den gedachten Jahren zugestoßen, der betrübteste gewesen. Ebendasselbe wird noch glaubwürdiger durch dasjenige Gedicht bestätiget, welches der unvergleichliche Preußische Dichter, Simon Dach auf diesen Todesfall ausgefertiget hat, und welches wegen der verschiedenen vorkommenden Anecdoten, die auch zu mehrerer Erläuterung des Vorigen dienen können, würdig ist, gegenwärtigen Blättern unverändert einverleibet, und auf solche Weise, der Vergänglichkeit eine Zeitlang entrissen zu werden.

Christliches Ehren-Gedächtnis
dem weiland Ehrenfesten, Vornehmgeachten
und Wohlgelahrten
Herrn Jacob Löbeln,
Vornehmen Bürger der löblichen Alten-
Stadt-Königsberg,

welcher

welcher 1652. den 21. Augustmonat sanft und seelig im
Herrn eingeschlafen und den 25. desselben christlich
und ehrlich der Erden eingebracht worden
aufgerichtet
und an den vornehmen und weitberühmten
Mathematicum
Herrn Christian Otter, ꝛc.
geschrieben
von
Simon Dachen.

Wir wissen wohl in eurem Christenthum
Habt ihr euch fein gestärkt,
Ich habe selbst Herr. Otter diesen Ruhm
Euch fleißig abgemerkt.
Wer lebet so geschieden
Von schnöder Weltbegier?
Und wer ist so im Frieden
Mit seinem Gott als ihr?

Das Glück erhielt in Wahrheit sonst das Feld,
Ihr wurft gemüthe klein
Die Waffen weg und gebet Fersen-Geld
Und müßtet dienstbar seyn,
Weil ihr nach andern alln
Die ich nicht nennen kan
Jetzt tödtlich nun seht falln
Auch diesen werthen Mann.

Herr Löbel ist uns auch hinweggerafft
In seiner besten Zeit,
Dawieder hilft nicht seine Wissenschaft,
Nicht wahre Frömmigkeit,

Noch

Noch andre schöne Sachen,
Davon mein schlechter Mund
Nicht groß darf Worte machen,
Sie sind euch besser kund.

Ihr führtet selbst ihn durch die Tugend-Bahn
Ihr habt der Musen Gunst
Ihm zugewandt, ihm treulich aufgethan
Den Vorrath guter Kunst
Ein Ort mit Schutz umgeben
Auch messen Feld, Gesträuch,
Und Thäler, war sein Leben,
Und alles dankt er euch.

Durch euren Rath verließ er Niederland
Der Weißheit Schauplatz nicht
Er hat Paris, eh er es sah, erkannt
Durch euren Unterricht,
Als er nach Hause kommen
Was hat er mitgebracht
Für schönen Nutz und Frommen
Anstatt der neuen Tracht!

Wie selig ist der also reisen kan
Den sein Verhängniß führt,
Dieweil er jung, an einen solchen Mann,
Der lernt was sich gebührt
Läst fremde Sachen fahren
Bleibt vieler Schuld befreyt,
Und reift vor seinen Jahren
Ein Kind der Seligkeit.

Wenn Kunst, Verstand und gute Lebens-Zucht
Bey uns würd angesehn,
Herr Löbel wär auch längst hervorgesucht,
So muste nicht geschehn.

Er ließ ihm sauer werden
Auch beyder Rechte Grund,
Das Glück hat ihm auf Erden
Das Ansehn nicht gegunt.

Der Himmel nimmt nun seiner besser wahr,
Der Mond- und Sonnen-Schein
Ist Finsterniß für seinem güldnen Haar,
Er geht im Glanz herein.
Die Welt weiß nicht zu geben
Der Tugend Dank und Lohn,
Gott kröhnt in jenem Leben
Sie mit der Ehren-Krohn.

Euch aber mag Herr Otter, dieser Fall
Vielleicht zu Herzen gehn,
Denn welcher Mensch kann also überall
Mit Rath versehen stehn?
Kein Stern will hier euch gleißen,
Es setzt anstat der Ruh
Das Leid euch mehr in Preußen
Als in der Fremde zu.

Herr Robertin der hochgewünschte Mann
Verschrieb euch, dünckt mich, her,
Ihr kommt darauf mit guter Hofnung an,
Fragt einen ohngefehr,
Um ihn Bericht zu haben
Da, ach! die Antwort war,
Er sey bereit begraben,
Vor einem Viertheil Jahr.

Wie war euch doch deswegen da zu Muht,
Wie daß ihr bald darauf
Nicht theils betrübt, theils zornig, durch die Flut
Nahmt wieder euren Lauf,

Ihr

Ihr aber ließet Wanken
Und Zorn zur Unzeit seyn
Euch fiel in den Gedanken
Herr Jochim Löbel ein.

Mit welchem ihr doch kurze Zeit verbracht,
Der Tod nahm ihn dahin,
Der Bruder giebt euch auch jetzt gute Nacht;
O Glückes Wanckel-Sinn!
Kommt nun aus frembdem Lande
Sucht Ruh und stillen Muth
In eurem Vaterlande
Seht was die Satzung thut.

So eitel ist die Hoffnung dieser Welt,
Dieß, was das Morgenroth
West, Süd und Nord in seinen Armen hält
Beherrschet Fall und Tod,
Gut daß ihr euch ersehen
Zur Gnüge Gott allein,
Was ist und kann geschehen,
Er wird der Eure seyn.

k) Da unser Otter nicht lange an einem Ort aufhalten konnte, und nunmehro zehn Jahr in Königsberg geblieben war; so ist kein Wunder, daß er noch in demselben Jahr 1657. Königsberg verließ, und zu Ende desselben bereits sich in Holland einstellete. Daß dieses der Wahrheit gemäß ist, bezeuget unter andern eine unter seinen Papieren befindliche, und einigen irregulairen Festungsrissen vorgesetzte Auffschrift, welche also lautet: Domino Ottero, Viro incomparabili, Auspice Christo, Amstelodamum abeunti, hæcce in memoriam sui ad majora obstrictus officiose offert Henning Manteuffel, N. d. 1. Septemb. Ao. 1657.

m) Siehe

m) Siehe Christian Otters Leben im continuirten Gelehrt. Preußen. Dritten Quartal 1725. Seite 44 - 46.

n) Siehe in dieser zweyten Abth. §. 1. Anmerk. c.

o) Da dieser Mühlkünzel zwar selbsten zu den Preußischen Mathematikern nicht gerechnet werden kan, vorjetzo aber die gelegentliche Ursache ist, daß wir vermögend gewesen, in gegenwärtigen Blättern das merkwürdige Leben unsers Preußis. Mathematici Otters nach hundert Jahren etwas weitläuftiger zu beschreiben, so wollen wir vorjetzo nicht ermangeln, aus Dankbarkeit nach einigen funfzig Jahren sein Leben hier gleichfalls unter den Preußischen Mathematickern in aller Kürze auszuführen, ohnedem da dasselbe einige Stellen in sich begreifet, welche unstrittig noch dienen können, unsere gegebene Nachricht von Ottern theils zu bestätigen, theils zu erläutern. —— George Wilhelm Mühlkünzel war im Jahr 1640. den 1. November zu Wilkischen, einem ohnweit Ragnit gelegenem Dorf in Preußen gebohren. Sein Vater, dem dasselbe eigenthümlich zugehörete, war Wolfgang Michael Mühlkünzel, Churfürstlicher Baumeister und Beysitzer des Gerichts zu Ragnit, und seine Mutter hieß Dorothea Otterin. Als er kaum das fünfte Jahr seines Alters erreichet hatte, verlohr er zwar anfänglich seine Mutter und bald hernach seinen Vater; doch verließ ihn bey diesen hülflosen Umständen nicht die weise Vorsicht, sondern erweckte nach und nach mitleidige Herzen, welche vor seine fernere Auferziehung die nöthige Sorgfalt trugen. Zuerst kam er nehmlich ins Haus eines Polnischen Obristen, Herrn von Schmieden, der eine gute Freundschaft mit seinem Vater gehalten, und eben damahls den District jenseit der Memel gepachtet hatte. Nachdem dieser eine Weile seiner Auferziehung treulich vorgestanden, und einige Zeit hernach ans Regiment zurückzukehren Befehl bekommen hatte, wurde er von ihm bey dem damaligen Cantor der Ragnitschen Schule, Johann Justi ins Haus gegeben, und seinem Unterricht weiter anvertrauet. Da dieser bald mit Tode abgieng, nahm ihn sein Stiefgroßvater mütterlicher Seite, Michael Lock, Richter zu Ragnit, ins Haus, und ließ ihn in allen erforderlichen Schulwissenschaften bis ins Jahr 1654. mit seinem Sohn zusammen unterrichten. Doch da auch dieser ihm nun die gedachte Zeit abstarb, so konnte er nicht länger in dieser Verfassung bleiben, sondern wurde von seines verstorbenen Stiefgroßvaters Bruder nach Tilsit geruffen; um in der dasigen Schule seine bereits erworbene Wissenschaft in denen Schulstudien weiter festzusetzen. Ob nun gleich seine Gedanken damahls dahin giengen, verschiedene Jahre in diesen Anstalten auszuhalten, und darinnen alle einem künftigen Studioso nöthige Geschicklichkeiten sich zu erwerben, so hintertrieben dennoch seine vorgefaßte Entschliessung die Schwedische Truppen, welche damahls in Preußen eingefallen, sein väterliches Guth ruiniret, und hiedurch den ferneren Zuschuß zu seinem Studieren ihm abgeschnitten hatten. Da er solchergestalt genöthiget war, auf eine Art in der Welt fortzukommen, nehmlich durch seine eigene Geschicklichkeit sich selbsten fortzuhelfen, so gieng er in dieser Absicht nach Königsberg, und war auch hieselbsten nach einiger Zeit so glücklich, durch die Recommendation des Herrn Obristen, Heinrich von Kalnein, bey dem damaligen Oberrath und Oberburggraf, Herrn Albrecht von Kalnein, als Haußsecretarius anzukommen. Als er in diesem Dienste vier Jahre gestanden, und denselben mit aller Treue verwaltet hatte, so erhielte er aus Nimwegen unvermuthet die Nachricht, daß sein Ohm, unser Otter, daselbsten Todes verblichen, und verschiedene mathematische Instrumenten

ten, Maschinen, Bücher, Handschriften und andere dergleichen kostbahre Sachen hinterlassen hatte. Weil ihm nun das nächste Recht zu dieser Erbschaft zufahm, und seine Gegenwart dabey unumgänglich nöthig war, so nahm er von seinem gnädigen Principal Abschied, und um diese Erbschaft persönlich herüber zu hohlen, schiffete er im Jahr 1660. glücklich nach Holland über. Nachdem er dieselbsten angelandet, und zu Nimwegen die hinterlassene Sachen seines Oheims in Besitz genommen hatte, verweilete er sich in diesem Lande fast ein ganzes Jahr, besahe die merkwürdigsten Städte in Geldern, in den vereinigten Niederlanden, in Flandern und in Cleve, und legte sich auch in diesen Orten so lange auf das mathematische Studium, bis er im Jahr 1661. wieder in sein Vaterland zurückkehrete, und in Königsberg von seinem gewesenen Herren, dem Oberburggraf von Kalnein gnädig aufgenommen wurde. Ob nun gleich dieser Mecenat ihn zu seinem alten Dienst überredete, so trat er doch denselben nicht wieder an, sondern da er in Holland die Mathematick zu treiben angefangen, und durch die Ottersche Sachen, welche er nach Königsberg glücklich hingebracht hatte, noch mehr zur Erlernung dieser Wissenschaft aufgemuntert wurde, so bemühete er sich die besagte Mathematick bey dem damaligen Professore Matheseos, M. Andreas Concius weiter fortzusetzen, nachdem er vorher im Jahr 1662. sich in die hiesige academische Matricul hatte einschreiben lassen. Bey dieser Bemühung erlangete er nach einigen Jahren in der gedachten Wissenschaft eine ansehnliche Stärke; wobey er aber auch nicht unterließ, seine eigene übrige Sachen wohl zu verwalten, und vor das Beste der hinterlassenen Wittwe seines Ohms, des Jacob Lock, Rathsherren in der Altenstadt, alle mögliche Sorgfalt zu tragen. Da er solchergestalt die Mathematick, und nach derselben die Rechtsgelehrlehrsamkeit hinlänglich erlernet, auch durch seinen rühmlichen Lebenswandel auf der Academie sich bekannt gemacht hatte, so wurde er anfänglich von dem Churfürsten im Jahr 1673. in die Preußische Canzeley bestellet, hernach mit seiner Bewilligung im Jahr 1678. in das Altenstädtische Gericht versetzet, und hierauf im Jahr 1684. in den Altenstädtischen Rath erhoben. Bey allen diesen Aemtern bewieß er viele Jahre hindurch seine gründliche Gelehrsamkeit, und seine noch mehr angebohrne Neigung zur Wahrheit und Gerechtigkeit. Er verheyrathete sich auch im Jahr 1674. den 2. April mit Dorothea von Sanden, einer Tochter des Rathsverwandten und Cämmerers zu Insterburg, Heinrich von Sanden, und erzeugete mit derselben in dieser glücklichen Ehe acht Kinder, nehmlich einen Sohn und sieben Töchter, wovon der Sohn nebst zwey Töchtern ihm im Tode vorausgiengen, die fünf übrigen aber nach seinem Ableben zum Troste seiner hinterlassenen Frau übrig blieben. Endlich starb er in einem großen Ansehen im Jahr 1705. den 8. May hieselbsten an der Wassersucht, und wurde an dem Fest vor Jucundicatis desselben Monaths feyerlich begraben.

p) Obgleich verschiedene Ottersche Sachen, auf der hiesigen Stadtbibliotheck befindlich sind, so ist doch zu vermuthen, daß einige theils nach des Otters Ableben in Holland, theils bey der Herüberbringung des gedachten Mühlkünzels nach Königsberg, theils bey dem nachherigen Gebrauch derselben in seinem Hause, verlohren gegangen, folglich sie alle insgesamt nicht mehr in ihrer Vollständigkeit vorhanden sind. Ich vermuthe nach den angeführten Gründen dieses nicht allein, sondern schließe auch dasselbe unwiedersprechlich aus folgenden Umständen. Unter den Papieren des Otters befindet sich ein Riß von einer irregulairen holländischen Befestigung mit sieben Bollwerken, an dessen

sen Seite Otter eigenhändig geschrieben: *vid. Fortific. meam in 4to pag.* 169. Ingleichen stehen bey anderen Festungsrissen von seiner Hand folgende Worte gezeichnet: *vid. libell. in 4to pag.* 162. 163. 164. 165. Dieser Quartante ist aber auf der gedachten Bibliothek nicht vorhanden.

§. 10.

Kurze Anzeigung der Verdienste des Otters, und wahrscheinliche Beantwortung der Frage: ob er der Erfinder derjenigen holländischen Art zu fortificiren sey, welche sonsten gemeiniglich dem Adam Freytag zugeschrieben wird.

Wenn wir über dieses Leben unsers Otters, welches wir hiemit mehrentheils geendiget haben, ein etwas aufmerksames Nachdenken anstellen, so werden wir aus demselben, ohne große Mühe, seine preiswürdige Eigenschafften abnehmen, und die Ursache zureichend einsehen, warum wir auf den Entschluß gekommen, sein Andenken nach hundert Jahren, nach seinem Absterben, in diesen Blättern zu erneuren. Otter, war ein Mann, der sich alle Mühe gegeben hatte, anfänglich die mathematische Wissenschafften zu erlernen, und hernach durch sein ganzes Leben bestrebet war, mit einer seltenen Geschicklichkeit, Fleiß, Beständigkeit und Unverdroßenheit, dieselbe anderen wiederum beyzubringen. (q) Er war ein Mann, der nicht in der Mathematik bey denjenigen Wahrheiten bestehen blieb, welche er darinnen bereits erfunden antraf, sondern der weiter in der Untersuchung dieser Wissenschaft fortgieng, und besonders durch eigene neue Erfindungen dieselbe ansehnlich zu erweitern, ohne Aufhören sich bestrebete. (r) Er war ein Mann, der wegen

gen seiner Gelehrsamkeit in sehr vielen Europäischen Landen berühmt war, und deswegen nicht allein bey jungen Studierenden, sondern auch bey den größten Gelehrten, ja bey Königen, Fürsten und großen Herren, in einem nicht geringen Ansehen stand. (s) Und bey allem diesen war Otter ein Mann, der sich mit seiner Wissenschaft nicht groß dünkte, in großer Herren Gnade sein Glück nicht setzte, auch selbsten nach keinen hohen Ehrenstellen ängstlich strebte; kurz, der alles dieses großmüthig verachtete, und in der Liebe zur Freyheit, in der Neigung zur Beförderung der Wissenschaften, in der Bemühung, seine Nebenmenschen geschickter zu machen, und vornemlich in der inneren Ruhe, oder Zufriedenheit seine zeitliche Glückseeligkeit wahrhaftig zu genießen, vermeynete. (ſſ). Dieses alles zusammen genommen, bestätiget solches nicht Otters wahre Größe, und rechtfertiget es nicht zugleich unsere in diesen Blättern angestellte Erinnerung seiner unsterblichen Verdienste? Außer den gedachten ruhmwürdigen Vorzügen findet man noch bey einigen Schriftstellern die erhebliche Nachricht, daß die holländische Art zu befestigen, welche der Grund aller neueren Fortifications-Maximen ist, nicht eigentlich der Thornsche Gelehrte, Adam Freytag, sondern vielmehr unser belobter Otter erfunden und demselben beygebracht hat. (t) Ob ich gleich nicht in Abrede bin, daß die Fortification diejenige Wissenschaft gewesen, welche letzterer vor allen anderen Theilen der Mathematik geliebet, verbessert, und anderen gelehret hat; so kann ich doch nicht umhin, mit der

größten

grösten Wahrscheinlichkeit zu behaupten, daß unser Otter weder die holländische Manier zu fortificiren ersonnen, noch dieselbe dem angeführten Freytag beygebracht, folglich diesen ansehnlichen Vorzug keinesweges besessen hat. Meine Gründe, die mich bewegen, von dieser Hauptsache also zu denken, sind folgende: Einmal war die Methode, Festungen nach holländischer Art zu bauen, lange vor den Zeiten des Otters, in und ausserhalb Holland bekannt. Denn, da im Jahr 1572. die vereinigten Holländer mit der Crone Spanien weitläuftige Kriege führeten, so verwarfen jene bereits ihre alte Mauren, und umzogen ihre beste Städte mit Wällen und Graben, nach solchen Manieren, welche theils Lupolf von Ceulen und Daniel Speckel, theils Samuel Marlois, Simon Stevin, Franciscus von Schooten, und andere Krieges-Bauleute angegeben hatten. (tt) Weil nun unser Otter damals noch nicht gebohren war, oder wo er gebohren gewesen, in seinen jugendlichen und unwissenden Jahren sich befand, so erhellet hieraus ganz unwiedersprechlich, daß die holländische Art zu fortificiren von ihm keinesweges erfunden. Ferner sind keine Gründe anzugeben, woraus sich beweisen lässet, daß unser Otter, wenn er auch der Erfinder der holländischen Art zu fortificiren wäre, dieselbe dem gedachten Freytag gelehret hätte. Ich ersehe zwar aus dem vorhin öfters angeführten Stammbuch, daß Otter auf seinen Reisen mit Freytag zweymal, nemlich, einmal im Jahr 1629. zu Leyden, und das anderemal im Jahr 1633. zu Paris sich zusammen gefunden,

auch

auch vielleicht an diesen fremden Orten, einen Umgang, oder gar vertraute Freundschafft gehalten; allein, ich nehme auch aus denen darinnen befindlichen eigenhändigen Einschrifften unseres Freytags ab, daß, da er unseren Otter, Amicum, Fautorem, ac Conterraneum Charissimum, imgleichen Clarissimum & Excellentissimum Virum, nirgends aber seinen Præceptorem in der Fortification nennet, (so, wie es doch andere Schüler im angeführten Buch gethan) Otter, dem Freytag niemals einen zusammenhangenden Unterricht in dieser Wissenschafft ertheilet, folglich keinesweges den holländischen Kriegesbau beygebracht hat. (u) Hiergegen kann nun wohl die Einwendung gemachet werden, daß unser Otter, da er selbsten gestehet, er habe diejenige Art zu fortificiren, welche er in seinem oben angeführten specimine hercotectonico im Jahr 1646. beschrieben, erfunden, und sie schon noch Jahre voraus, nemlich etwa im Jahr 1633. oder 1634. den grösten Gelehrten seiner Zeit gewiesen, (v) Damals, da er im Jahr 1629. zu Leyden den gedachten Freytag kennen gelernet, und hernach im Jahr 1633. zu Paris mit ihm einen weiteren Umgang gehabt, diesem seinem Landsmann seine neue Art zu fortificiren, gleichfalls gezeiget, und in freundschafftlichen Gesprächen, gelegentlich entdecket hat. Allein, wenn man bedencket, daß der angeführte Freytag seine Kriegesbaukunst zu Leyden, nicht im Jahr 1642. (denn dieses ist die letzte deutsche Auflage derselben) sondern bereits im Jahr 1630. oder 1631. herausgegeben; folglich, wenn er dieselbe im Jahr 1629. zu Leyden

vom

vom Otter erlernet hätte, er doch nicht vermögend gewesen, sie sogleich in Ordnung zu bringen, in einem mit vielen Rechnungen, Tabellen, und Figuren, angefülleten Folianten auszuführen, und in dem darauf folgenden Jahr 1630. oder 1631. zum Druck zu befördern; (w) wenn man weiter erweget, daß Otter selbsten niemals sich über die Freytagsche Fortification aufgehalten, oder zu keiner Zeit sich gegen die gelehrte Welt beschweret hat, daß Freytag in dem angeführten Werk die Otterschen Befestigungsmaximen genützet, und diese vor die seinige ausgegeben; (x) und wenn man endlich betrachtet, daß Freytag bereits im Jahr 1629. Magister gewesen, und Ottern, als einen damals zeitigen Studiosum, zum Lehrer in der Mathematik zu haben, sich nicht geschicket hat; (y) so kann man mit großer Gewißheit hieraus den Schluß machen, daß unser Otter dem belobten Freytag seine Art zu befestigen, niemals ordentlich gewiesen, und dieser von jenem also die Kriegesbaukunst, weder auf eine offenbare, noch unverwerkte Art, gründlich abgelernet hat. Soll ich indeßen, schlüßlich, mein Urtheil sagen, was, und in wie weit beyde gelehrte Männer einen wahren Antheil an der Aufnahme der holländischen Befestigungsmanier haben; so muß ich bekennen, wie wahrscheinlich mir es vorkommt, daß sowohl Freytag, als Otter, dieselbe hauptsächlich in Holland erlernet, und nur mit folgendem Unterscheid sie öffentlich gelehret und beschrieben; nemlich, jener hat der gelehrten Welt die holländische Fortificationsregeln auf eine etwas weitläuftige und schwer zu begreifende Art, durch trigonometrische Rechnungen herauszubringen, gezeiget, (z) und dieser hat eben daſſelbe auf eine kürzere und leichter zu faſſende Weiſe, ohne Rechnungen, durch bloße mechaniſche Zeichnungen zu erfinden, gewieſen. (a)

q) Dieſes beſtätigen faſt alle Blätter in der gegenwärtigen Nachricht, welche wir von dem Leben unſers Otters gegeben haben. Und derjenige Wunſch, welcher von ihm auf einem mit geometriſchen Zeichnungen erfülleten Papier eigenhändig geſchrieben ſtehet, und alſo bedencklich lautet:

 O homo! ſi ſcires, quantum doctrina valeret,
 Nunquam dormires, noctes diesque ſtuderes.
ſcheinet dieſem Vorgeben gleichfalls nicht entgegen zu laufen.

r) Man vergleiche hiermit in dieſer zweyten Abtheilung die §. 8=10.

s) Es erhellet dieſes nicht allein aus der obigen Grabſchrift (§. 9.) ſondern auch aus denen verſchiedenen vorhin angeführten Inſchriften des öftermahls gedachten Stammbuches, (§. 7.) imgleichen aus manchen andern merkwürdigen Stellen dieſer zweyten Abtheilung. Ob dieſe oben noch nicht erwehnte Inſchrifft im Otterſchen Stammbuch: Dominus providebit. — Friederich. Anno 1640. hieher gezogen zu werden nöthig iſt, kann ich nicht ſagen.

t) Alles, was allhier behauptet worden, läſſet ſich nicht undeutlich auſſer der gegenwärtigen ganzen Lebensbeſchreibung, auch noch aus denjenigen Denkſprüchen folgern, welche unſer Otter auf dem doppelten Titulblatt ſeines Stammbuches eigenhändig hingeſchrieben. Alſo leſen wir daſelbſten ſein hiemit übereinſtimmendes Symbolum: Caducarum. Omnium. Rerum. Libertas. Pretioſiſſima. Ferner erblicken wir allda folgende, gleichfalls hiemit übereinkommende Verſe:

Mais

Mais le sçavoir de ma Muse
Plus que la richesse est sort:
Car jamais rouille ne l'use
De donner plac à la mort.   Rons.

ingleichen:

Divitias alius fulvo sibi congerat auro
Et teneat culti jugera multa soli:
Me mea paupertas vitæ traducat inerti
Dum meus assiduo luceat igne focus.   Tibull.

Auch folgende daselbsten befindliche Inschriften sind nicht unzureichend, den oben angegebenen Character unseres Otters zu bekräftigen. J. B. Tout avec Dieu. — Cor. Congruat. Ore. Ori. Res. Respondeat. — Tutto col tempo. — —

Stet quicunque volet, potens
Aulæ culmine lubrico:
Me dulcis saturet quies,
Obscuro positus loco
Leni perfruar otio.   Senec.

Wer nicht hoch steigt, der fällt nicht hoch. — — Trachtet nicht nach hohen Dingen: sondern haltet euch herunter zu den Niedrigen. —

1) Siehe Christ. Otters Leben im contin. Gelehrt. Preuß. dritt. Quart. 1725. Seite 43. Chr. Gottl. Jöchers Gelehrt. Lexicon, Seit. 443, und andern.

11) Wenn man hievon den Beweiß nicht aus der Ferne hernehmen will, so darf man nur die bekannte Disputation de muniendi naturalibus modis, welche der berühmte Professor der Mathematick auf der Akademie zu Kiel Samuel Reyher im Jahr 1702. den 9. December gehalten, hiemit zusammen vergleichen, woselbsten dieser Gelehrte auf der Seite 4. also schreibet: Maxima autem incrementa muniendi ars eo tempore cœpit, cum A. 1572. fœderati Belgæ potentissimi Hispaniarum Regis jugum excutere cogerentur, nec res angusta domi lapides exstruere munimenta pateretur. Popugnacula igitur

&

& aggeres e terra congestos, fossasque, unde terram effoderent, exstruxerunt, atque hoc modo urbes & oppida sua munierunt. Artifices ab eo tempore plures muniendi modos invenerunt; præcipue autem floruerunt Ludolphus a Ceulen in Belgio, & Daniel Speckle Argentoratensis Architectus; Samuel Marlois & Simon Stevin, nec non Franciscus a Schooten Senior, ejusque filius Franciscus ibidem in Belgio, qui aggeres suos propugnaculis adjunctis ex terra & cespitibus ita adornarunt, ut tormentis quoque bellicis aliquandiu melius, quam lapidei muri resistere possent. — —

u) Siehe in dieser zweyten Abtheil. den §. 5. Anmerk. h. und §. 6. Anmerk. d.

v) Siehe in dem oben angeführten specimine hercotectonico am Ende, woselbsten Otter also schreibet: Hujus Problematis usus insignis occurrit circa figuras munitioni incommodas, iisque ubi angulus cum latere a debita quantitate desciscit; ejus tamen enodatio studio omissa analyticæ gnaris, rationi Geometricæ universali per lineas expedienda committitur. Singulique rogantur, si quid hisce operationibus circa sectiones linearum speciales simile publicum noverint, autori id significare dignentur: Qui ante annos plus minus 12. hæc ipsa [maxima ex parte] problemata eo fine quibusdam & peritissimis Mathematum communicavit, nondum tamen de tractatu quopiam talium sectionum certior factus est. — —

w) Daß diese Angaben nicht bloße Muthmaaßungen sondern gegründete Wahrheiten sind, erhellet offenbahr aus einigen eigenhändigen Nachrichten, welche mir vor einiger Zeit der berühmte Herr Professor Schönwaldt aus Thorn von diesem Adam Freytag ertheilet hat. Denn da ich dieselbe unter meinen Sachen nicht ausfindig machen konnte, sie aber in der gegenwärtigen Materie einigermaßen nöthig hatte, so wandte ich mich nach Thorn, und bekam

bekam auf mein Bitten von da die gegenwärtige Nachricht, welche ich, so wie ich sie erhalten, aus verschiedenen Briefen zusammengezogen hieher setzen will: M. Adam Freytag war schon A. C. 1598. Professor am Gymnasio in Thorn, und verfertigte dazumahl ein Hochzeit-Gedicht auf Christian Stroband Jun. darinnen er sich unterschreibet Scholæ Thorun. Collegam, d. i. Professorem, welche sich damals also nannten. Er hielte 1603. allhier zu St. Marien eine Oration de Resurrectione Jesu Christi, imgleichen eben dieses Jahr den 13. Julii eine andere de Chirone, welche beyde im Druck vorhanden sind. Auch wurde unter seinem Präsidio ventiliret Thesium Centuria Disputationis IIdæ specialis Physicæ de Cœlo, ceu parte Universitatis prima & perfectissima, quam Σ. Θ. T. K. sub umbone Clariss. Viri, M. Adami Freytagii Profess. & Visitat. in Thoruniens. Gymnasio, ad 15. Cal. Quint. publice Auditorio Philosophico ventilandam & discutiendam exhibet Martinus Bantzinius, Dantiscanus, An. Æ- ræ reparatæ MDCXX. Exscribebat Augustinus Ferberus, Senior, 4. 3 Bogen. Die Zuschrift des Respondenten an E. HochE. Rath der Stadt Danzig ist datiret Thorun. 10. Cal. Quintil. Er heyrathete allhier in Thorn A. 1601. Jgfr. Gertrud seel. Casp. Cölmers, hiesigen Kauffmanns hinterbliebene Tochter. — Sein Sohn gleiches Nahmens, schreibet sich in seinem Calender von A. 1638. Philosophiæ & Medicinæ Doctorem, Königl. Majestät in Pohlen und Schweden, auch Königl. Stadt Thorn bestallten Physicum und Mathematicum. Von dessen Architectura militari in III. Büchern besitze eine Französische Edition, Tit. l'Architecture militaire ou la Fortification nouvelle, augmentée & enrichie de forteresses regulieres, irregulieres, & de dehors; le tout a la practique moderne, par Adam Fritach. Mathematicien. A Leide chez les Elzeviers 1635. Fol. 40 Bogen bis an den Buchstaben T. mit 35 Kupferfer-Tafeln und 8 Tabellen-Rechnungen: und nur allein vor dem 1. Buch stehet eine Zuschrift an Uladislaum IV. König in Polen. — In Jacob Heinrich Zernecke Thornischer Chronick, in der zweyten Auflage de Anno 1621. pag. 264. stehet folgendes: Den 23. Sept. starb M. Adamus Freytagius, Professor Græcæ Linguæ am hiesigen Gymnasio, welchem Amt er über 20 Jahr mit großen Nutzen der Jugend vorgestanden; hat einen Sohn, den berühmten Medicum, und Professorem Matheseos Illustris Gymnasii Cajodunensis nachgelassen, dessen Epitaphium Sim. Starovolscius in monum. Sarm. p. 315. &c. anführet und also lautet:

D. O. M.

Adamo Freytagio, Thoruniensi, Philosophiæ ac utriusque Medicinæ Doctori, illustris Gymnasii Cajodunensis [in Samogitia] Matheseos extraordinatio Professori, Viro, vita, moribus, eruditione, genere & professione Nobilissimo, qui adolescentiam studiis, juventutem variis perigrinationibus, ætatem virilem bellicis in Belgio expeditionibus, sub auspiciis imprimis Friderici Henrici, Arausionensium Principis ad Sylvam Ducis, reliquum ætatis, Professioni Matheseos ac Medicinæ praxi, totum autem ab obsidione Trajecti ad Mosam usque ad ultimum vitæ annum 1650. servitiis Illustrissimi S. R. Imperii Principis, Ducis Janussii Radzivillii impendit Scholarchæ jussu ac sumptu optimi Principis ac Patroni posuere. Vixit annis XLII. Filium non reliquit, librum reliquit, cui titulus: ARCHITECTURA MILITARIS NOVA ET AUCTA. — — Von diesem Buch ist zu mercken, daß es Anno 1631. zu Leyden in Folio mit schönen Rißen und Kupfern von den Elzeviers verleget, bestehende in dreyen Büchern, das Erste wird dem Polnischen Prinzen Uladislao Sigismondo, das Andre E. E. Rath von Thorn, und das Dritte E. E. Rath von Danzig dediciret. Bis hieher Herr
Schön-

Schönwaldt. — ⌐ Wenn nun alles dieses zusammen genommen wird, kann daraus nicht sicher geschlossen werden, daß unser Adam Freytag zu Leiden seine Fortification 1.) teutsch im Jahr 1630. 2.) bald hernach im Jahr 1631. 3.) hierauf französisch im Jahr 1635. 4.) und endlich wiederum teutsch im Jahr 1642. zuletzt herausgegeben? Diese drey letzte Schlüsse folgen ja offenbahr aus den oben gedachten Nachrichten, und der erste ist auch der Dedication, welche bey allen diesen Auflagen gleichlautend, und mit der Jahl 1630. bezeichnet, unwiedersprechlich abzunehmen! Die vorjetzo am öftersten vorkommende Edition der Freytagischen Fortification ist die letzte, und ist also betitult: *Archiectura militaris nova & aucta*, oder Neue vermehrte Fortification von Regular-Vestungen und Aussenwerken, von *Praxi Offensivâ* und *Defensivâ*: auf die neueste Niederländische Praxin gerichtet und beschrieben, durch Adamum Freitag, der Mathematum Liebhabern. Letzte Edition verbeßert. zu Leyden bey Bonaventura und Abraham Elzeviers. Ao. 1642.

x) Hievon sind keine Spuhren in denen hinterlassenen Schriften unseres Otters zu finden.

y) Siehe in dieser zweyten Abtheilung den §. 5. Anmerkung h.

z) Dieses bestätiget die Freytagsche Fortification, welche in der obigen Anmerk. w. angeführet worden.

a) Dieses bekräftigen sowohl die gedruckte als auch ungedruckte allhier hin und wieder angezeigte Ottersche Schriften, imgleichen die Beschreibung, welche der oben gedachte Prof. Reyher loc. cit. S. 1. (Anmerk. π.) von Ottern giebt, da er ihn also nennet: *Otterum, qui unica circini apertura principales propugnaculi lineas invenire docuit, nempe Capitalem, quam ipse vocat Distributivam; Latus figuræ exterius, quod appellat, Variantem, Fundamentalem, quam Locantem nominat; & Alam seu Defensivam.* —

§. II.

§. 11.

Beschluß der zweyten Abhandlung dieses Werkes.

Dieses ist diese besondere Lebensbeschreibung unsers unvergleichlichen Otters, welche wir aus seinen hinterlassenen Papieren zusammen zu bringen, und in diesen Blättern bekannt zu machen, vermögend gewesen. Obgleich dieselbe hin und wieder unvollständig, und kurz zu seyn scheinet, so wird sie dennoch beständig einen unläugbaren Beweiß abgeben, daß unser Otter ein unsterbliches Mitglied der gelehrten Welt, und eine unvergeßliche Zierde unseres Vaterlandes gewesen. (b)

b) Da von unserem Otter sehr wenige gedruckte Blätter vorhanden sind, so glaube ich, daß einem wißbegierigen Leser nicht unangenehm seyn wird, nachfolgende Anleitung zur Fortification, welche Otter eigenhändig geschrieben, und worüber er verschiedene Vorlesungen gehalten, so wie ich dieselben unter seinen öfters gedachten Papieren auf der hiesigen Stadtbibliotheck gefunden, beym Ende seiner Lebensbeschreibung im Druck zu sehen, ohnedem da dieselbe ohne Figuren verständlich ist, und eine nähere Käntniß von seinen besonderen Befestigungs-Maximen in aller Kürze vor Augen leget, auch verschiedenes davon bey einer Untersuchung und Beurtheilung der neueren Fortificationsmanieren mit Nutzen gebrauchet werden kann.

CHRISTIANI OTTERI
RAGNETANI
PRINCIPIA
ARCHITECTURÆ MILITARIS

IN LUCEM EDITA

A

F. J. BUCK.
Regiomontano.

1763.

CHRISTIANI OTTERI

RACKELIANI

PRINCIPIA

ARCHITECTURÆ MILITARIS

IN LUCEM EDITA

A

J. BUCH.

Propositiones fundamentales totius fortificatoriæ nostræ.

1) Omnis pars fortalitii sit ad defensionem æque exercendam ac recipiendam accommodata.

2) Nulla linea nullum latus aut locus fortalitii sit, cui ex pluribus vel uno ad minimum loco ejusdem fortalitii defensio non competat.

3) Omnis linea vel latus fortalitii sclopeto defendatur necesse est.

Jactus autem sclopeti ad metam seu in directum apud Belgas 60 duodecempedarum est. Alibi pro ratione magnitudinis sclopetorum variat. Extra directum jactus sclopeti longe major est.

4) Quo propius jactus sclopeti pertingit, eo directior incidit & fortior.

5) Pars defendenda a loco defensionis ultra jactum sclopeti ne absit.

6) Opera exteriora, a fortalitio defensibilia pateant versus fortalitium vel omnino vel ex parte.

7) Lo-

7) Locus defensionis sit tutus, & instrumentis defensionis, defensoribus & rei defendendæ accommodatus.

8) Fortalitium, quantum fieri potest, sit undique æque defensum.

Itaque nullum propugnaculum majus sit, quam cujus propria figens primaria, æquat jactum sclopeti seu determinantem.

9) Propugnacula, quantum fieri potest, sint æque defensa.

10) Propugnacula, quibus eadem est defensiva figens primaria optime congruunt.

11) Fortalitium, quanto magis ad ordinatum accedit, eo magis undique æque defensum est.

12) Angelus figuræ nunquam angulo normali minor sit.

13) Angulus cuspidis propugnaculi nunquam sit minor angulo sextantis. Nec in ordinariis major normali.

Propo-

Propositiones speciales totius Fortificatoriæ nostræ.

§. 1.

Fortificatoria specialis considerat certos casus; nimirum locum & tempus exstruendorum fortalitiorum aliasque circumstantias.

§. 2. Hinc fortalitium omne construendum necessario est in loco solido.

§. 3. Locus autem solidus vel est planus vel non planus. Planus vel habet undique circum circa planitiem, vel aquam, vel montem in propinquo, vel mixtum quid ex terra & aqua vel paludem. Aqua vel est mare, vel fluvius, isque major vel minor vel lacus. Rursus aqua vel est propinquior vel remotior. Propinquior eum locum vel ambit vel alluit. Ambit vel totaliter vel ex parte.

§. 4. Rursus, locus non planus vel est depressus vel elevatus seu in monte. In monte, si vel tota superficies fortalitii habet montem præruptum vel aliqua ex parte planitiem. Si non est in monte, tunc vel est inter montes, vel ad montes situs.

§. 5. Fortalitium autem ad fluvium situm quod attinet, notetur: fortalitii pars versus aquam spectans requirit propugnacula minora, depressiora, humiliora, quæ & interdum longius a se

poterunt

poterunt removeri. Depressiora dixi: intellige tum pro ratione inundationis. Nec non depressiora esse debent, quam ut tempore inundationis super eminent. Propugnacula hæc extruuntur ex lapide murali vel coctili, ut impetum (arrosionem) aquarum sustinere possint.

§. 6. Fluvius autem vel est adeo latus, ut jactus sclopeti vel tormenti trajici non possit; vel non adeo latus est. Si adeo latus est, locum habent quæ §. præc. dicta sunt. Quod si non adeo latus sit, tunc quoque ab altera parte fluvii pars fortalitii constituenda est, ut totus fluvius redigatur in nostram potestatem.

§. 7. Ad fortalitium principale ad fluvium situm cornua constitui solent ab utraque parte, inferiore & superiore, ad minimum a parte superiore qua fluvius decurrit. Si ab utraque parte cornua constituantur, sufficit in medio versus aquam qualiscunque munitio, ut sunt muri, dentata, turres &c.

§. 8. Fortalitii minoris trans fluvium siti pars, versus fortalitium principale spectans, non clauditur, nisi palis infixis, vel alia vilissima ratione, ut hortis, si forte illud occupet, facillima ratione rursus exturbari possit.

§ 9. Quod si fluvius vel ponte transeatur vel vectura in fluvio detur, tunc quoque ex adversa parte ad pontem vel vecturam aliud minus fortalitium constitui solet, quam ad rem utuntur tetragono vel pentagono. Castella quoque interdum exstruuntur ad fortalitii, ad fluvium siti,

partem

partem superiorem, qua fluvius decurrit; quibus infimul urbs defenditur & fluviis in hostram potestatem redigitur.

§. 10. Quod si fossæ fortalitii ex fluvio irrigentur, intra fluvium & fossam obices ex lapide (petra, raro ex lateribus) poni solent, ne tempore inundationis aut exsiccationis fluvii intempestivum incrementum & decrementum patiantur fossa. Obices hi dicuntur vulgo Bähten, aliis Bäwer, aliis Gsellsunt superne acuminati, in medio positam habentes turriculam.

§. 11. Quodsi fluvius ambit locum, eo casu vel unus fluvius est, vel duo concurrunt, & rursus vel totum ambit locum vel ex parte. Si fluvius omnino ambit, & circumfluit locum, redditur Insula. Insulæ spatium vel æque tantum est, ut fortalitium capere possit, vel majus. Si majus, pars insulæ superior fluvium adversum respiciens fortalitio extruendo eligitur, quo in casu, præter propugnacula & opera exteriora ut bicornia, tricornia, lunulæ &c. fortalitio addi solent, aquam versus. Versus terram additur fossa profunda & lata.

§. 12. Circa fortalitia in insulis extruenda incidit peculiaris ratio figuram interius fortificandi seu interius in ipsa figura construendi propugnacula. Littus insulæ si sit vadosum, nihil prohibet, quominus propugnacula ad extremam summitatem pertingere possint. Sin præceps, illud non nisi magno sumtu, & ingenti (non raro & frustraneo) labore fieri potest. Cæterum propugnacula cala versus aquam non sint depressiora, quam ut navium hostilium, inundationisque aquarum impetum sustinere possint. Nec distent ultra maximam quantitatem determinantis.

§. 13. Si fluvius fortalitium nec alluat, nec ambiat, sed in confinio positus sit; incolentium rum maxime intersit, vel propter commercia, vel propter liberum transitum ut fluvium in potestate habeant, tum, si vel rivulus aliud fortalitium praeterlabatur, qui se in fluvium exonerat vel a fortalitio ad fluvium usque fossa ducatur, utroque hoc casu rivulo vel fossae (ad fluvium proxime) fortalitium minus apponitur, ex quo plenarie fluvius defendi possit. Tempore necessitatis, si certum sit, qua ex parte hostis aggressurus sit fortalitium, ex illa parte rivuli vel fossae constituitur lorica cum reductibus vel etiam propugnaculis minoribus: (Trencheen).

§. 14. Circa fortalitium prope montem notatur, quod mons vel ita propinquus sit, ut sclopeto vel tormento ex fortalitio possit attigi, vel difficulter aut plane non. Priori casu versus montem fortalitium operibus exterioribus, bicornibus, tricornibus, quadricornibus &c. muniri solet. Solet vel in ipso monte constitui fortalitium aliud quod tam versus urbem apertum sit, nec propugnacula habeat. In urbe interdum elevationes fiunt, e quibus tormenta hostium in monte constituta a nobis eadem facilitate laedi possunt, qua nostra ab hoste. Notetur imprimis, fortalitii in confinio montem habentis nulla copulans versus

... montem posita sit sed propugnaculum potius. Plateæ item, in quantum fieri potest, ducantur ita ne lædi possint a monte. Hinc commode transversæ ædificantur, aut etiam muri transversi plateis objiciuntur, qui læsionem impediunt.

De urbe vel loco jam constructo, & antiquitus munito qualitercunque, novis munimentis cingendo.

§. 15. Quæritur, an facilius sit urbis vel loci jam constructi, & antiquitus qualitercunque muniti, novis munimentis cingendi, vetera munimenta destruere, an veteribus integris relictis nova circum circa munimenta addere; & respondetur: in summo casu necessitatis vetera munimenta integra relinqui possunt, & nova construi, quia 1) veterum operum demolitio non minus temporis & sumtuum requirit, quam novorum constructio, 2) præter demolitionem & fossæ prioris impletio requiritur.

§. 16. Quod si nulla necessitas immineat minoribus sumtibus majori autem commodo vetera munimenta destruuntur & nova condantur. 1) Quia materiæ operum destructorum in novorum exstructione usus quidam esse potest, 2) minoribus sumtibus pristina fossa vel reparari vel adaptari potest. 3) Si nova munimenta circa vetera condantur ambitus fortalitii fit major, opus vero propugnaculis pluribus, quibus impendendi sunt sumtus majores & destinandi defensores plures &c.

De

De fortificationis primordiis, causis, fine & differentiis.

§. 17. Prima & præcipua causa fortificationis fuit defensio & resistentia. Ideo enim se muniverunt homines: 1) ut se defenderent, 2) ut pauciores pluribus resistere possent. Defensio autem nata est ex offensione; nec defensionis ratio commode cognosci potest, nisi cognita prius offensionis ratione.

§. 18. Facta autem est prima offensio fustibus atque lapidibus, quibus postea sunt sepes ex palationibus vel palis terræ infixis. Palis ergo transfossis, lignis transversis conjuncti, superiore in parte ditati ne scalis transcendi possent, quia & acuminati. Sepes has ut illuderent hostes, vel instrumenta invenerunt, quibus extraherentur pali; vel fermentis ad sepimenta congestis & incensis combusserunt palos. Combustioni obviam itum est lapidibus congestis, murisque constructis, in quibus foramen relictum est ad videndum & oppugnandum hostem.

§. 19. Cœperunt hoc tempore usurpari hastæ, sagittæ, & imprimis scalæ, quibus aditum præbuerunt muri. Contra scalas tantæ altitudinis muros fecerunt, ut vel nulla arbor inveniretur, ex qua tantæ proceritatis scala confici posset, vel nulla scala tantæ altitudinis portatilis esset. In Italia adhuc videntur muri 70 pedes vel cubitos alti.

§. 20. Contra muros ita altos arietes excogitati sunt; qui erant trabes maximæ, altera ex parte
chalybe

chalybe vel ferro præmuniri, quibus milites, superne scutis contecti muros tantisper summa vi & impetu quassabant; donec perforarentur & corruerent.

§. 210. Altitudo murorum cum nihil patrocinaretur obsessis, turres in iis constitutæ sunt ad sagittæ jactum a se distantes, a quibus muri intermedii defendebantur. Turres hæ construebantur, primo quadrangulares. Animadverso hoc præsidio, hostes non amplius oppugnabant muros, ut (antea sed turres, quarum pars frontalis manebat indefensa satisque tutum præbebat hostibus aditum. Post hæc turres constitutæ sunt rotundæ, ut quæ ab omni parte defendi poterant; simulque murum defendebant commodius.

§. 211. Sed & hoc præsidium debile fuit. Cubiculis enim actis fundamenta turrium suffodiebantur, incensisque fulcimentis ligneis qui cuniculos, ne ante tempus corruerent, sustinebant, totæ turres prosternebantur. Cui autem ut obviam iretur, muri post muros certo relicto spatio exstructi sunt; non unquam duplices, non unquam triplices &c. In Mesopotamia septemplices inventi sunt. Plerumque tum duo saltem exstructi sunt, in quos temporis progressu terra ingesta & sic vallum duobus muris conclusum, exstructum est. Terra duobus muris comprehensa Italis terra piena dicta est, id est terræ plenum, o terra intra muros, (per errorem hinc valli via superior terre pleia dici cœpit.

§. 23.

§. 23. Alius muniendi modus deinde, Bombae arietes, balistæ, & sagittæ in usu esse desierunt. Inventis postea tormentis retentæ quidem sunt turres rotundæ sed grandiores constructæ & ad tantam distantiam, quantam tormentorum ictus emetiuntur, vel defendere possunt, dispositæ sunt.

§. 24. Verum duo defectus circa has turres animadversi sunt. 1) Tormenta ab hoste peti solebant, locusque in quo consistebant, irruebatur, quo facto defensio omnis evanuit. 2) Hostes post turres has tuto latere poterant. His defectibus duplici modo subventum est. 1) Constitutæ sunt turres acuminatæ seu angulares. 2) Tormenta tecta sunt, quasi cameris.

§. 25. Cameræ hæ & partes turrium ubi latebant tormenta dixerunt auricolas, humeros vel alas. Hic muniendi modus, a quo hodierna propugnacula angularia derivata sunt, longo tempore in usu fuit; & imprimis ab Italis excultus est, quippe qui eo tempore nonsolum architectonicæ civilis, verum etiam militaris fuerunt peritissimi.

§. 26. Italos secuti sunt Hispani, Hispanos Galli, Gallos denique Belgæ, qui omnes licet in plerisque convenerint, in aliquibus tamen discrepantis inter se sententiæ fuerunt. Unde fortificatoria quadruplex statui cœpit: 1) Italica, 2) Hispanica, 3) Gallica, 4) Belgica. Belgæ eo perfectionis hodie in hac arte venerunt, ut pleræque aliæ nationes rationem muniendi modernam a Belgis

gis mutuentur. Hispani & Galli conveniebant in hoc, quod ducebant defendentem radentem, quæ concidebat cum defendente figente.

§. 27. Sed cum hostes tentarent hac occasione, ut aliam & defensionem destruerent, tunc Itali, imprimis Veneti ducebant radentem ex copulante, ejusque tertia vel quarta parte regulariter, ad summum ex media. Galli constituebant radentem ad ictum sclopeti, reliqui ad ictum tormenti. Stevinus in libro quodam latus figuræ 1000 pedum constituit, cum tamen ultra 720 pedes non pertingat ictus sclopetorum.

§. 28. Belgæ & ex iis Hollandi imprimis, casu & inopia venerunt ad meliorem fortificatoriæ cognitionem. Cum enim sumtibus, tempore & extrema necessitate exclusis, ipsis ex lapidibus vel lateribus fortalitia exstruere non liceret, terram ligonibus eruerunt, & ad valli magnitudinem molem congesserunt, quod & hactenus ipsis tam feliciter cessit, ut magna pars fortalitiorum eorundem invicta manserit, & nemo non Belgicam muniendi rationem reliquis omnibus præferat.

§. 29. Ratio itaque ex terra vallum, minoribus sumtibus & breviori tempore, majori autem commodo & defensione exstruendi, casu & inopia cœpit apud Belgas; a quibus deinde ad Gallos & Hispanos, & denique ad Italos translata est.

§. 30. Verum nec in hac omnes unum eundemque modum tenent, conveniunt quidem plerique in plerisque regulis fundamentalibus, discrepant tamen a se quam plurimum in aliis.

Prioris

Prioris exemplum est in hoc; unanimiter consentiunt hodie omnes, nullum propugnaculi angulum majorem debere esse normali, nec minorem sextante; item: nullum propugnaculum remotius esse debere, quam cujus figens ictum sclopeti exaequaret. Posterioris exempla sunt innumera: alii angulos propugnaculorum volunt quarta parte majores, alii minores. Alii rectos angulos constituunt in eneagono, ut Bar le Duc; alii in dodecagono, ut Marolois. Alii assumunt lineas certa quantitate, ut v. g. formantem 24, copulantem 36. (Marolois) alii contrasentiunt. Ea namque ratio, qua certus & perpetuus numerus lineis fortalitii assignatur ab Italis & Hispanis, universalis non est; nec semper & ubique observari potest, cum locum necessario habeat proportio. Proportionem hanc ut invenirent nonnulli, apodictice tradiderunt: copulantem se se ad formantem habere ut 2 ad 3.

De fortalitiorum in se collatione, ex angulis desumta.

§. 31. Tentat hostis regulariter debilissimam fortalitii occupandi partem, & propugnaculum infirmissimum. Quod uti judicare possis juvat figurarum inter se instituta collatio.

§. 32. Collatio autem figurarum ex angulis dignoscitur, utpote cum anguli denominationem figurae & fortalitio praebeant, ad figurae aptitudinem vel ineptitudinem plurimum conferant & praecipua fortalitiorum sustineant propugnacula, hinc

Regula 1. Quo angulus minor, eo variane magis a latere declinat.

Reg. 2. Quo angulus minor eo formae sit major, caeteris paribus.

Reg. 3. Quo angulus minor, eo defendens radens major, caeteris paribus.

Reg. 4. Quo angulus minor, eo defensiva vicaria minor.

Reg. 5. Quo angulus est major, eo radens est minor.

Reg. 6. Ubi radens est minor, ibi propius incidit in copulantem.

Reg. 7. Quo major est radens, eo majorem partem copulantis occupat.

Reg. 8. Quo majorem partem copulantis radens occupat, eo minor pars relinquitur defensione.

Reg. 9. Quo angulus major, eo quoque defensio existit major.

De divisione fortificatoriæ in offensivam & defensivam.

§. 33. Non solum ex offensione nascitur defensio, sed & agnoscitur. Hinc dividetur fortificatoria in offensivam & defensivam, facta scilicet denominatione a principaliore fine; cum alias nihil sit defensivum quod non simul sit offensivum.

§. 34. Iam de offensiva; cujus objectum, sunt occupationes fortalitiorum & opera quæ circa offensionem principaliter occupantur, hinc regula: præstat hostem longius a fortalitio detinere,

re-

removere, eique occurrere quam propius admittere. Occupationes fortalitiorum & urbium variæ apud Autores traduntur & ex historiis deprehenduntur. Aliæ fiunt dolo, occulta invasione, stratagematibus, clandestina proditione. Aliæ vi aperta.

§. 35. Occultæ occupationis exempla, passim in historiis leguntur v. g. Trojæ, Bredæ &c. Stratagemata variis mediis executioni mandantur v. g. Clancularia irruptione per pontes, per portas, personatis militibus, speciose onustis curribus, navibus. Eluduntur vero stratagemata diligente munitione pontium, per quos ut plurimum hostis stratagemate sua effectui dat.

§. 36. Pontium muniendorum varia ratio est: 1) Lunula ante pontem construitur, in qua domus excubiarum collocatur. 2) In ponte ipso duæ domunculæ excubiarum constituuntur. 3) Sequuntur crates lignei. 4) Pontes pensiles. 5) Porta portis clausa. 6) Crates pensiles, germ. Schußgatter. Nunc ut plurimum trabes objiciuntur portis ferro munitæ.

§. 37. Hac munitiones quotquot sunt, non obstant, quo minus hostis crepitaculis pyreis (Gall. Petarden) invasionem dolosam moliatur. Crepitacula hæc pulvere impleta, portis, cratibus &c. applicantur, ut incensa disjiciant & concutiant ea, quæ ingressuro hosti impedimentum creant. Cæterum ad crepitaculum portandum requiruntur regulariter duo viri & nonnunquam ad unum locum plurima crepitacula transferenda sunt.

sunt, quo, ut saepius accidit, altero sine effectu disploso alterum substitui potest.

§. 38. Proditionibus autem obviam itur diligente observatione portarum, pontium, & vigiliarum, quas quando forte delecti milites obeunt, optime collusiones cum hostibus praecaventur.

§. 39. Manifesta occupatio vel est violenta vel non violenta. Prior fieri dicitur per circumvallationem posterior per obsidionem. Obsidionis vox sumitur vel in genere vel in specie. In genere & circumvallationem & aliam quamcunque rationem indicat. In specie obsidio est, cum aditus tantum obsidentur, obsessisque intercluduntur germ. Belägerung. Aditus sunt transitus, quibus annona & commeatus inferuntur in locum obsessum; quibus occlusis inopia coguntur obsessi ad deditionem; germ. die Päſſe.

§. 40. Obsidio haec fit eo casu, ubi non est metus de succursu & solutione obsidionis; quae si metuantur, circumvallatione opus est. Circumvallatio violenta est & majorem vim requirit obsidione germ. Bloquirung.

§. 41. Fortalitium vel urbs si occupanda est; primo praemittuntur equites, qui occupent aditus; berennen die Festung. Hos sequuntur pedites cum tormentis & toto exercitu qui postquam appropinquavit quam proxime fieri potest in ordine consistit. Tum mensores ingeniarii & exercitus primores loca eligunt castris idonea.

§ 42. Imperator interea ordinat, quot castra disponenda sint: ubi reg. 1) In tanta distantia collocanda

locanda sunt castra a loco occupando, ne tormenta ipsis obsessorum multum nocere possint, 2) quanto propius accedunt castra metantes, tanto magis tegi possunt. Quatuor plerumque castris oppugnantur urbes, unde & vulgo Quartier vocantur castra, quod ex iis tanquam ex 4. locis oppugnentur obsessi. Intra castra constituuntur lineæ communicationis.

§. 43. Castra plerumque collocantur ad aditus & fluvios, quibus interclusis & in potestatem nostram redactis, intercludantur obsessi, annona & aliis necessariis importandis. Si plures sint aditus; colles & alia, ex quibus hostis nocere possit, tunc opera peculiaria externa contra hostes sunt exstruenda. Lineæ communicationis utcunque muniuntur, scilicet vel lineis, vel loricis, vel dimidiis propugnaculis, vel demilunulis vel totis propugnaculis &c.

§. 44. Inter castra si aliqua commoditas appareat, ante hostem illa occupanda est oppugnantibus.

§. 45. Obsessi dum obsidentes in castris muniendis occupati sunt, construunt si satis militum habeant, opera externa imprimis corniculata eaque tam remote, quam per defensionem fieri potest.

§. 46. Castella, quibus muniunt oppugnantes sua castra, lineas communicationis, aditus, fluvios, colles & alia loca commoda, ex quibus obsessis vel aliqua commoditas intercluditur vel notabile damnum inferri potest, variant forma. Alia construuntur

struuntur quadrata, quæ proprie vocantur receptus; Gall. Redouten, alia propugnaculis construuntur; alia sunt stelliformia, alia dimidia propugnacula salrem habent. Quadrata construuntur lorica simplici, nisi ad suggestus collocentur, quo casu crassiora & fortiora esse opportet. Minima loricæ (Galli) quantitas in fundo est 6 pedum, interdum etiam 8, 10 vel 12. Continent in latitudine 5 perticas, interdum etiam 8 ad summum.

§. 47. Quæ propugnacula habent, ita construuntur: sit structiva 11. vel intra 11 & 12. angulus propugnaculi sit minimus, nempe quantitatis sextantis. Lorica in istis non sit declivis sed plana. Altitudo loricæ tanta est, quanta tormenti canna supra rotas.

§. 48. Stelliformia quadrilatera ita construuntur: sit perpendicularis ex centro in latus 11; erit ad angulum externum 9. Stelliformia pentagona eodem modo construuntur quo tetragona. In hexagonis facilius proceditur v. g. sit circulus, quem divide in sex partes, ab uno puncto ducatur linea in aliud, ita ut semper medium punctum omittatur, & habebis primo triangulum; post conjunge & reliqua puncta antea omissa, & habebis hexagonon stelliforme. Si octangulum velis, eadem ratione procedas, ut habeas primo tetragonon, postea octogonon.

§. 49. Castellorum, quæ dimidiata propugnacula habent, structura consistit in hoc. Sit quadratum: continuentur latera, sit latus 12: erit fun-

fundativa 3, defensiva 1, altitudo dupla defensivæ. Hic modus etiam procedit in pentagono. Si triangulare velis, usu venit propositio: super datam rectam triangulum constituere. Loco lateris sumitur perpendicularis, quæ erit 12. Triangularia hæc sunt exigui & rarissimi usus, occurrunt tamen interdum in muniendis castris eorum partes.

§. 50. Castra plerumque muniuntur simplici lorica & fossa. Fossa autem tanta sit, quantum terræ ad exstruenda ejusmodi castra eruendum est. In fossa sicca castrorum nonnunquam constituitur scabellum, impositis fossæ extremitati versus campum corbibus, quæ ad instar loricæ milites in fossa latitantes & eruptionem facturos defendant.

§. 51. In belgio pro ratione virium hostis, muniuntur interdum duplici interdum triplici fossa. Loca ubi depressa nimis inveniuntur, loricæ duplex vel triplex scabellum interdum additur.

§. 52. Si fluvius locum occupandum vel præfluat, vel transeat, redigendus est in occupantium potestatem, obice facto ex terra aquæ avertendæ & circa castra ducendæ, imprimis cum alias fossa aquosa castra muniri nequeant. Nonnunquam ejusmodi fluviis pontes imponuntur ad transitum faciliorem militibus faciendum.

§. 53. Quodsi obsessi numerosum habeant militem, quo crebras in hostem eruptiones facere possunt, obsidentes circumvallationem internam faciunt, cujus defensio versus locum occupandum
spectat;

spectat; id quod evenit, si non metuendus succursus obsessorum. Circumvallatio interna est vel partialis vel totalis; totalis rarissime fit, exemplum habetur in obsidione Rochellana; das innerliche Retrenchement.

§. 54. Rarum est & hoc, quod obsidentes rursus ab hoste obsideantur, id quod contigit Moscovitis in oppugnatione Smolenensi, ubi a Rege Poloniæ obsessi & in tantas angustias redacti sunt, ut ad unum omnes qui ex lue pestifera & fame superstites erant, in deditionem venirent. Facilè autem hoc contingere potest, si commeatus obsidentibus deficiat, de quo ante omnia imperatori castrorum prospiciendum est.

Additamentum.

§. 55. In castrametatione in disponendis casulis certus observatur ordo certaque quantitas. Pro una cohorte in longitudinem disponenda princeps Mauritius invenit commodam quantitatem 300 pedum; & ut plateæ eo rectius intra cohortes ordinari possint, suni spatium 200 pedum voluit.

§. 56. Cuivis casulæ tribuuntur 8 pedes in longitudine & latitudine, de quibus pars decedit, pro deplavio & parietibus, ita ut relinquantur præter propter sex pedes, quo in spatio duo disponuntur milites, in longitudine etiam aliquod relinquitur spatii. Extremas occupant officiales tesserarei, vexilliferi, capitanei, colonelli &c. qui inspectionem habent in milites. Lixæ, calones,

Marquetender haud procul ab officialibus constituti sunt in oppugnatione Mosæ trajecti, quo & in ipsos inspectionem habere possint. Pro equitibus eodem modo conceditur certum spatium; scilicet pro equis 16, pro ipsis equitibus 8 pedes, ita ut semper duo in una casula stationem suam habeant. Inter casulas equitum tanta platea relinquenda est, quanta sufficit ad congregandas tempore necessitatis cohortes.

§. 57. Ubi castra munita & conjuncta sunt, aggrediuntur oppugnationem ipsam, hoc fere ordine qui sequitur: de die speculatores emittuntur ad lustranda loca, per quæ obsessum locum commodissime aggredi, putatur; quo facto noctu ab operariis præparantur aditus, germ. Approchen, dicuntur etiam accessus. Aditibus adduntur justa distantia & loco suggestus tormentorum gall. Batterien, e quibus detonantur tormenta in obsessos.

§. 58. Initium aditum fit ad ictum sclopeti fortioris oppugnando. Lineas aditum interdiu speculantur ingeniarii, & ne aberrent (quod sæpius fit) operarii, infiguntur baculi. Operarii deinde in linea recta disponuntur 3 vel 4 pedibus à se invicem distantes, quilibet eorum fodiendo terram versus urbem conjicit; ubi per ates pedes profunditatem attigit, jam tutus est. Deinde fodiendo alter ad alterum pergit, donec se attingant; germani vocant Laufgräben machen.

§. 59. Aditus vel accessus ita ducuntur in terris, ne ictus obsessorum istos radere possint (Galli flan-

flanquiren vocant; nec ulla linea aditquum longior ducenda est, quam ut defendi optime possit.

§. 60. Una linea absoluta coaceruatur noctu suggestis, qui tormenta imponuntur, hunc in finem, ut iis operarii aditus effodientes defendantur, tormenta obsessorum infestentur & laedantur, vallique loca, per quae expugnatio loci speratur, diruantur. In Absoluto Suggestu, operarii fodiendo se flectunt ad alteram partem, & oblique pergunt, usque dum fossae appropinquant. Id quod procedit, si accessus fiant in loco satis amplo & libero, ubi sine impedimento ab una parte in alteram effodiendo progredi possunt operarii. In loco angusto v. g. aggere, vallo, via angusta &c. aliter proceditur.

§. 61. Tunc enim si ab alterutra parte liber adhuc sit locus, tunc ab una parte fossa ducitur, & lorica constituitur, qualiscunque, quae ab hostis laesione defendat. Sin ab utraque parte impedimenta sint v. g. Paludes, aquae &c. tunc ante omnia in ingressu munitio adversus laesiones obsessorum exstruitur. Postea lineae transversae ducuntur ab utraque parte, usque ad fortalitium si licet: lineae hae transversae nihil aliud sunt quam fossicula & lorica qualis qualis. Peculiari tamen modo constituuntur, non enim ad extremitatem superficiei utriusque loci angusti ducuntur, sed ita, ut non nihil spatii relinquatur, per quod transeatur ex una in alteram insequentem. Transversae hae lineae nonnunquam ex meris corbibus, terra repletis constituuntur; si ratio terrae scilicet

non

non aliter permittat. Cæterum de accessibus in genere notandum: 1) accessus quo propiores sunt, eo altiores sunt constituendi; 2) transversæ lineæ de quibus modo dictum, quo propiores ad locum oppugnandum collocantur, eo propius & arctius etiam ad se invicem accedant. 3) In construendis accessibus, & eorum acclivitate ac lorica formanda, peculiari curiositate opus non est, ut Freitag opiniatur. 4) Accessus fiant ita, ut frontem propugnaculi respiciant. Si non versus copulantem effodiantur, tunc ab utraque parte, ut sic posset fieri, & ab utraque parte defensione opus esset iis, qui in accessibus constituti sunt, operariis & militibus.

§. 62. Obsessi, sicut construere solent tempore munitionis castrorum opera externa, ita etiam non raro contra accessus oppugnantium occursus (contra Approchen vocant) faciunt. Hi ita effodiuntur, ut possint ex fortalitio oppugnato regi & defendi. Omni vero modo cavendum est ne accessus oppugnantium in hosce obsessorum occursus incidant.

§. 63. Aditibus seu accessibus addi solent præter suggestus & recessus (Redouten): hunc in finem, ut milites ex accessibus se in eos recipere, & auxilia ex castris expectare possint, si quando obsessi eruptiones faciant; deinde ut pulvis pyreus, globi & alia tormentorum in suggestibus constitutorum, adjuncta necessaria in iis asservari possint. Tales recessus rarius addi solent occursibus obsessorum.

§. 64.

§. 64. Accessibus perductis ad loricam fossæ declivis, construitur suggestus, cui imponuntur tormenta, ad diruendum frontem propugnaculi (Breche zu schiessen) ordinata. Suggestu absoluto, tormentisque dispositis perforatur lorica fossæ (Sappiren vulgo vocant) id quod ab operariis vel missilibus, genubus irrepentibus, suctisque velamentis ex ligno contextis vel etiam sarmentis colligatis (soucisen vocant) intra ligna erecta (Chandeliers vocant) dispositis se se tegentibus & defendentibus, ligonibus & spatellis perficitur. Ne autem tam facile lorica perforari queat, utilissima ratione introductam est, ut fossa quædam aquosa circa loricam hanc declivem circum circa ducatur. Perforata lorica obsessi interdum in sola via trans fossam se se transversis lineis (Traversen & Abschnitt vulgo vocant) ad tempus defendunt. Ubi ad fossam accessum est, struitur vinea (itali vocant galler) vel transitum tectum). Struitur hæc propter minimam latitudinem fossæ (quæ hic est,) sumtus comparcendos, & pericula evitanda directo versus frontem propugnaculi. Vinea hæc ut commodius trans fossam possit deferri, & fossæ superstrui, fossa antea variis materiis & modis repleri solet. Repletio fossæ vero ut vel protrahatur ab obsessis vel omnino impediatur, quidam suadent, ut in medio fossæ majoris excavetur fossicula quædam minor, duas circiter perticas lata, profunditatis tantæ, quantæ quidem fieri potest. Oppugnatores interdum vel fossæ aquam aliorsum deducere & derivare solent,

lent, quod vocant: das Waſſer ableiten, abgraben. Foſſæ autem repletio & vineæ conſtructio maxime impeditur ab obſeſſis ex via valli inferiori ejusdemque lorica, quippe quæ unice ad foſſæ defenſionem adinventa eſt.

§. 65. Vinea præter foſſam traducta ad vallum usque, cuniculi aguntur (Mienen & Minirer vulgo vocant). Cuniculis opponunt obſeſſi contrarios cuniculos (Contra-Mienen, Contra-Minieren vocant) aut etiam hoſtiles cuniculos diſturbant. Actis cuniculis in vallo cameræ excavantur, in quibus pulvis pyrius reponitur, qui accenſus propugnaculum cum defenſoribus ſuis in aëra disjicit. Quo facto ruptura valli hoſti ad invadendum aditum & introitum ſatis amplum præbet. Germani vulgo vocant: die Miene ſprengen, einen Bruch oder Breche machen. Itali vocant Breche, Galli Breſſe.

§. 66. Rupturam, ubi metuunt obſeſſi, ex ea parte, qua cuniculos actos eſſe, vel ſuſpicantur, vel certo ſciunt, nec tamen impedire poſſunt, reſectiones vel abſciſſiones internas faciunt (innerliche Retrenchementen vocantur, retrenchiren, reſectiones facere.) Interdum totum propugnaculum ita interne reſecatur, interdum etiam duo tota, uti Oſtendæ olim factum, id quod tamen rarum eſt. Ceterum in Belgio experientia docet, quod plerumque, ſtatim atque vinea abſoluta & per foſſam traducta ſit, deditio obſeſſorum facta ſit, nec expectata cuniculorum actio & incenſio.

§. 67.

§. 67. Quæri solet de numero & comparatione obsidentium & obsessorum, quotnam scil. milites requirantur ad defensionem fortalitii contra hostem obsidentem? alii opinantur: unum militem in fortalitio æquiparandum esse 10 hostibus extra urbem; id quod universale esse non potest, siquidem interemtis quibusdam in obsesso loco nullus surrogandorum novorum datur locus. Alii ergo felicius rem absolvunt, distinguendo inter tempus oppugnationis, & tempus pacis, vel aliud quodcunque, quo præsidiariis muniri & defendi debet fortalitium. Interdum præsidia tempore pacis sufficientia tempore oppugnationis duplicata volunt, interdum triplicata, prout potentia hostium oppugnantium est vel magna vel mediocris. Regulariter hoc obtinet, ut tot milites præsidii loco imponantur, quot ad obeundas vigilias & excubias sufficiunt. In quocunque autem propugnaculo constituuntur ad minimum 3 excubitores qui mutantur singulis duabus horis, vel citius. Per noctem exemplum si fingamus sexies vigilias permutari, sequitur, quod ad unum propugnaculum defendendum requirantur 18. milites.

§. 68. Hinc in quocunque propugnaculo constituitur peculiare corpus vigilum vel excubitorum, quæ vulgo vocant corps de guarde. Nonnunquam tamen in duobus unum saltem constituitur, si propugnacula non sint nimis magna, neq; adeo longe a se invicem remota. Præter milites autem gregarios cum requirantur etiam præfecti & officiales, hinc est, ut ad minimum in propugnaculo

re-

requirantur 20, 25 interdum etiam 30 milites. Ponamus itaque pentagonon; cum neceffarii fint in quovis propugnaculo 30 milites (computatis fcil. etiam officialibus) requirentur in omnibus V propugnaculis 150. Ponamus hos ut vires recipiant permutari ita ut tertio quoque die vigilias obeant & in dies novi fubftituantur; requirentur ergo in pentagono regulariter CCCCL praefidiarii. Numerus hic tempore obfidionis pro ratione neceffitatis vel duplicandus vel triplicandus eft. Haec ratio computationis praefidiariorum omnium eft optima & certiffima.

§. 69. Alii hanc rationem ineunt; dicentes: fi hoftis fatis numerofus locum oppugnet, & totum vallum circum circa una vice vi aggrediatur (ut interdum a Turcis fieri folet;) eo cafu tot requiri milites praefidii loco, quot fufficiunt ad cingendum & defendendum totum vallum. Unde, cum ad defenfionem unius militis regulariter requirantur 4 pedes, tot milites requiri aiunt, quoties 4 pedes in ambitu totius valli numerantur. Verum haec ratio fufficiens non eft, cum faepe in locum occiforum & deficientium fubftituendi fit alii.

Problema.

Ex tabulis cujuscunque autoris fortalitium ordinatum defcribere, tum ichnographice, tum orthographice: beneficio lineae dimenfionis, vel fcalae ex qua vel minutiffimae linearum fectiones, aut pedum, perticarum &c. divifiones haberi poffunt, conftituere.

Pro-

Problema.

Figuram quamcunque inordinatam, ex tabulis autoris quibuscunque, munire & delineare tum ichnographice tum orthographice, intercedente menfuratione angulorum figuræ beneficio induflorii.

§. 70. Circa fortificatoriam fpeftari debent fequentia;

I. Quis debeat fortificatoriam exercere.
II. Quidnam muniendum fit.
III. Quomodo figura munienda fit.
IV. Ubi fortalitia exftruenda fint.
V. Cur fortalitia exftruenda.
VI. Quando exftruenda fint.

§. 71. Si quæratur; quisnam debeat fortificatoriam exercere? diftinguendum eft; 1) aut aliquis exercet in hunc finem fortificatoriam; ut eam intelligat, de ea difcurfus formet, de ea confilia fuppeditet, figuras delineare aut in peregrinationibus ex luftratione fortalitiorum & urbium utilitatem haurire poffit; & hoc refpeftu cuivis erudito, ante omnes autem politices & artis militaris ftudiofo commendata effe debet. 2) aut in hunc finem, ut aliquis figuram quamcunque munire, munitam non folum in charta, fed & in campo delineare, fortalitii conftrufti vel conftruendi fumtus computare, de fortalitiis, eorumque provifione & defenfione rogatus refpondere, & non folum tempore pacis fed & tempore belli confilia dextre fuppeditare, caftra itidem delineare &c. poffit. Et hoc refpeftu folis architeftonicis,

cis, imprimis militaribus, qui ingeniarii vulgo vocantur, necessaria est; in quibus major scientia requiritur, quam in milite & politico, & præter scientiam diuturna & exquisita experientia. Vitruvius certe & alii in architectonico requirunt præter accuratam cognitionem fortificatoriæ peritiam graphices, philosophiæ, theologiæ, medicinæ, jurisprudentiæ, physices, matheseos, arithmeticæ, geometriæ, artis pictoriæ, artis perspectivæ, architecturæ civilis, historiarum & artis militaris. In architectonico tamen civili major & exquisitior requiritur scientia, quam in ingeniario.

§. 72. Si vero nobis quæstio proponitur: quidnam muniendum sit? tum respondetur figura, eaque, quantum fieri potest, aptissima. Ubi tamen necessitas efflagitat, quæcunque possibilis. Inepta, modo non sit plane impossibilis, qualiter cunque muniri potest, non tamen perfecte. Immo muniri quidem potest sed majori difficultate, sumtu etiam interdum, quam figura apta. Plane impossibilem autem figuram dico, quæ non habet spatium interius aptum, ut est locus angustissimus, longus sed non latus. In loco longissimo, ut est via, agger, aditus & cæter. potest quidem fieri lorica per quam transitus } defenditur. Sed lorica inhibetur. tamen tunc saltim defendet & inhibet, si habeat ab utraque parte vel propugnacula vel castra addita. Breviter: figuræ sunt ineptæ propter formam & quantitatem.

§. 73.

§. 73. Aptas figuras supra diximus esse vel ordinatas vel inordinatas; addimus hic vel isoperimetras vel non isoperimetras. Isoperimetræ sunt quæ æquales habent ambitus; de quibus regulæ:

I. Non omnes figuræ isoperimetræ sunt æquales.

II. Inter figuras ordinatas isoperimetras magis poligona major, quam minus poligona. Poligona vero figura est, quæ plures habet angulos.

III. Inter figuras ordinatas magis poligonas, ad circularem formam magis accedens, eligenda est architecto, quia minori ambitu majus spatium comprehenditur.

IV. Quanto propius figura ad circularem accedit, tanto magis poligona est.

V. Inter figuras isoperimetras æque poligonas ordinatio est major.

VI. Architecto magis eligenda est figura quadrata ordinatior quam oblonga in construendo opere quocunque.

§. 74. An ex usu sit, figuras paucorum laterum, ut est tetragonon, pentagonon, hexagonon, assumere ad constituenda fortalitia, tum respondetur a quibusdam:

1) Qua tale fortalitium (tam paucorum scil. laterum) non potest resistere hosti numerosum exercitum habenti & ab omnibus simul partibus oppugnanti.

2) Si (verb. grat. tetragonon) hostis se conferat ad unum saltem propugnaculum oppugnandum, potest tormentis suis una opera & ex

eodem

eodem loco tria propugnacula petere: si ad duo, tria vel omnia 4, tum duplici vi & ictu transverso reliqua adjacentia propugnacula petere potest, id quod periculosissimum est.

3) Si ab omni parte invadat hostis simul, tunc ab omni parte aequali defensione & resistentia opus erit obsessis. Sed fortalitium tam paucorum laterum tantum numerum defensorum, quantus quidem ad resistendum requiritur, capere nequit.

§. 75. Alii melius dicunt: simpliciter respondere non posse, sed considerandas esse circumstantias; nam

1) Locus aliquando munitus est natura situs, vel totus vel ex parte, ceu quo ipso utroque arcetur hostis, ne ab omni parte simul invadat. Quid, si unicus saltem & ille quidem satis angustus ad fortalitium occupandum pateat aditus? certe hostis totum exercitum simul & semel ibi non poterit transmittere, & ita satis ipsi poterit resisti; idem judicium esto, si plures quidem dentur aditus, sed illi multum impediti. Quin potest & aditibus alia ratione prospici operibus exterioribus, quibus hostis arceri potest.

2) Sic nec planities saepe circum circa fortalitium ita comparata est, ut liberum aditum, castrametationem, accessuum præparationem, sugestuum constitutionem &c. ex omni parte præbeat & admittat.

3) Quan-

3) Quantum ad tetragonon attinet, respondetur:
α) Ex confesso omnium tetragonon figurarum ordinatarum, respectu tum $\begin{cases} \text{exterioris} \\ \text{interioris} \end{cases}$ tum $\begin{cases} \text{munitionis} \\ \text{defensionis,} \end{cases}$ tum constructionis platearum, tum construendi fortalitii, quam exstruendæ urbis, esse aptissimum.

β) In tetragono fortalitio non semper 4 duntaxat propugnacula inveniuntur, sed sæpius multo plura, immo nonnunquam in uno latere duo, tria, vel 4 propugnacula sunt constructa, quo casu propugnacula in angulis constituta, tanquam infirmiora, sufficientem ab utraque parte defensionem habent ex propugnaculis planis intermediis, tanquam fortioribus. Et pro regula tenendum; tetragonon, quod potest recipere propugnacula plana, est omnium fortissimum.

4) Pro generali regula tenendum est: Quæcunque fortalitia commoda sunt incolentibus, & defendentibus, ea & suo modo commoda sunt hosti oppugnanti. Et vicissim. Quæ regula in genere ad controversias ejusmodi quascunque dissolvendas facit.

§. 76. III. Quo autem modo figura munienda sit, quæque sit congrua ratio & modus fortificandi? De eo locum habet regula generalis: Omnis figura ita munienda est, ut omnes lineæ & partes fortalitii ex aliis ejusdem fortalitii partibus, in

quan-

quantum fieri poteſt optime ſclopeto defendantur. Si ad certos caſus accedamus, ſciendum eſt, aliter muniri figuras ordinatas, aliter inordinatas. Hinc reg.

Ordinatæ figuræ, quarum omnes lineæ homogeneæ ſunt æquales, tot muniuntur propugnaculis regulariter, quot latera ſunt. Et cum plerumque ſint ſimiliter ſitæ, eadem ratione fiunt. Conſideranda imprimis architecto eſt diverſitas ſitus, & aliæ circumſtantiæ, quæ cauſantur, ut diverſimode muniri debeant figuræ. Ita tamen, ut nullus locus ſine defenſione & defenſoribus relinquatur, utcunque ſua natura fortis ſatis & omnis periculi expers credatur. Conſideranda quoque architecto eſt materia. Quidam lapides fortalitio exſtruendo minime convenire putant. Sed male ſimpliciter. Præter id namque quod lapides non ſemper ſint inutiles, & illud certum eſt, quod quandoque terra & reliqua materia longe præſtent. Quid enim ſi in aqua contra vim fluctuum & arroſionem aquarum exſtruendum opus? quid ſi ex ipſa petra vel lapide exſcindi vel incidi poſſint fortalitia? quid ſi lapidum tanta ad manus ſit copia & quidem ſine inſigni labore & ſumtu, cum verb. grat. terra bona niſi magno ſumtu, labore & longo tempore haberi non poſſit. Tum porro lapides non ſunt unius modi. In Melita Inſula lapides inveniuntur tam molles, ut globos in ſe recipiant indemnes, hes, aratroque proscindi possint, qui tamen si exumantur, & opus ex iis struatur, ad justam firmitatem concrescunt & conglutinantur. In Anglia & Gallia inveniuntur cretosi, Alibi inveniuntur petrosi, quæ impetum quemcunque spernunt, globosque tormentorum indemnes rejiciunt. Hoc constat, marmor omnium fere lapidum esse ad fortalitia exstruenda inhabilissimum, cum globis petitum dissiliat & proxime adstantes lædat.

§. 77. Terram quod attinet, diversi illa quoque generis est, Arenosa non nisi casu necessitatis summo conducit, siquidem nunquam subsistit sed semper considet nec concrescit, licet vel semina insparsa, vel virgulta immixta fuerint. Ex ligno propter combustionis & putrefactionis metum fortalitia durabilia nunquam fiunt. Qualia tamen conspiciuntur in Podolia, aliisque partibus Poloniæ finitimis, Tartaria, Moscovia, ubi Portus S. Archangeli ex ligno est.

§. 78. Circa modum & rationem fortificandi occurrit rursus quæstio, de qua supra ex parte dictum est: an lineis propugnaculi & fortalitii certus & perpetuus assignari possit numerus & quantitas? Italorum & Hispanorum olim fuit hæc ratio, qui certam, eamque universalem mensuram & quantitatem lineis fortalitii & propugnaculi cujuscunque constituunt & assignant. Marolois statuit, formantem semper continere 24. copulantem 36. vel formantem continere duas partes,

copu-

copulantem tres. Alii apodictice tradiderunt, copulantem se habere ad formantem ut 2 ad 3. Alii formantem dimidiam copulantis sumunt inde ad enneagono.

§. 79. Alii rectius certam proportionem quaerendam suadent. Siquidem ex proportione quavis mensura constitui potest, non ex quavis mensura proportio. Et priores opiniones putant refelli, si observentur sequentia apodictica & universalia:

1) Defensiva vicaria non est aestimanda ex pedamento valli, sed ex lorica.
2) Defensivae vicariae quantitas non est aestimanda ex incidentia radentis in loricam, sed ex dispositione defensoris occupantis.
3) In plano quodam propugnaculo defensiva vicaria est maxima, sed in reliquis, ut sunt angularia, id fallit.
4) In figuris quo minor est angulus eo varians est magis obliqua.
5) Quo varians magis est obliqua, eo formans est magis obliqua.
6) Quo formans magis est obliqua, eo defendens stringens vel radens magis oblique incidit.
7) Quo radens magis oblique incidit, eo defensiva vicaria est minor.
8) Quo defensiva vicaria est minor, eo minor est defensio propugnaculi.
9) Si formantes inter se sunt aequales, quantitate inter sese propugnacula multum differunt.

10) Quo

10) Quo major angulus, eo magis sua natura defendi potest. Quo minor, eo minus defensionis habet.

11) Ita sunt constituenda propugnacula, ut quantum fieri potest secundum rationem figuræ & anguli defensionem sibi acquirant & inter se coincidant, vel non adeo sibi dissimilia sint.

12) Propugnaculum quodcunque non tam sui quam proximi defendendi causa construitur.

13) Quo major est defensiva vicaria, eo plures defensores recipit; eo plus etiam defensionis propugnaculum angulare consequitur.

14) Optima ratione proportionantur inter se propugnacula & defensivæ vicariæ, si structivæ inveniantur ex æqualitate defendentis figentis primariæ.

15) Quo propugnaculum majus est, tanto minus habet defensivæ vicariæ, ergo tanto minus etiam habet defensionis.

16) Quo majus propugnaculum, eo majorem habet defensivam. Quo autem major defensiva, eo minor est defensiva vicaria.

17) Quo angulus minor est, eo varians est magis obliqua.

18) Quo varians magis obliqua, eo minus ut defensioni oppositæ defensiva se se opponit.

19) Linea quo magis ad rectitudinem defensivæ se se opponit, eo melius etiam defenditur.

Y 3

20) Quo-

20) Quo magis recte defensio fit, eo plures defensores possunt illud spatium defendere.
21) Quo magis linea obliqua est, eo minus defensionis habet.
22) Quo angulus major est, vel etiam extra se vel in rectitudinem, eo varians magis directa est.
23) Quo varians magis directa est, eo formans magis directa est.
24) Quo formans magis directa est, eo opposita formans magis defenditur.
25) Tetragonon, quod potest recipere propugnacula plana, est omnium fortissimum.

§. 80. An vero altitudo valli aliquid prosit vel noceat? de eo nihil indeterminate potest statui, sed pro ratione loci, aliarumque circumstantiarum, ibi enim altitudo convenit ubi contrarius est mons vel locus elevatus alius. In planitie media altitudo sufficit. In locis ad aquam sitis altitudinis nullus est usus. Unica specula necessaria opera peragi potest. Notes vero: quod in casu, ubi propter locum elevatum propinquiorem valli altitudo necessaria est, ibi commodissime & minori sumtu duplex soleat lorica constitui, altera contra tormentorum ictus, altera contra sclopeta.

§. 81. In fossa sicca præstet aquosæ an aquosa siccæ? de eo variant. Itali siccam præferunt, quia: 1) hostis si terram invadat, incolæ ex confinio fortalitii cum armentis & omnibus suis facultatibus se possunt recipere in fossam siccam, in eaque ex fortalitio defendi. 2) Eruptiones ex fortalitio in hostes oppugnantes commodius fiunt per fossam,

foſſam, quam per pontes & portas, quas hoſtis continuo in viſu habet & tormentis ſuis exitum impedit. Sed rectius præfertur aquoſa ſiccæ, 1) Quia aqua ſola loca etiam per ſe non munita, ſatis munit, quidni etiam fortalitium inexpugnabilius reddat. Siquidem aqua, niſi navibus vel ponte, tranſiri non poteſt. 2) Si vinea trans foſſam conſtruenda eſt, foſſa prius magno periculo, labore & ſumtu replenda eſt. Hinc eſt, ut prudentiores ſvadeant, in foſſæ ſiccæ medio etiam ducendam eſſe foſſiculam aliam minorem tantæ altitudinis, ut vel ad ſcatebras perveniatur vel in eam collectæ ex pluviis & aliunde aquæ tranſitum aliqua ex parte remorentur.

§. 82. Si quæſtio, ubi fortalitia exſtruenda ſint? reſpondemus 1) Loca ſaniora eligenda, & in quantum fieri poteſt, ventis noxiis, & aëri maritimo non obnoxia, nec paluſtria; id quod tamen ubivis & univerſaliter obſervari nequit, verb. grat. in belgio. 2) Non tantum in mediterraneis regionis partibus, ſed etiam potiſſimum in finibus, in aditibus, in tranſitu quovis quem hoſtis circuire nequit. Quodſi circuiri poteſt tranſitus ille non quidem inſerviet hoc fortalitium contra irruptiones hoſtium clancularias, ſed tamen faciet contra obſidiones diuturnas & aggreſſiones violentas. Quodſi plures ſunt aditus & tranſitus; plura conſtruuntur fortalitia idque eo magis quo hoſtium vires diſtrahuntur hoc ipſo, dum in pluribus locis occupandis diſtinentur, exercitumque ſuum partire neceſſe habeant, quod dum fit, neceſſaria defenſio præparari poteſt contra hoſtem.

§. 83.

§. 83. An fortalitia in montibus exstructa praestent fortalitiis in planitie, an contra? indeterminate nihil potest defendi. Sed architecto probe ponderandae sunt circumstantiae, & repetenda hic est regulae, quae fortalitia commoda sunt defensioni & inhabitationi, commoda quoque sunt suo modo hosti oppugnanti. Interim notetur:

1) In plano licet exstruere munimentum in forma optima.
2) Satis habetur terrae in propinquo ad exstruenda opera & munimenta quaecunque.
3) Ut plurimum fossa aquosa haberi potest satis profunda.
4) Hostis nullam praerogativam habet pro defensoribus & obsessis.
5) Omnia loca aequaliter sunt defensa.

§. 84. Sed tamen notandum quoque est, quod: 1) in planitie hostis habeat commoditatem castrametationis & circumvallationis instituendae, 2) Praeclusionis omnium adituum: 3) Praeparandorum accessuum & constituendorum suggestuum, recessuum omniumque operum, quae necessaria sunt ad oppugnandum locum.

§. 84. Montes qui praedicant, aiunt: 1) Satis habere fortalitium in montibus constitutum fortitudinis per se, nec opus esse sollicitudinis de fundamento solido. 2) Hostes difficulter appropinquare posse, cum ex omnibus locis videri, detegi & laedi possint, montesque plerumque ex parte sint praerupti. 3) Quando unus saltem ad montem patet aditus, paucioribus illum defensoribus posse defendi, plurimis item satis firmis ope-

operibus muniri. 4) Si quacunque ratione fortalitiorum partiumque eorundem elevatio & altitudo spectetur & in considerationem veniat, montes jam per se satis esse altos, nec egere sumtuosa congestione & elevatione.

§. 85. Sed considerandum probe est circa montes; an mons talis sit, qui sit præruptus totus an ex parte? an, si præruptus, nihilominus occultæ viæ per præruptiones istas quæri possint? An alius mons in propinquo habeatur? an sit petrosus an terreus? an, si aditum unicum habeat, hostis quoque paucioribus militibus istum aditum obsidere & præcludere possit? an non; si aditum unicum habeat eo minus eruptiones obsessorum ab hoste metuendæ sint? an mons cuniculis actis everti possit? & quæ sunt circumstantiæ id genus aliæ, quæ prudentem architectum in exstruendo fortalitio satis informabunt.

§. 86. Hoc notandum: quod fortalitium in monte petroso constructum omnium optimum sit, modo necessaria annonæ militaris, victus item & aquæ copia haberi possit. Præter id nempe, quod petra globos indemnes rejiciat, & cuniculis suffodi nequeat, experientia quoque testatur, plerumque in petris, si paulo profundius fodiatur, aquas inveniri saluberrimas: ut Auriaci prope Avenionem in Gallia, Douvres in Anglia & alibi videre licet. Porro quod in omnibus fortalitiis, idem & in montibus observandum, ne ullus fortalitii locus relinquatur sine munitione qualicunque & defensoribus sufficientibus.

§. 87. Cur vero fortalitia exstruenda sint, breviter

viter respondebimus: ad tuto nimirum agendum, ad prohibendas invasiones hostium, sive apertas & manifestas, sive occultas & dolosas; ad custodiendos aditus, transitus & id genus alia. Concidit ex his opinio istorum, qui putant fortalitia plane non esse exstruenda: cum insigni labore, cura & sumtibus opus sit, ad ea exstruenda, defendenda, conservanda, ad defensores & praesidia, tum pacis, tum belli tempore sustentanda, cum item saepius fiat, ut fortalitia arrogantiam, securitatem, superbiam populi augeant, & rebellionis ansam praebeant.

§. 88. An fortalitia in finibus terrarum, an vero in mediterraneis partibus regionum sint exstruendae; de eo id habeas. Nimirum non solum limitanea fortalitia necessaria sunt, propter arcendas invasiones hostium; sed etiam mediterranea propter receptum & refugium subditorum. Comparate tamen loquendo magis necessaria sunt limitanea, quam mediterranea.

§. 89. Si tandem quaerimus, quando fortalitia exstruenda sint? tum respondetur 1) tempestive, cum metuimus, cum suspicamur, in omnem eventum. 2) Consultissimum est, ut brevissimo tempore inchoata fortalitia absolvantur, si modo propter sumtus, incolarum commoditatem, operariorum abundantiam, & instans periculum fieri possit.

F I N I S.

Verzeichniß
derer
Preußischen Mathematicker,
von denen eine Nachricht in dieser Abhandlung ertheilet worden.

Die Zahl bedeutet die Seite.

Ammon, Christian Friederich	158
Arnd, Johann	150
Arnoldt, Johann Gottfried	168
Bellfuß, Jacob	98
Bläsing, David	110
Börger, Jacob	92
Bornmann, Reinh. Friederich	147
Büttner, Friederich	81
Chemnitius, Martin	21
Colbe, Christoph	114
Concius, Andreas	85
Crüger, Petrus	54
Funck, George	128
Funck, Johann	14
Goldbach, Bartholom.	96
Gottsched, Johann	135
Hagemann, Johann Christian	149
Herrmann, Johann Christoph	170
Hoynovius, Michael	117
Huldeberg, Daniel Baron von	105
Jagenteufel, Nikolaus	38
Johannßen, Heinrich Wilhelm	197
Jonas, Albrecht	78

Kieper,

Kieper, Albrecht	72
Knutzen, Martin	176
Lagus, Daniel	75
Langerfeld, Caspar	39
Langhansen, Christian	122
Lauterwald, Matthias	33
Linemann, Albrecht	66
Marquard, Andreas	91
Marquardt, Conrad Gottlieb	160
Masius, Johann	77
Menius, Matthias	45
Mühlpfortzel, Georg Wilhelm	281
Neithardt, Johann George	144
Neodomus, Nicolaus	41
Otter, Christian	66. 201
Pantanus, Laurentius	44
Radenicius, Joachim	48
Rast, George Heinrich	155
Sahme, Christian	131
Sanden, Christian Bernhard von	195
Sanden, Heinrich von	140
Sartorius, Balthasar	34
Schönberger, Huldaricus	61
Schreiber, Johann Friederich	172
Sciurus, Johannes	13
Stein, Bonaventura vom	14
Stifel, Michael	34
Stotius, Matthias	42
Strauß, Johann	58
Thegen, George	101
Theuerlein, Johann	138
Urinus, Johann	107
Wagner, Bartholomäus	12
Weier, Sigismund	49
Wosegin, George	98

Druckfehler.

Seite 5 Reihe 30 wollten anstatt: wollte.
S. 15. R. 29. nequiverunt anstatt: nequirerunt.
S. 20. R. 12. Arctor. anstatt: Arctor.
S. 25. R. 2. Magnifico anstatt Magnfico.
S. 26. R. 15. abschrieb anstatt: absprach.
S. 27. R. 16. Staphylo anstatt: Stophylo.
S. 30. R. 6. 1567. anstatt: 567.
S. 31. R. 7. vindici anstatt: vindice.
S. 31. R. 8. CUM anstatt: cum.
S. 31. R. 1. EA anstatt: ET.
S. 32. R. 19. reverere anstatt: revere.
S. 33. R. 13. Lauterwald, anstatt: Lauterwal.
S. 43. R. 24. ad astra anstatt: adastra.
S. 44. R. 6. posuit, anstatt: ponuit.
S. 44. R. 16. Borussiaci anstatt: Borussiayi.
S. 46. R. 13. Regiomontanæ anstatt: Regiomontanü.
S. 48. R. 8. Masius anstatt: Masins.
S. 48. R. 12. Wosegin anstatt: Wogesin.
S. 48. R. 16. Hoynovius anstatt: Heynovius.
S. 49. R. 3. Insul anstatt: Insel.
S. 55. R. 15. hypothetico anstatt: hypothetica.
S. 55. R. 25. Recompens anstatt: Recompens.
S. 56. R. 8. Paschalen anstatt: paschelen.
S. 57. R. 13. Logarithmicæ anstatt: Logorithmicæ.
S. 57. R. 13. logarithmorum anstatt: logorithmorum.
S. 57. R. 14. triangula tam anstatt: triangulatam.
S. 59. R. 1. nach Dantzig anstatt: nantzig.
S. 61. R. 3. Cancellarii anstatt: Canzellarii.
S. 61. R. 3. Kreytzen anstatt: Creutzen.
S. 61. R. 4. Marschalli anstatt: Marschali.
S. 61. R. 7. Straussius. Mathematicus anstatt: Strausl, suis mathematicus.
S. 61. R. 8. einige Jahre vorher anstatt: ein Jahr.
S. 63. R. 7. Mathematick anstatt: Matheseos.
S. 64. R. coloribus anstatt: coloribus.
S. 65. R. 16. an statt: SCOENBERGERUS, lese man: SCHOENBERGERUS.

S. 65.

S. 65. R. 21. an statt: pudorum, lese man: puriorem.
S. 65. R. 27. an statt: juvente, lese man: Juventa.
S. 66. R. 2. an statt: Focidem, lese man: Phocidem.
S. 66. R. 4. an statt: involsuisse, lese man: involvisse.
S. 66. R. 15. an statt: ut euque, lese man: uteoque.
S. 66. R. 22. an statt: an, lese nian: auf.
S. 69. R. 3. an statt: Burgerobitio, lese man: Burgersbicio.
S. 70. R. 16. an statt: Positionis, lese man: Positiones.
S. 72. R. 22. an statt: Laudatie, lese man: Laudatio.
S. 75. R. 29. an statt: oranographica, lese man: uranographica.
S. 75. R. 18. 19. an statt: ingenere, lese man: in genere.
S. 78. R. 3. an statt: incipiret, lese man: recipiret.
S. 78. R. 21. an statt: huic, lese man: heis.
S. 78. R. 24. an statt: VII. Calend. Jun. lese man: 17. Kalend. Jun.
S. 78. R. 28. an statt: summo, lese man: summi.
S. 84. R. 22. an statt: Professoris, lese man: Professorialis.
S. 84. R. 29. an statt: die 3. Febr. 1701. lese man: d. 13. Febr. Anno 1708.
S. 85. R. 1. an statt: nulli tabula, lese man: nulla tabella.
S. 85. R. 2. an statt: quo, lese man: quos.
S. 88. R. 13. an statt: Galicæi, lese man: Galilæi.
S. 88. R. 15. an statt: contextum, lese man: contextam.
S. 88. R. 17. an statt: controversis, lese man: controversas.
S. 88. R. 24. an statt: 1685. lese man: 1655.
S. 88. R. 25. an statt: occurrenriam, lese man: occurrentium.
S. 88. R. 30. an statt: Novis, lese man: Nodus.
S. 88. R. 1. an statt: explicatur, lese man: explicatus.

S. 91.

S. 91. R. 25. an statt: Roling, lese man: Röling.
S. 99. R. 6. an statt: Tinitorius, lese man: Tinctorius.
S. 99. R. 23. an statt: Thomnitio, lese man: Thamnitio.
S. 102. R. 13. an statt: Tyder, lese man: Tyddus.
S. 103. R. 17. an statt: Hodio, lese man: Hedion.
S. 107. R. 24. an statt: Auerahs, lese man: Auerochs.
S. 112. R. 31. an statt: algebraicæ, lese man: algebraice.
S. 123. R. 20. an statt: hernach, lese man: hernach sowohl.
S. 127. R. 22. an statt: reperta, lese man: reperta Viro.
S. 130. R. 18. anstatt: George, lese man: Georgius.
S. 131. R. 18. anstatt: Walderi lese man: Wolderi.
S. 139. R. 3. anstatt: receptiret, lese man; recipiret.
S. 142. R. 14. anstatt: Bidla, lese man: Bidloo.
S. 145. R. 4. anstatt: jog, etwa ums Jahr 1709, lese man: etwa ums Jahr 1709. jog.
S. 149. R. 6. anstatt: Dolcke, lese man: Dalck.
S. 155. R. 14. anstatt: Schrift, lese man: Schriften.
S. 160. R. 19. anstatt: Dolstat, lese man, Dollstädt.

www.ingramcontent.com/pod-product-compliance
Lightning Source LLC
Chambersburg PA
CBHW020218240426
43672CB00006B/352